离婚怎么办

肖法官答疑解惑

肖菲 著

法律出版社 | LAW PRESS
北京

图书在版编目(CIP)数据

离婚怎么办：肖法官答疑解惑 / 肖菲著. -- 北京：法律出版社, 2022
ISBN 978-7-5197-6584-2

Ⅰ. ①离… Ⅱ. ①肖… Ⅲ. ①离婚法-基本知识-中国 Ⅳ. ①D923.904

中国版本图书馆 CIP 数据核字(2022)第 052394 号

离婚怎么办
——肖法官答疑解惑
LIHUN ZENMEBAN
—XIAO FAGUAN DAYI JIEHUO

肖 菲 著

策划编辑 周丽君
责任编辑 周丽君 张 颖
装帧设计 汪奇峰

出版发行 法律出版社
编辑统筹 法律应用出版分社
责任校对 王 丰 郭艳萍
责任印制 刘晓伟
经　　销 新华书店

开本 710 毫米×1000 毫米 1/16
印张 17.5 **字数** 294 千
版本 2022 年 7 月第 1 版
印次 2022 年 7 月第 1 次印刷
印刷 三河市兴达印务有限公司

地址:北京市丰台区莲花池西里 7 号(100073)
网址:www.lawpress.com.cn
投稿邮箱:info@lawpress.com.cn
举报盗版邮箱:jbwq@lawpress.com.cn
销售电话:010-83938349
客服电话:010-83938350
咨询电话:010-63939796

书号:ISBN 978-7-5197-6584-2
定价:56.00 元
凡购买本社图书,如有印装错误,我社负责退换。电话:010-83938349

前　言

回想起2009年撰写《肖法官细说离婚事儿》时，我从基层法院刚刚调到北京市高级人民法院不久，那时候的我还年轻气盛，只想告诉离婚当事人怎么打官司，怎么打赢离婚官司，把离婚当作一场战争来分个胜负，把对方当敌方一样对付，甚至章节的标题都是剑拔弩张"离婚犹如一场战争""婚姻的战场在哪里"……时间过去快15年了，再提笔时，回头一看，那时还是太年轻了，那时只有经验缺少感悟，那时只想争斗不想和解……时光如同一位长者，教人成长，现在的我领悟到离婚不仅仅只能用"战斗"的方式去解决，可以更加理智地去看待它，还可以有更多的方式去面对这个难题。

不但我个人变得成熟理智，我国婚姻法也是在不断发展变化中，从2001年新修订的《婚姻法》的颁布实施，到之后的《最高人民法院关于适用〈中华人民共和国婚姻法〉若干问题的解释（一）》《最高人民法院关于适用〈中华人民共和国婚姻法〉若干问题的解释（二）》《最高人民法院关于适用〈中华人民共和国婚姻法〉若干问题的解释（三）》，再到2021年1月开始实施的《民法典》以及《最高人民法院关于适用〈中华人民共和国民法典〉婚姻家庭编的解释（一）》，我们的婚姻法律增加了顺应时代发展的热点问题：家庭暴力、事实婚姻、无效婚姻、配偶人身权、离婚救济制度、探望权、离婚冷静期等，法律有变化，法官同样也要改变固有的思路，增加新的离婚案件审判理念，从小处说是为了离婚案件当事人能够妥善处理各种关系，从大处讲就是要贯彻习近平总书记关于中国特色社会主义法治理念精神，努力满足人民群众的司法需求，使每一个当事人都能在案件中感受到公平正义。

在这样一个背景之下，我又开始对13年前写过的篇章重新审视并一一修改，我希望当事人可以和平分手，而不是像之前那样一定要剑拔弩张；我认为一段婚姻中无法分出胜负，可以分的只有身份、子女、财产和之前付出的感情，如果对一个人彻底死心，那段过往的付出我想是无法用金钱来衡量的，你只有独自面对，舔舐好自己的伤口，继续做一个追逐幸福梦想的个体，否则生存的意义又在哪里呢？

我想当你看清了这个人，看清了你所经历的一切后，你面对离婚问题就会更加理智，离婚无非就是结束这段让你不开心的生活以及离开不再爱你的人，你既可以在离婚时为自己、为孩子争取更多利益，还可以保证自己受到最小的伤害，这都是要在你对离婚相关法律知识有充分了解的情况下才能达到。我想我能为你做的是让你懂法、学会用法，至于你的爱恨情仇就让时间去治愈吧。也许，几年过后，你会发现你所经历的一切只是人生中一段插曲而已，对你曾经爱过的人，你依然会心存感激，因为你们曾经有过美好的爱情，而正是这个人教会你成长，离婚就是对他说一声再见，挥手后潇洒告别。

离婚能对不幸的婚姻起到“安全阀”的作用。就看你是适时打开还是越拧越紧，我想当然是前者，只有发挥离婚这个“安全阀”的功能，离婚才是好的，因为对大数人来说，离婚虽然是痛苦的，但那是短痛，比生活在不幸婚姻中，继续经受没完没了的长痛还是要强一些。真要拧得太紧不放手，爆炸时会怎样谁都无法预料，也许有人走极端，就是要拼个你死我活，那么你为孩子着想了吗？家庭毁掉，亲子关系也要毁掉吗？离婚后双方如何与子女保持良好的关系你顾及到了吗？最终只能是两败俱伤。

固然，我写这本书的目的并非要劝导离婚，而是要教会你如何使用法律武器去解决离婚官司，在你已经对婚姻茫然之时，还能有这样一根救命稻草来维护应有的权利，而不是在一味地哭泣、谴责以及谩骂中搞得人财两空后，才幡然醒悟还有法律在保护着你的权利。或许你从书中案例的当事人多多少少可以看到自己的影子，或许他们可以成为你的前车之鉴，如果可以从书中得到一些法律知识，起到一些“疗效”，那么我的目的就达到了。

由于法官身份的限制，我没有机会对我的当事人进行回访，看看他们现在的生活过得怎样，也许有遗憾，也许有叹息，我想大多数还是庆幸自己早日摆脱没有爱情的婚姻吧。根据大数据显示，2018 年以来我国每 3 对人结婚，就有 1 对离婚，有人说这已经把婚姻看作了一场闹剧，也有人说这是物欲横流所导致人们对精神追求淡漠了，还有人说这个时代里，无论你想跟谁在一起，你都可以最大限度地从心所欲，成为你自己。我想说，如果你还在婚姻关系里，那就应当做个有责任、有担当的人，并细心呵护这个家庭，婚姻关系要受道德约束和法律保护的。如果你决定离婚，也请你尊重法律，遵从良知，尽量把离婚对自己、对他人的伤害降到最低。真心祝愿你们再见亦是朋友，转身遇到真爱。

肖　菲

2022 年 6 月 23 日

目录

第四章 —— 离婚中的财产分割

第六章 —— 离婚案件中的证据

第七章 —— 离婚诉讼中的开庭与执行

第八章 —— 涉外及涉港澳台离婚

第一章

协　议　离　婚

01

《民法典》第一千零七十六条　【协议离婚】夫妻双方自愿离婚的，应当签订书面离婚协议，并亲自到婚姻登记机关申请离婚登记。

离婚协议应当载明双方自愿离婚的意思表示和对子女抚养、财产以及债务处理等事项协商一致的意见。

《民法典》第一千零七十七条　【离婚冷静期】自婚姻登记机关收到离婚登记申请之日起三十日内，任何一方不愿意离婚的，可以向婚姻登记机关撤回离婚登记申请。

前款规定期限届满后三十日内，双方应当亲自到婚姻登记机关申请发给离婚证；未申请的，视为撤回离婚登记申请。

一、协议离婚的优缺点

本着结婚自由、离婚自由的婚姻自由原则,当夫妻感情破裂导致无法共同生活时,夫妻当然可以选择协议离婚,所谓协议,一方面是要自愿,双方心平气和地面对离婚问题,没有任何胁迫等外力导致,发自内心地“想离、要离、必须离”;另一方面是要把善后问题处理好,就是协商好“怎么离”,孩子谁来养,财产怎么分,房子谁来住,债务谁来还等一系列问题。这两个方面都弄清楚了,双方再到婚姻登记机关申请离婚登记。

我一直不敢苟同“离婚越来越普遍”的说法,好像人家离婚的人对待婚姻是一种很随便的态度。虽然有统计表明,近几年离婚的人数要高于登记结婚的人数,但这不代表离婚是件很随便且不负责任的事情,相反更能说明人们对个体生活在精神层面上的要求更高,是追求幸福的一种方式——厮守一生的伴侣绝对不能凑合,一旦出现问题就要积极解决,以提高生存质量。

面对几千对离婚当事人,我能深刻体会到,离婚无疑是件让人心痛的事情。无论你是多想离婚或者多么不情愿离婚,谁在即将走到婚姻尽头时,不说伤感那都是骗人的。我曾有个当事人在离婚诉讼中对离婚是极为渴望,每次开完庭都要一次次地恳求我:“法官,我真的无法忍受这种婚姻生活了,如果您不给我判离婚,我不如去死!”虽然话语中有夸张成分,甚至给我制造了一些压力,但是当她拿到离婚判决时,我依旧看到了她的泪光,我很是诧异:“你不是很想离婚吗,你应该高兴才对呀?”她半天缓过劲儿来,对我说:“您不知道,这离婚就像脱层皮,我就是心态再好,再怎么想离婚,但一旦我看到离婚判决,心里还挺不是滋味的,毕竟我和他生活了一段时间,毕竟我们曾经相爱过,我尊重这份逝去的感情。”这不单单是这个当事人的心态,她很具有代表性,无论你多么坚强,面对这段破裂的感情时,还是会让你柔软的心隐隐作痛，难以割舍的也许不是曾经的枕边人，既可能是你们的孩子，也可能是你们曾经拥有的日子。

到民政部门最省心

但离婚要到哪里去离？这是当事人要反复考虑的事情。以前，其他主体对离婚的参与程度较高，如果离婚，需要到单位开具相关介绍信，一来可以证明你的婚姻状态，二来可以在诉讼之前由单位工会等部门先行参与调解工作。这样的确让一些人止步于离婚之外，按旧观念，离婚终究是件丢人的事情，如果在单位传开，不但个人名誉评价会降低，有时还会出现影响升迁等一系列问题，这是万万使不得的。到法院离婚也有难处，本来两个人没有多少纠纷，但闹到法院就好像撕破脸，当事人并不想走到对簿公堂的那一步。因此，就在到哪离婚、怎么离婚问题上，有时要拖上一两年，甚至更长的时间，离婚也好比登天一样难。当事人不但要受到离婚时心灵上的伤害，还要接受来自社会方方面面的压力。随着社会的进步，我们国家不断改革登记离婚制度，如今到民政部门离婚无须单位介绍信，当事人对离婚问题也可以打消各种顾虑，不再遮遮掩掩，也不用走到为了不让单位知道而不得不选择到法院离婚的尴尬境地。

到民政部门办理登记离婚确实比到法院离婚有优势。其一，当事人心理压力减少。根据我的了解，无论你是有理还是无理，到法院办理离婚，往往都会在法院庄严的气氛下产生畏惧心理。法院的设置确实是很威严，高悬的国徽、庄重的法台、严肃的法官，在这里谈离婚是件不大轻松的事情，即使你们已经决定和平分手，但到了这里，气氛也不会太平和了。大多数人往往还分不清民事案件的被告和刑事案件的被告人在称谓上的区别，一旦成了被告，就好像和罪犯画等号一样，让人心里不舒服。

其二，效率高，时间省。进入离婚诉讼程序，就要严格遵守相关的法律程序。按简易程序来说，法定审限是 3 个月，即使你们双方都同意离婚，已经达成协议，也要履行起诉书副本、开庭传票的送达程序，有时还要等被告 15 天答辩期过了之后才能安排开庭。如果赶上法官手头案件较多，也无法保证答辩期过后就能及时安排庭审时间，夜长梦多，也许谈好的事情被时间一拖就会有变故，谈判还需重新开始，又要受一次折磨。民政部门办理简便快捷，如果能查明协议内容确属达成一致意见的，可当场发离婚证书。这样长痛不如短痛，何乐不为？

其三，离婚成本降低。到法院办理离婚就要交纳相应的诉讼费。你可以自己算一笔账，到法院离婚，诉讼费的收取是按照你们家庭财产总标的计算的，包括现有财产电视、冰箱等，以及存款、房屋、汽车等总财产价值结算。简单来说，按国务院公布，自2007年4月1日起施行《诉讼费用交纳办法》，离婚案件每件交纳50～300元。涉及财产分割，财产总额不超过20万元的，不另行交纳；超过20万元的部分，按照0.5%交纳。以北京地区为例，20万元以下的财产，按每件离婚案件150元标准收取，如果是简易程序或调解、撤诉解决的都应减半收费，那就是75元，但是超出20万元的，超出部分要按财产标的0.5%计算加收的费用。当然，简易程序或调解、撤诉解决的也应减半收费。如果家庭财产较多，诉讼费用算下来也是一笔成本，有的当事人因为惧怕上法院，还要请律师出庭，律师代理费也是成本之一，虽然司法部门就代理费用有参考标准，但多是当事人和律师议价，同样是按照财产标的收取相关代理费。相反，如果到民政部门办理，是按照每件离婚案件收取费用，只有证件制作的工本费，不是按财产标的收费。以北京地区为例，登记离婚只收取9元的离婚证工本费，其他存档费等费用40元。财产多的当然是到民政部门办理最划算。

协议离婚的风险

到民政部门进行协议离婚也不是万无一失的，对财产无争议的，结婚时间短的当事人是有好处的，但是对有子女、有财产、有债务等诸多问题的，还是要慎重，毕竟也有相应的风险在其中，这就是协议离婚的缺点。

其一，离婚协议并不具有强制执行力。离婚协议书是双方当事人自行自愿达成的，虽然在民政部门也有备案，但是却没有强制执行力，也就是说如果一方不履行协议书的内容，需要到法院申请执行时法院是不予立案的。

这种调解书不能像法院出具的调解书或判决书一样，如果一方不按调解书上的内容履行，另一方基本上是束手无策的，民政部门或法律都没有监督执行的依据。比如，一方不按约定给付子女抚养费，另一方不按约定履行探视子女权利；一方拒绝对车辆、房产等履行过户手续等，另一方都需要重新到法院立案，再由法院出具调解书或判决书，才可以申请强制执行。如果对对方没有充分的信任，就不要采取这种方式，它仅能解除双方的夫妻身份关系，却无法解决日后产生的不诚信行为。

其二，对离婚协议中涉及的专业问题不了解，容易被别人钻了空子。有时候一个问题没有想到，就会存在隐患，从而被对方利用。比如，对个人债务、共同债务区分不了解，或者对个人财产及家庭共有财产划分不清楚，难免就会在协议中无法表达自己的真实意愿，或者遗漏应属于自己的那部分财产，这在日后就可能产生隐患，真到无法处理时就会有苦难言。

其三，有的当事人为了让对方就离婚过错、债务、财产等问题予以明确，而假意表示协商解决离婚问题，当把一切条件写在协议上后，就反悔了，把这个协议当成日后法庭上的证据，这也是很常见的。

当然，如果对民政部门的离婚协议反悔了，法律也规定了可以在协议离婚后 1 年内就财产分割问题重新提起民事诉讼，但如果法院审查该协议没有存在欺诈、胁迫等情形的，应当依法予以驳回。

协议离婚的受理地点及程序

除了到民政部门办理离婚手续应带好身份证、户口本、结婚证外，还要带好离婚协议。离婚协议中内容应包括离婚意思表示、子女抚养权归属及抚育费负担情况、财产及住房等分割这些基本事项。这份协议除了当事人人手一份外，还有一份在登记离婚档案中备案，以备日后发生纠纷时有案可查。拿好这些东西，就可以同时前往一方常住户口所在地的婚姻登记机关申请。需要注意的是，法规规定，有三种主体不能进行登记离婚。一是双方没有达成离婚协议，即对离婚内容有争议的人。二是当事人为无行为能力或限制行为能力的人。也就是说，不能正确表达自己意愿的人，不能到民政部门办理登记离婚。三是在国外或者我国香港特区、澳门特区、台湾地区登记结婚的，就无法在民政部门办理登记离婚手续。

为了缓解你的紧张情绪，我还要把民政部门办理登记离婚的相关程序简单地介绍一下，否则即便告诉你到哪里去办，你还是有些摸不到门，因为这对大多数人来讲都是第一次。首先，你要打听好办理地点的方位。到区级婚姻登记机关办理即可，一般应从“114”查询登记机关地址及办公时间。前几年，有的地方登记结婚和离婚的时间是不一致的，比如每周一、周三、周五是结婚登记时间，而周二、周四才是离婚登记时间。不知具体情况的当事人有时不但白跑一趟，还受人家结婚登记的刺激。其次，到了登记机关，相关工作人员会询问双方的离婚意愿是否真实，还要做简单的调解工作，以免一时冲动。热播电视剧《奋斗》里的向南那两口子不就是这样吗？最后，在工作人员面前要填写《申请离婚登记声明书》并签字；在准备好的离婚协议书上签字，签字也要在工作人员的监督之下。当工作人员审验完提交的证件及相关文书外，你的结婚证就要被盖上失效的印章，取而代之的就是离婚证了，你这时才能真正解除婚姻关系，重返自由身。

和平分手正是“好和好散”的印证，即便分手后不能成为朋友，也不致变成敌人。不要指望真的会成为陌路人，除非你丧失记忆，否则这个曾经的对方不会在很短时间内从你的记忆中消失，你只会淡忘，无论这个他(她)带给你的是快乐还是痛苦。因此，什么都不要太刻意，这是你的人生经历，是好是坏你都要接受，因为你要为当初的选择负责，后悔遇到抑或后悔分手都是无用的，学会坦然面对才是心理成熟的表现，学会忘记才能展开你的下一段路程，你一定要坚信，后半程会更精彩！

二、协议离婚须注意的事项

谨慎书写离婚协议

千万别以为我们有了协议就能好离好散，那是对两个善良、守信的人而言的。若非你遇到一个心怀鬼胎的人就容易被人家“下套”。我这样说，可能很多人都反对，认为毕竟夫妻一场，哪至于能有这样的“坏人”，如果你在离婚审判这个战线上工作过，你就能明白我为什么这样说了。我们经常要处理当事人离婚后的财产纠纷、子女抚育纠纷等，很多都是因为一方不履行离婚协议，或者协议中根本就没有相关约定，我倒希望是因当事人疏忽而没有相关约定，但实际上想在离婚时耍花招儿的人还真不少。

当事人小李带着不满 7 岁的孩子来法院起诉，说自己的前夫没有按照当初的约定支付抚养费，我当时还不理解，离婚协议上怎么会没有抚养费呢？我按照小李提供的线索找被告，谁知电话已经停机，按地址寄送传票因“查无此人”而被退回。我只得找小李核实，小李说已经好久没有得到孩子父亲的消息了，只能找以前共同的朋友打听，我说：“他的单位你找过吗？”小李无奈地说：“刚一离婚，他就辞职了，我俩原来在一个单位，可能怕离婚还在一起不好，但他去哪儿没有告诉我。”由于一直无法按地址准确送达，只能以公告方式送达。小李垫交了 300 多元公告费，60 天公告期满后，直到开庭审理前，仍然不见被告的影子。

案子只能缺席审理，小李要前夫给付的是自己垫付的抚养费，她拿出了当初双方在民政部门的离婚协议，我看到协议上这样约定：孩子归被告抚养，小李每月给付抚养费 500 元；双方共有的两居室归被告所有。我不解地问小李：“按协议，你应该给付被告抚养费，你怎么还要被告给你抚养费呢？”小李说：“我们离婚时说好谁抚养孩子谁就得房子，他当初为了房子就和我争儿子，我想我离婚可以回父母家住，他父母家在外地，离婚也没个住处，为了不让孩子换环境，我就同意让他带孩子了。谁知他没到半年就把孩子领我这了，说自己要出差，暂时让我帮他带，我当然愿意了，可谁知道，这都快一年了，我根本和他联系不上了。”“你没到他的住所去看看？”“我去看了，敲开门，他已经不住那里了，我开始以为他把房子出租了，到房管局一查才知道，他把房子给卖了。”“那你打听到他的下落了吗？”“我如果能打听到，我就不到法院来了。”原来，她起诉的时候就已经找不到被告住所了。

她这种情况就是明显是被对方欺骗了，离婚时都答应得不错，该得的也得到了，离婚后就变卦了。我还是不甘心，我怎么也应当见见这个不负责任的父亲吧,我追问小李:“你们以前共同的朋友不知道他到哪去了吗?”“他走得挺神秘,但是他是和新婚妻子一起走的,有朋友说去了新妻子的南方老家了,还有朋友说根本就是出国定居了。唉!他这不是骗我吗?”可就算是这样,我也无力帮助小李,因为子女的抚养关系并没有变更,孩子还是归被告抚养,是小李应该给抚养费才对。即使孩子一直由小李抚养,小李所尽的义务也是法定抚养义务,其垫付的抚养费也是自愿支付,没有协议就无法支持小李的请求。我只能和小李说:“鉴于目前情况,你还是把孩子的抚养关系变更到你这里,这样你就有依据向对方索要今后的抚养费了。”小李紧接着问我:“那我还能要回房子吗?”我真不愿意告诉她答案:“如果你们没有‘变更子女抚养关系就变更房屋分割方法’这样的约定就不可以,况且现在房子已经卖给别人。”

小李撤回起诉,不用撰写法律文书我也落得轻松结案,可面对这种情况,心情却无法轻松起来。小李失去的是部分抚养费损失和一套二居室,可比小李损失更多应得家庭财产的大有人在。这些当事人都是当初没有考虑周全,以自己善良的心去衡量对方,最后却被对方给“涮了”。千万不要认为曾经的配偶与你情分还在,亲兄弟还明算账,何况你们即将成为陌路人,没有理由不把条款写清楚,不把丑话说前面。如果你真以为对方会看在孩子面上作不出这种事情,你怎么解释小李的遭遇呢?你怎么保证自己一定不会和小李一样呢?先别急着证明了,好好想想怎么写协议吧!

离婚协议的内容

因为经常撰写法律文书的原因,我的手头还真没有一个现成的离婚协议。前几天,我的一个闺蜜要离婚,还向我讨要离婚协议,我和她说“没有”,却引起她的误解,以为我是“小沈阳”,在忽悠她或者想用这样的方法阻止她离婚。真冤枉呀!虽然不曾撰写离婚协议,但我却知道离婚协议中需要明确的条款,也就是日后避免双方发生争议的内容,或者即使有争议,日后也可以通过诉讼解决的事项。如果我这个闺蜜再耐心些,我会逐条和她细说,可她却生气了,不等我解释就挂了电话,这回就好好给她解释解释。

离婚原因:我们先说离婚原因该不该写清楚。对于调解离婚,我一直不赞成把离婚原因搞得太清楚,比如,经常有人在离婚原因中描述为哪方有外遇,哪方有家庭暴力,哪方脾气暴躁等原因导致离婚,难道不能以“感情破裂”而代之呢?为什么要让一方受谴责,你们是即将离婚的双方,还要再为难对方吗?有当事人解释,这是为了等孩子长大后给孩子看,让孩子知道父母为什么离婚。这种解释是不是对子女有些残酷,两个人的事情为什么让子女去怨恨父母一方?你以为这种方法就能让子女谅解父母吗?这样首先就不是一个心平气和的态度,其次也不是教育子女的有效方法。当然,如果协议不成而需要到法院解决就要写清楚离婚原因了,这将会成为日后的证据,也可以成为获得精神损害赔偿金的证据之一。具体细节我会在后面的诉讼章节中再表述。

子女抚养:要写清楚子女由谁抚养,抚养费如何负担,双方轮换抚养要写清楚,如十岁之前由谁抚养,十岁以后由谁抚养等。抚养费可以按月支付,也可以按年支付,但要注意写清楚支付时间和支付方式。最好双方到银行开具一个账户,一方持有存折,另一方持有银行卡,这样双方存取都方便。抚养费的多少由双方协商,但一定要考虑孩子的实际需要和对方的支付能力,有的当事人只想一次了结,让对方一次性给付抚养费,这样不便于执行,也不便于索要子女今后遇突发事件而需增加的费用。当然,如果对方有支付能力且不想继续为此扯皮,这就需要对方同意才行,因为法律并没有要求必须一次性支付。还有别忘了约定探视子女的时间,越详细越好,包括每周何时看望、看望时间长短、看望方式(地点、接送人)等,约定得越详细越有利于执行。

财产分割:财产既有婚前财产又有婚后财产之分,也有个人财产及共同财产之分,还有动产及不动产之分。婚前婚后财产如果没有约定,以财产购买时间做区分标准,结婚登记前购买的财产为婚前财产,反之为婚后财产。个人财产除婚前财产为个人财产外,还包括一方因受到人身损害获得的赔偿或补偿等;一方专用的生活用品如书籍、科研工具等;遗嘱或赠与合同中确定只归夫或妻一方的财产。共同财产基本上就是除了个人财产外的双方婚后所得。(彩礼)动产好分,不动产就复杂了。动产包括家具、家用电器、存款、股票、基金、债券等，需要确定金额及所有人，写明给付对方的数额及时间。房屋是不动产，商品房分割需确定所有权人，在今后房屋过户时可减少部分契税。未还贷的房屋要注明贷款还款人及还款方式，需要过户的要约定好过户时间、费用承担，属于公房的要约定好办理变更承租人的时间。

债权、债务分担：如果双方在离婚时还有别人欠的钱没收回或者有债务，在离婚时就应当将此债权、债务进行分割。约定好谁享有债权，谁负责还债，以免有以离婚逃避债务之嫌。

经济补偿：经济补偿分两种情况。一种是一方自愿给付另一方生活帮助的费用。比如，有的当事人自愿给付另一方一次性经济补偿，以帮助另一方今后的生活；也有的当事人按月、半年、一年等时间分别给付另一方生活费用，甚至有的自愿支付另外一方生活费直至其死亡，这都不违反法律规定。另一种是由于在婚姻当中因为有过错而给予对方的补偿费，多是精神损害赔偿性质，数额多少也都是双方协商一致。我们常看到女方经常要求对方给付“青春损失费”，这在法律上是没有规定的，也就无法在诉讼中要求赔偿。但双方调解时并不是不可以约定，需要注意的是到了法院这笔“青春损失费”会因于法无据而得不到支持的。

答疑解惑

1. 离婚协议无须办理公证，在离婚手续办理完结时即生效。
2. 如一方未履行离婚协议，可经过诉讼程序解决。
3. 如离婚后发现对方隐匿财产，可在发现财产2年内到法院起诉要求分割。
4. 双方婚前、婚后达成的财产协议均有效，双方可以在协议中对个人财产及共同财产进行约定，离婚时可按该协议分割财产。
5. 父母为子女购房的出资，婚前购买房屋的为对一方的赠与，婚后购买则为对双方的赠与，但父母有特殊明示的除外，即明确表示给一方或给双方，但这种明示应为对方所知。

答疑解惑

6. 如果一方或双方开办了公司，对股东身份、份额的约定要争得其他股东同意，不能损害其他股东的优先购买权。（具体规定在以后章节详述）
7. 子女抚养费包括子女的基本生活费、教育费及医疗费，今后如有大额医疗费、教育费等可双方事先约定，如未约定依法双方共同负担，有争议时可诉讼解决。
8. 离婚后户口迁移可双方约定迁移时间，诉讼中不解决此问题。
9. 有多份离婚协议的，以最后一份为准。
10. 当事人为了离婚在离婚前达成财产分割协议，但如果双方没有办成协议离婚，而到法院起诉离婚，只要有一方当事人对该财产分割协议反悔，该协议应认定为没有生效，法院将依法对财产进行分割。

温馨提示

离婚协议书样本

离婚协议书

协议人：张三，男，出生日期，工作单位，现住址。

协议人：李四，女，出生日期，工作单位，现住址。

张三与李四于×年×月登记离婚，现因双方感情破裂协议离婚，协议如下：

一、张三与李四离婚。

二、婚生之女张×由李四抚养，张三自离婚之日起每月给付子女抚育费1000元，至子女独立生活时止。张三可每星期六探视子女一次，时间为8:00～20:00，由张三自行接送。

三、婚前财产各自所有，详见清单。

四、共同财产及现有存款5万元全部归李四所有，张三可于领取离婚证后3日内将其个人婚前财产、衣物取回，详见清单。

五、现位于北京市海淀区苏州街×号楼×门×号两居室住房一套归李四所有，李四给付张三房屋折价款10万元，该房屋贷款由李四自行偿还，张三协助李四办理该房屋过户手续，相关费用由李四承担。

六、双方无共同债权、债务。

七、张三一次性给付李四生活帮助费30万元。

上述第五、七项均于领取离婚证后7日内执行。

协议人： 协议人：

日期： 日期：

附：财产清单

三、协议离婚的冷静期

这次我国《民法典》婚姻家庭编的亮点之一就是离婚冷静期。离婚冷静期，是指夫妻协议离婚时，政府给要求离婚的双方当事人一段时间，强制当事人暂时搁置离婚纠纷，在法定期限内冷静思考离婚问题，考虑清楚后再决定是否离婚。法律规定的当事人冷静思考离婚问题的期限为离婚冷静期。

冷静面对离婚

我自己明显感觉到目前“80后”、“90后”离婚的人数不但多，而且快，是不是闪婚不知道，但闪离是肯定的。相比以前，“70后”离婚大多抻个一两年，且深思熟虑，不但要给孩子个交代，还要给双方父母交代，甚至离婚了还要隐藏一阵子。以身边的朋友为例，他们的子女只要有离婚的念头，父母说合的占少数，多是站在孩子一边，甚至比孩子下的决心都要早、都要坚定。我分析这里面有几个原因：一是父母疼孩子，看不得孩子受半点委屈，只要过得不好就离婚；二是父母观念改变，不再认为离婚是个丧失颜面的事情，反而认为是一种解脱；三是子女经济独立，没有之前夫妻互相依附的成分，离了谁都照样过日子。这样一来，我们看到的结果就是离婚率持续升高，协议登记离婚比例逐渐提高，当事人婚龄短，冲动、草率、轻率型离婚屡见不鲜。婚姻登记部门缺乏必要的调解和限制，导致中华人民共和国成立以来第三次离婚高峰。

婚姻不是儿戏，离婚是人生大事，轻率离婚不利于家庭稳定，更不利于和谐社会的创造。有的老法官有经验，面对诉状中对夫妻矛盾的描述没有太激烈时，往往会采取拖一拖、放一放的态度，有的时候还真就把案子“搁熟了”，也就是原告主动要求撤诉，这就是所谓的冷静期，等他自己想明白的时候，婚姻还是可以继续下去的。

冷静时间为30天

当然，这个法条的起草之初，也受到多方质疑，并不是没有反对的声音的。有的人认为，这样就是与离婚自由的规定相违背，公权力不应插手私权利的事情，但我们规定的这个冷静期是有国外相关规定做参考的。比如，法国叫离婚考虑期，英国叫离婚反省期，韩国叫离婚熟虑期，美国叫离婚反省期。这些叫法不一样，目的是一样的，就是要对婚姻的瓦解起到一个缓冲的作用，对离婚进行干预，降低离婚率。相比国外少则1个月，多则6个月、9个月的冷静期，我国规定的30天是相对人性化的，不长不短，就是让当事人进行充分考虑，重新分析离婚是否真正能解决夫妻矛盾，避免一时冲动造成终身遗憾。

就这30天而言，它给当事人双方一个缓冲、熟虑的时间，给登记机关创造了一个调解的契机。登记机关不是坐视不理，而是可以多方了解当事人矛盾，判断婚姻该离还是不该离，以及怎么离才能更加心平气和，可以说为日后调解协议的达成做好充分的准备工作。

30天内，如果一方反悔，不愿意离婚，当然可以到婚姻登记机关撤回离婚申请，离婚登记机关同时终止登记离婚的程序。相反，考虑了30天，仍坚持离婚并且对子女、财产分割等达成一致意见的，婚姻登记机关也要依法及时进行登记办理，发放离婚证。

过了30天冷静期后，如果双方当事人在30天都没有到婚姻登记机关申请离婚证的发放，则视为撤回离婚申请。这里，或者双方和好，或者双方对离婚协议内容有争议无法达成一致意见而继续协商，甚至需要到法院以诉讼方式解决离婚，必然无法以这种方式和平分手。我最想看到的还是冷静期内，双方多能看到自己身上的不足，多能看到对方的优点，找到解决矛盾的方法，继续牵手走过今后的人生，这个法条也就达到了它的效果。

答疑解惑

1. 无户口本、身份证：持公安机关开具户籍证明及临时身份证。
2. 军人身份：持军官证及团以上政治机关出具离婚意见证明。
3. 集体户口：单位出具户籍证明复印件加盖户籍机关印章。
4. 两本结婚证均遗失：原婚姻登记机关存档复印件或当地档案馆查询结果加盖查档机关印章。无档案时，户籍所在地公安机关或公证机关开具夫妻关系证明。
5. 外文证明：提交中文翻译文本，加盖有资质翻译机关印章。

温馨提示

登记离婚必带手续：

1. 身份证、户口本原件及复印件；

2. 结婚证原件；

3. 二寸半身免冠单人照片两张；

4. 离婚协议书各三份（如有电子版一并带上，可适时更改）；

5. 离婚协议中涉及财产部分的证明，房产证、行驶本原件复印件、涉及公司股权分割的相应工商机关证明；

此外，离婚协议中别忘注明户口迁移问题。

第二章

诉讼离婚

02

《民法典》第一千零七十九条 【诉讼离婚】夫妻一方要求离婚的，可以由有关组织进行调解或者直接向人民法院提起离婚诉讼。

人民法院审理离婚案件，应当进行调解；如果感情确已破裂，调解无效的，应当准予离婚。

有下列情形之一，调解无效的，应当准予离婚：

（一）重婚或者与他人同居；

（二）实施家庭暴力或者虐待、遗弃家庭成员；

（三）有赌博、吸毒等恶习屡教不改；

（四）因感情不和分居满二年；

（五）其他导致夫妻感情破裂的情形。

一方被宣告失踪，另一方提起离婚诉讼的，应当准予离婚。

经人民法院判决不准离婚后，双方又分居满一年，一方再次提起离婚诉讼的，应当准予离婚。

《民法典》第一千零八十一条 【军婚的保护】现役军人的配偶要求离婚，应当征得军人同意，但是军人一方有重大过错的除外。

《民法典》第一千零八十二条 【男方离婚诉权的限制】女方在怀孕期间、分娩后一年内或者终止妊娠后六个月内，男方不得提出离婚；但是，女方提出离婚或者人民法院认为确有必要受理男方离婚请求的除外。

一、离婚的起诉程序

有的人有了离婚的念头后，会冷静考虑一阵子，然后和对方沟通，最后顺利调解离婚；有的人虽然有了离婚念头，也能权衡好离婚的各种利弊，但就是和对方无法沟通，使离婚一拖再拖，可能三五年都离不成，甚至要用十几、二十几年的时间，这绝不是耸人听闻，我确实遇到过多次来法院离婚而最终没有离成的当事人。他们有的是自己没有考虑好，有的是听从了家人的劝说，有的是孩子的牵绊，更多的是遇到了一个难缠的对手，他(她)也许对你有感情，也许就是在报复你，让你不能好过。我亲身经历过一个案子，当法院准备判决离婚时，他已经因患癌症去世了，也就是说到死也没能换来人身的自由，这不得不说是人生的悲哀。

由于工作原因，我甚至能从当事人言谈举止中判断他们究竟该不该离，这只能说是经验积累的结果，但最后也得看证据。我知道，任何一个人下决心离婚都不是一件容易事。当事人单是想离婚就是一个难熬的过程，因为他要经受方方面面的冲击。对对方的交代、对子女的交代、对双方父母的交代乃至对单位的交代。如果处理不好，就要背上骂名，有时甚至是终身的，谁愿意做这样的罪人？做这么大的牺牲？因此他一定是前思后想后才和对方提出的，这是对负责任的人而言，那种对离婚看得像吃饭一样简单的人不存在这个问题，但这种人少之又少，可以忽略不计。

我想告诉当事人的是，其中最重要的是你要想些什么？固然孩子重要、父母感受重要，但重要的是要问问你们之间还有没有感情，这种感情你说是爱情也行，是亲情也罢，有情就不要考虑离婚，还是应该试图去多多沟通，尽量改善现有摩擦的夫妻关系。而且这种感情也要双方都有才行，只有一方有，那是绝对不能长久的。如果真的不再有感情，别指望你或对方会改变什么，即使达到你的要求，你最终仍会离他而去，因为他好与不好对你来讲已经不重要了，因为你不再爱她。这个时候才是你考虑离婚的时候。离婚前一定要和对方推心置腹地谈一次，你敞开心扉也可以让对方明白你的诚意，如果多次谈判只能换来对方的无理取闹，那就是你迈进法院大门的时候了。

法院起诉离婚的管辖

我刚上班时，民事案子还不是很多，1 个月要是能结 20 件案子，那保准年底就能当个"结案状元"。现在可不行，1 个月结 40 件都是少的，可见人们法律意识的增强，在矛盾激化时，"等着瞧，我法院告你去！"可就成了结束语。

小郑也想去法院，因为他和爱人的离婚无论如何也谈不拢。这也是在咨询了律师等一大圈子人后才知道的，本来他是想到民政部门去，可他媳妇就是不同意，其实他知道，对方不同意离只是想让他痛苦。谁让他认识她时，她刚满 18 岁呢？俩人一到年龄就结婚了，谁知正是应了初恋时不懂"爱情的魔咒"，婚后一直就是吵吵闹闹，媳妇回娘家住就已经快 3 年了，两个人一直分居，可对方一听小郑谈离婚就挂电话，小郑再也不想过这种半死不活的生活了。

让小郑没想到的是法院离婚也很复杂，首先他到离家最近的中级法院去，人家说需要到基层法院，那里受理一审民事案件。他又跑到户口所在地的基层法院，人家说需要到被告所在地的基层法院起诉。等他到了媳妇户口所在地的基层法院好不容易立上案，媳妇请了个律师，非说法院管辖有问题，法官一听他媳妇已经在娘家住了将近 3 年，只得告诉他确实要到他媳妇经常居住地法院起诉。这一通折腾已经把他搞蒙了，身心疲惫的他真不知道法院起诉也能这么折磨人，他甚至认为是不是媳妇早就在法院找了人，让他处处碰壁。

当他还没离婚就已经垂头丧气向我讲述自己的遭遇时，我告诉他哪个法院处理都没有错，错的是他自己，他能把媳妇幻想成有这么大能力的人也太可笑了，那不和安插"间谍"一样困难吗？只是他没有搞懂管辖这回事。首先我国法院是分三级，即初级、中级、高级。初级法院就是基层人民法院，以区级行政管辖为单位，一般离婚案件都是由基层人民法院管辖，如果对一审判决不服的再申请上诉到中级人民法院审理，这是终审法院。如果对判决离婚中涉及除离婚以外的子女抚养、财产分割等问题再有不同意见的，可以到上一级法院申请再审，这就需要到高级人民法院。

基层法院受理离婚案件的一般原则是“原告就被告”，也就是说谁起诉，谁就要到被告住所地的基层法院起诉，住所地常指户籍所在地，如果人户分离的，就以经常居住地为住所地，居住满 1 年的就是经常居住地，当然在医院住院治疗满 1 年的不能算经常居住地。

起诉离婚的受理法院

根据《民事诉讼法》及司法解释的规定，离婚案件遇到下列情况，由原告住所地人民法院管辖；原告住所地与经常居住地不一致的，由原告经常居住地人民法院管辖：(1)对被采取强制性教育措施的人提起的诉讼；(2)对被监禁的人提起的诉讼；(3)夫妻一方离开住所地超过 1 年，另一方起诉离婚的案件，可以由原告住所地人民法院管辖。夫妻双方离开住所地超过 1 年，一方起诉离婚的案件，由被告经常居住地人民法院管辖；没有经常居住地的，由原告起诉时被告居住地人民法院管辖。

如果双方当事人都被监禁或者被采取强制性教育措施的，由被告原住所地人民法院管辖。被告被监禁或者被采取强制性教育措施 1 年以上的，由被告被监禁地或者被采取强制性教育措施地人民法院管辖。

起诉状的写法

法院门口常有一些小门脸写着“代写诉状”，这是为不知道怎么写诉状的你准备的，这可是赚钱的买卖，我曾经打听过，专门写诉状的人无须有律师资格，起诉书都有统一的格式，只要会写字就能干这个事，他们也没有统一收费标准，有时就是看人下菜碟。最少收 500 元，多的能要你 5000 元。1 个月下来比我们法官挣得都多。写起诉书是到法院立案的一个必经程序，许多人发愁不知怎么写。其实，诉状中除了最基本的原告、被告自然情况外，最主要是写明你的诉讼请求和事实与理由。

诉讼请求是指你对法院提出你的解决要求，如要求离婚、要求子女由你抚养，抚养费由对方承担多少、财产如何分配、住房如何分割等。有了明确的诉讼请求，法官才知道你希望解决的事情是什么，这是必不可少的。

事实部分要写明双方婚姻的事实，即恋爱时间、结婚时间、子女生育情况、婚姻状况。有的人简短："感情破裂要求离婚"，这不是不可以，但不利于法官掌握你们婚姻真实情况，不利于就矛盾问题进行解决。有的人像写小说一样，把双方从相识到相恋到矛盾步步升级都详细描述，详细到某年某月某日双方如何对话都写了下来，我曾经看到最多的一个离婚的起诉状是26页。这样虽然详尽了，却不能抓住矛盾的焦点问题，反而给法官留下斤斤计较的印象。我想应该着重写明近两年来导致感情破裂的事实，使起诉书有的放矢。

理由部分是写明支持你诉讼请求的法律依据。如果不了解那就写你自己认为的理由好啦。一般这部分就是对上述列举事实的一个总结，不用太专业，因为理由是否充足还是法官说了算，不是你自己认为的充足。

对了除此之外，诉讼费一定要交，具体数额及计算方法见后，如果超出自己支付能力的，可以申请减免或缓交，到立案庭填表报法院审批。如果是军人作为原告起诉离婚的，还要携带本单位团级以上政治部门的介绍信，怎么开单位都知道。

答疑解惑

1. 什么情况下可以到原告住所地法院起诉：

(1)对方不在我国领域内居住；

(2)对方下落不明或宣告失踪；(起诉时要携带公安机关开具的下落不明证明)

(3)对方被监禁；

(4)非军人对军人提出离婚诉讼，如果军人一方为非文职军人的；

(5)夫妻一方离开住所地超过1年，另一方起诉离婚的；双方均离开住所超过1年，但没有经常居住地的。

答疑解惑

2. 证据何时提交：能在立案时一并提交的要提交相应复印件，并一式二份。

3. 法院何时能安排开庭：立案后5日内法院将起诉书送达给被告，被告有15日答辩期；若适用简易程序，如被告不要求答辩期的，则不受答辩期的限制随时安排开庭，因此开庭时间长短，以送达是否顺利决定。

4. 诉讼费计算方式。

国务院令(第481号)中明确离婚案件诉讼费交纳办法：离婚案件每件交纳50~300元。涉及财产分割，财产总额不超过20万元的，不另行交纳；超过20万元的部分，按照0.5%交纳。

温馨提示

1. 起诉书样本。

民事起诉书

原告王小毛，男，1961年5月4日出生，汉族，无业，住北京市海淀区车道沟×号楼×单元×号。

被告李大莉，女，1964年8月10日出生，汉族，北京医院护士，住同王小毛。

案由：离婚纠纷

诉讼请求：

1. 判决双方离婚；

2. 判决子女王晓莉由李大莉抚养，王小毛每月给付子女抚养费500元整；

3. 共同财产依法分割；

4. 现二居室住房由李大莉所有；

5. 诉讼费由双方分担。

事实及理由

原告王小毛和被告李大莉于1986年9月自行相识，1991年5月4日登记结婚,1995年4月婚生一子王晓莉,现年13岁。婚后初期双方感情尚可,夫妻关系还算融洽。但自从有了孩子,双方就因为教育子女、经济问题等生活琐事发生争吵,导致婆媳关系也不和睦,最后李大莉都不去我家了,夫妻感情逐渐淡漠,我们就分床而居。

2005年7月起我到外地做生意,她从来对我不闻不问,还不让孩子回奶奶家,我们偶尔打个电话也是吵。今年买卖不好我就回京了,她就嫌我没有正经工作,钱也没赚着,连家也不让我回了。现我们分居已经快3年了,夫妻感情彻底破裂。

综上所述,根据我国《民法典》第1079条第3款第4项"因感情不和分居满两年"的规定,要求法院准予我离婚的诉讼请求。

此致

北京市海淀区人民法院

具状人:王小毛

×年×月×日

附:1. 结婚证复印件

2. 财产清单

3. 房产证复印件

财产清单:

(1)索尼牌29寸彩电,价值1500元

(2)海尔牌双开门冰箱,价值2000元

(3)小天鹅牌全自动洗衣机,价值1300元

(4)布艺沙发一套,价值2000元

(5)餐桌椅一套,价值1000元

(6)双人床一张,价值1000元

(7)位于北京市海淀区车道沟10号楼4单元4号二居室住房一套,价值600万元

财产价值总计:6,006,800元

2. 起诉离婚携带证件:身份证原件、复印件,结婚证原件、复印件,起诉

书一式二份。

3. 法院根据财产标的计算诉讼费，将交费单据给付当事人后，当事人在7日内到指定银行交费。

4. 军人起诉离婚携带团级以上政治部门介绍信。

5. 当事人户口所在地与居住地不一致的，起诉时携带当地居委会或物业管理部门开具居住证明。

二、离婚案件应诉程序

被法院传唤无论如何也是件令人不快的事情，有的当事人不理解，认为被法院传唤的都是犯罪分子，自己有种被侮辱的感觉。其实，被告和被告人是两种不同的称谓。“被告”是指民事案件中被诉的一方；而“被告人”是刑事诉讼中被提起公诉或自诉的人，在没有定罪量刑时也被称为“犯罪嫌疑人”，所以被告虽不是什么不好听的词，但他在民事诉讼中与原告地位平等，当了被告不等于就成了败诉方，原告被驳回的案件也同样存在，被告有理时法院一样支持，被告并不等同于被动一方。

法院传唤的几种方式

民事案件的传票送达方式有好几种，不单是书面的传票一种，虽然这是最正规的。但是就简易程序的民事案件而言，打电话、捎口信等只要能传达到的便捷方式都可以使用。我们常能碰到书记员电话通知一方当事人来领取诉状，电话那端对我们存有的疑虑，有时甚至是敌意。他们认为电话传唤对法院来讲是不可能的，也许是一方恶作剧呢，但如果人家明确告诉你诉讼原告是谁、何时何地去某法院找某位法官时，这样恶作剧的可能性太少了。所以，接到法院电话时还是要镇定，听清楚时间、地点及联系人，这样才能在去法院时不必问东问西跑弯路。

传票形式也有两种，一种是法院直接邮寄的信函，另一种是交由邮政机构以法院专递方式邮寄的特快专递。传票上当然有时间、地点等信息，但不等于这种方式正规,其他方式不正规,在科技发展的今天,北京市海淀区人民法院还首次使用了以电子邮件形式发送的传票,你能说这不是传票吗?

还有一种是公告送达,即在无法按原告提供地址送达给被告传票、起诉书时,法律规定可以使用公告送达方式。一种是在法院及当事人住所地张贴公告,告知何时到何地开庭应诉;另一种是在报纸上刊登公告,报纸应是在全国发行的,一般都刊登在《人民法院报》上。

应诉是义务

不知道是基于什么原因,经常发生离婚被告当事人接到传票后拒绝到庭的情况,也有当事人在我电话通知时问我:"法官,我要是不去会怎样呢?"这种消极处理婚姻的做法,我是极不赞同的。一来法官会认为你有什么过错不敢到法院来;二来法官会认为你对婚姻并不是一个负责任的态度;三来这肯定是对法官乃至法律的不尊重。所以一定到法院去:对方起诉理由是什么?我的答辩意见是什么?如果企图依靠电话来和法官陈述意见,法院也无法保护你应有的权利。

我曾经碰到一个被告,原告第一次起诉离婚时,她得到法院通知领取传票后,就回老家了,任凭如何通知就是不到庭。法院通过公告送达起诉书副本及传票后判决驳回了原告的离婚请求。半年后,被告回京,原告第二次起诉离婚,她开始还是不到法院来,法警到她家送传票,她接到传票后还是没有按时到庭,根据原告所述情况,我们得知这半年他们夫妻关系并没有好转,法院判决双方离婚。拿到邮寄的离婚判决,被告找到我,对我说原告常打骂她,但她不想离婚,因为不想让周围人看到她被抛弃,可谁知法警到她家后,街坊邻居也都知道怎么回事了,她都抬不起头,而且认为只要不到庭,法院就不可能判她离婚。我想这也许是拒绝到法院的离婚当事人普遍存在的一个幼稚想法——"只要我人不出现,对方就永远别想离成婚"。可他不知道,最后耽误的只能是自己,上面这个当事人就家庭暴力赔偿的问题就只能单独起诉,而不能在离婚案件中一并解决,这不是费一道手续吗?既然应诉是被告的义务,那还是依法履行吧,躲,不是办法。

领了传票后的准备

到法院领传票时，切忌带着亲友团来，他们大多帮不上任何忙，只能为你担心，给你添乱。很多当事人怕来法院，可能是对这个可以给罪犯定罪量刑的机关有畏惧，但民事案件中双方地位平等，有什么可怕？你照样可以说自己的理。有的人是对法院不信任，先入为主，认为法院给对方立案一定是有什么门道，自己肯定会吃亏。这就更是大错特错了，法院对符合立案手续的都可以立案，不信可以自己去试一试，不要都成了你的假想敌。处于这种要靠别人壮胆的心情来法院的心态是不可取的，遇到不懂法的就更糟了，他们会告诉你法院给的材料都别签字，签字就等于同意了。有哪条法律说签收传票、起诉书副本就代表你同意离婚，法院就可以判决离婚了呢？这样岂不天下大乱？签收传票等简简单单的事情，让壮胆的这些人一忽悠全成大事了，书记员、法官还要先给他们上一堂普法课。因此你要知道，你到法院来领取传票、起诉书，只是一个法律程序，你的签字只代表你收到了法院给你的这些材料，与你是否同意离婚一点关系都没有，放心签吧！

答辩状书写内容

拿到起诉书后，就要仔细考虑离婚问题了，这时候再哭再闹都无济于事，作为成年人，你应该先让自己冷静下来，准备开庭前的工作。你可以选择在开庭时口头答辩，也可以选择提交书面答辩状。如果法院适用的是简易程序，也许会在答辩期内就开庭，如果你没有准备充足，可以向法官说，要求在答辩期满后开庭。

离婚案件的答辩状也被当事人写得五花八门。下列几种方式不可取：

1. 针对原告陈述的事实和理由一一驳斥，甚至每句话都做反驳，让人看了没有条理，还容易被原告牵着鼻子走。

2. 把原告骂个狗血淋头，一无是处。从恋爱到结婚，对方就没有做对的时候，把原告形容成一个感情骗子，甚至到了能判刑的程度。这样也无法表达你抗辩的意见。更让人不能理解的是，在总结陈词时往往话锋一转：“虽然他有上述这些缺点,但我还是能原谅他,坚决不同意离婚!"我不知道,你既然对他还有感情,为什么要把他的种种"劣迹"公之于众?你痛骂他只能是激怒他,你想,他知道他在你心中有如此恶劣的地位,还能再和你一起生活吗?那种只会指责对方而不知检讨自己的人是无法挽救婚姻的。

3. 不说自己的答辩意见,而是开始给法院、法官提意见。什么法院不应给原告立案啦,什么原告曾扬言他家有亲戚、朋友在法院,法院一定会偏袒他啦,什么他给法官行贿、法官审判不公啦等。这些捕风捉影的事情还是不要占用答辩状的篇幅,如果有真凭实据那就直接向法院的纪检部门反应,或依法律途径申请回避,否则这样说只能让法官觉得受到了侮辱,那你在法官心目中的印象分肯定不高。

4. 答辩状对离婚态度不明确,好像这婚离也成,不离也成。如果离婚就要开一个价码,要求对方给各种费用。我想,这在调解阶段可以提,但绝不能是你不离婚的理由,感情破裂是衡量离婚的标准,可没有规定钱给够了就可以离,因此钱的事情还是不要提得这么直白,如果能用钱买到自由身,你难道非要给自己贴个标签不成吗?

答辩状并不是一定要有统一的样式,但是一定要把你认为的婚姻事实和你对离婚的意见写清楚。这是任何人不能代替的,只有你自己可以总结你认为的婚姻真相。明确离与不离的态度,离,如何处理子女、财产问题;不离,有哪些需要自己去检讨的。这样才能让法官看到你们是否有和好可能,法官做工作也能找准方向。

温馨提示

1. 到法院领取起诉书副本,要携带身份证件原件、复印件。

2. 答辩期为 15 日,以收到起诉书副本的第 2 日起算。

3. 提交答辩状一式二份,用蓝黑或碳素墨水签名。

4. 提交提出管辖异议的时间与答辩期一致,如果认为原告起诉的管辖法院不正确,可以递交管辖异议申请。

5. 提交管辖异议申请的同时应提交被告相应的居住证明,如被告住所地户口本证明或经常居住地证明。

答辩状样式：

民事答辩状

答辩人李大莉，女，北京医院护士，住北京市海淀区车道沟×号楼×单元×号。

被答辩人王小毛，男，无业，住同李大莉。

事实及理由：

王小毛所述离婚理由不正确，我坚决不同意离婚。我与王小毛婚后夫妻关系一直很好，造成夫妻矛盾的原因是王小毛母亲从一开始就嫌弃我，在我们中间没有起好的作用，挑拨我俩关系。我认为如果没有他母亲的因素，王小毛也不会和我离婚。

这几年，我承认自己对王小毛关心照顾不够，我因为赌气就和他冷战，故意不闻不问，但是我心里还是对他有感情的。我愿意改正自己的缺点和不足，努力改善夫妻关系，我们还有和好可能。

王小毛在起诉书中称夫妻分居两年多是事实，但不是因为感情不和而分居，而是因为王小毛在外地工作。因此他起诉离婚的理由不充足。

综上所述，我们有感情基础，希望法院能给我一次机会，多给我们做调解和好工作，驳回王小毛离婚的诉讼请求。

此致

北京市海淀区人民法院

答辩人：李大莉

×年×月×日

管辖异议申请书样本：

管辖异议申请书

原告王小毛诉我离婚纠纷一案，现我提出管辖异议，我户籍地虽在北京市海淀区，但自2006年2月至今，我一直在我娘家居住，地址为北京市西城区某街某号楼某号。根据《民事诉讼法》的规定，西城区应为我的经常居住地，海淀区人民法院对此无管辖权，该案应移送北京市西城区人民法院。

申请人：李大莉

×年×月×日

三、法院准予离婚的条件

（一）重婚或者与他人同居

和家庭暴力一样，离婚案件中的第三者问题占有大约1/3的比例，但由法院认定同居事实成立的却比认定家庭暴力还困难，这是为什么呢？

"重婚式"同居不好认定

第三者不好认定的原因依旧和家庭暴力一样属于证据问题，我国《民法典》规定"重婚或者与他人同居"即为俗称第三者的概念。重婚是指以夫妻名义长期生活的，是要承担刑事责任的。而"与他人同居"则是指有固定住所的长期同居行为，这样的证据是很不好取得的。

一种方式是由当事人自认，即在离婚之前有过口头表示承认有与他人同居的行为，但口头表示时也需要有在场人作证或陈述时的录音证据。另一种方式是有同居地的相关证据，如物业管理人员或房东等，证明两个人在一起同居，往往这个时候，证人都很难到庭去为你作证。

法院对偶发性同居行为是不认定为有第三者的，偶发性同居包括通奸、姘居、嫖娼等，但可以认定为在婚姻生活中存在过错。有时候，你花费大量时间及金钱调查出来的证据，却不能被法院认定为第三者，到时候不更窝火吗？

立法自然有立法的不足，但法律就是这样规定的。有的人非要弄个水落石出，首先要找到同居的住所，找到后要算准捉奸在床的时间，其次破门而入拍下视听资料。但即使这样也只能证明对方有过错，仍旧无法证明是法律意义上的第三者。

能够证明同居事实的证据是极为少见的。当事人往往为了这份证据夜不能寐，甚至有精神抑郁、自杀等倾向。更多的时候是好不容易取得的证据还不能成为有效的证据，当事人会陷入更深的痛苦和绝望之中。

先找枕边人的责任

婚姻中一旦出现对方有外遇的问题，似乎都有一个定式——只怨第三者，不从对方和自己那里找原因，这种想法欠妥，观念不扭转就不好挽救了。先分析一下三方人士吧！

在我办理过的因第三者离婚的案件中不太理智的当事人多是女性，她们往往采取极端的态度，不是整日在家吵闹就是到对方单位闹得满城风雨，最后的结局就是双方撕破脸，相见似仇人，以往的爱情、曾经的甜蜜荡然无存。女性在这里似乎得到短暂的安慰，但依旧无法挽回婚姻，并不能得到预期的结果。为什么不让自己冷静下来，重新审视你们的婚姻遇到了什么问题，并想方设法去共同解决呢？还有一些当事人就是太善于责备自己，自哀自怨，似乎所有的问题都是因为自己做得不好，已经缺乏足够的自信，进而自我折磨，整日生活在愁苦中。

当事人小李就是一个聪明人，她的丈夫来法院离婚，她隐隐约约觉出是因为丈夫有了第三者，但是开庭的时候，她并没有当面指出，而是给了这样的答复："我还没有仔细想清楚离婚的原因，如果他坚持，我可以同意分手，但我需要时间。"因为存在审限问题，我不可能给她足够的时间去想清楚，庭审过程中，我和她单独进行了谈话，她才向我吐露隐情。原来，她不想用对簿公堂的方式把关系闹僵，她想私下与丈夫沟通，她要搞清楚的是离婚是不是丈夫的本意，依她对丈夫的了解，她不相信丈夫会为了别人而离她远去。

我答应替她问出实情，因为正常开庭时，只有极个别的人才自认有了第三者，但如果是单独谈话，有的人会表露真情。我和小李的丈夫单独谈了一次，他说他真的是想结束现在的婚姻，因为他已经找到了真爱，现在的婚姻不过是当初自己欺骗了自己，并不是他想要的生活，虽然他内心充满歉疚，但他如果继续和小李生活，那就是对小李的不尊重。我反复问他，如果小李能改变自己的不足，你就不想尝试吗？你不认为离婚草率吗？他也犹豫了，在我告诫他要慎重对待分手时，他听从了我的建议，撤回离婚诉讼。我以为他俩都有一定素养，不拿分手当儿戏，回去后该有好的结果。

谁想半年后，我又在法院遇到小李，这次她不是被告，而作为原告，她说她通过亲朋好友做工作，试图挽救这场婚姻，但没有结果，她不想继续让自己和对方痛苦，离婚是一种解脱，她还要过自己的生活。

小李的做法我很赞同，当她知道丈夫的心已经不在这里时，她马上找丈夫谈。首先，谈这个婚姻到底能不能维持，这是问题的关键，而不是一旦知道点什么风吹草动就开始一哭二闹三上吊，这样反而引起对方对你的反感。如果对方只是一时糊涂受迷惑，那么就一起来解决这个问题。先给对方一个独立决定的时间，让他自己选择是自己主动断掉这段感情，还是需要配偶的协助。因为婚外情也是有情感在里面，不是说断就能断的，这是两个人的问题，需要时间。在无法自己解决这个问题时，就要你协助他解决，如限制他在外的时间，严把财政大权等。有钱和有闲不见得是什么好事情，还容易让人犯错误。

其次，如果对方没有继续和你生活的意思，那就往离婚的方向谈判。在人没有防备的时候往往可以说真话，也许对方能认可与他人同居的事实，还可以落在文字上。这样你就可以为日后留存证据，如果对方坚决予以否认，你也就别再追问，你暗自庆幸吧，对方并不是一个敢做敢当的人，这样也不会为家庭负起什么责任来，早离开比晚离开要好。

最后，过了这个关，你就可以谈离婚的“价钱”了。对方有愧于你时，大多数还能给予补偿，在财产分割上就能多分一些，一来安慰自己，二来就是把东西卖了，也不能白白留给后者呀。但是我也遇见过这样的当事人，自己明明有错误，不承认也就罢了，但为了财产、房子处处争执，我想他们今后的日子也未必能好到哪儿去，他一生都会为干出这种亏心事而惶惶终日。

当对方见你不是很计较时，也会自动作出某种让步及补偿，如子女抚养问题、抚养费给付问题、经济帮助问题、精神损害赔偿问题。调解阶段这些都是不在话下的。除非你遇到的是个毫无同情心的人，你尽可以报复他，如果这样你才能出口恶气的话！但指望法院能为你做什么，谁也不可能为你的胜诉打保票。如果法院真的不采信你的证据,你也要理解,这是法律不是儿戏。

遇到这种事情,保持好心情是不可能的事情,但还是要尽量做到让自己平静。因为你的不愉快不能解决你们之间的任何问题,要知道你是好是坏对方已经不再关心。你痛苦、郁闷的结果只能让自己更加不开心,只会折磨自己的身心。为什么要用别人的错误来惩罚自己呢?

首先,不能一味责怪对方,也不能自责不已。走到今天这一步你们谁也摆脱不了干系。想想你是不是一点儿过错都没有,我不相信。过日子是两个人的事情,也许他身上的毛病就是你惯的呢。

其次,放手这段婚姻,好好总结你的人生经验才能在下次开船时有一个好的开头。整日沉浸在回忆中你只能更加痛苦,不如去回忆一些你们美好的镜头,让人生的精彩片段留住,让自己的痛苦过滤。同时再好好总结下你的经验,你肯定能有所收获。

最后,快乐地和对方告别。你们的夫妻缘分已尽,就让这段日子翻过去,你也会看到新的一页就摆在你面前,你只有过得更好才能让曾经的那个他悔恨终生。在没有尝试之前,你怎么就能保证今后的日子会比从前差呢?

那种知道一方有外遇就以死作为祭奠的人是最最不值得同情的人,你恰恰成为给他们今后生活铺路的人,不是吗?这回连婚都不用离,人家马上变为单身,马上可以明媒正娶了。而你的精彩人生还没开始就如烟花般坠落,疯狂但短暂。

把痛苦交给时间这个不治自愈的大夫,你的痛苦会随着时间的流逝而逐渐减弱,或许伤口会留下疤痕,但毕竟已经不再流血。让自己的生活充实起来,逐步恢复自信,你就不会觉得孤独、寂寞,当然,能找到那个真正爱你的另一半,是你最大的幸福,也是我最深的祝福!

据心理学家研究,喜新厌旧是人的本能,无论是男人还是女人,谁都有可能遭遇婚外情,但我认为不是每一场婚外情都必须以离婚收场。婚外情的确有极大的杀伤力,它将给当事人心理留下阴影,也许这种阴影将长期伴随,但没有一种幸福是这么轻易而得来的,大多需要一番历练。不要得理不放手,一个伤口如果常去揭开,那它永远好不了。

婚姻着重体现情感和忠诚，也许我们应该给婚姻重新定位，可以将婚姻比作一个协议，是两个人愿意尽全力维护的协议。婚姻并不是与矛盾绝缘的天堂，不能臆想在那里获得在现实生活里所得不到的东西。谁也不能严肃地向另一个人保证爱她一辈子，永远使她幸福。但是我们可以保证，容忍对方的缺点，支持他的发展，尽量给予幸福，尽量不制造麻烦。谁要是觉得这些太多或者太少，不能接受，那就不应该结婚。相对于丈夫，尽量守住约定和承诺，遇到问题不做逃兵，积极面对，给女人以交代，溜之大吉只能加大对妻子的伤害。

的确，离婚是一生中最具有私人性和最令人痛苦的决定，虽然可以从朋友和心理医生那里得到建议和安慰，但是，最终作出决定的还是自己。但无论怎样，也不能为维持婚姻而不惜付出一切代价，甚至生命。感情没有了，就快乐分手，带着往日经验这个丰厚的嫁妆去寻找新的幸福。你有权利自由选择与谁共同走过生活中的一段路，但是如果与伴侣之间不再有什么给予和得到，不再有共同的语言，难道你不应该分道扬镳去寻找新的爱人？难道你不应该为新的自由而感到高兴？我们必须一再努力为自己负责，过自己的生活，不是吗？

温馨提示

1. 私人侦探取得的证据只要手段合法就可以视为证据。

2. 即使对方和第三者有了孩子也不是完全认定为“与他人同居”。

3. 对存在第三者问题，无过错方可请求多分财产及要求对方给付精神损害赔偿金。

4. 精神损害赔偿金数额应根据损害程度及对方支付能力而定。

5. 法律没有规定，第三者需要赔偿你的损失，除非其拥有的财产系由你们夫妻共同财产而来，你可以起诉要求返还或赔偿。

(二)实施家庭暴力或者虐待、遗弃家庭成员

2001年修订《婚姻法》时，把家庭暴力上升到法律范畴中，这无疑是一

个亮点，因此在之后的离婚案件中，有80%的案件都多多少少提到有家庭暴力的存在，但实际中让法院予以确认的案件却占很小的比例。尽管如此，家庭暴力的普遍存在是一个不得不说的问题。2020年颁布的《民法典》婚姻家庭编对该条并没有较大的修改。

实施家庭暴力

法律上对家庭暴力或者虐待、遗弃家庭成员的理解可以定义为：发生在家庭成员中间，主要是夫妻之间，一方通过暴力或胁迫、侮辱、经济控制等手段实施侵害另一方的身体、性、精神等方面的人身权利，以达到控制另一方的目的的行为。这种家庭暴力的含义已经超过了《民法典》婚姻家庭编中所指身体上的暴力，还包括性暴力、精神暴力、经济控制，其中就有冷暴力的存在，如不予理睬、不给治病、不肯离婚等精神上的折磨。这是最高人民法院对家庭暴力案件的审理指南中加以明确的，我们更多见到的还是身体上的家庭暴力。

原告玲玲见我的时候戴了一个墨镜，可能是见到房间没有多余的人，她才小心摘下，左眼眶周围一片青肿，不用问，肯定是刚打没几天。她缓缓向我说起她的遭遇。玲玲是在一个朋友聚会上认识吴某的，从外表上看吴某戴着一副眼镜很斯文的样子，尤其是年纪轻轻已经是副教授，言谈举止透着书卷气，玲玲对他产生了好感。得知他刚刚离婚不久，一直在外企工作而无暇顾及恋爱的她有些动心。聚会过后，还没等她向朋友提出要求，她朋友主动问她对吴某感觉如何，吴某想和她交朋友。她喜出望外，感觉这就是老天爷定下的姻缘。可她朋友也提醒她，吴某的前妻好像是被吴某打走的，但朋友也是听别人说，只是让玲玲多接触多观察再做决定。玲玲没有在意，打老婆的事哪儿都有，吴某可不像打老婆的人。

就这样两人谈起了恋爱，玲玲一直被吴某外表迷惑，吴某和她介绍自己家是东北的，家境贫寒，父母关系也不好，所以他很少回老家。玲玲没有觉得这是个缺点，反而觉得不能和婆家关系走得太近，否则婆家人总是来北京，她自己的生活不就被打乱了吗？玲玲后来才了解到吴某的父亲经常打他母亲，从小他就知道护着自己的母亲，可他父亲连他一起打，所以他发誓要好好学习走到大城市，离家越远越好。玲玲觉得吴某这才叫有出息，对于吴某的童年，她也非常同情。其实她最该注意的就是吴某的家庭环境，根据国内外研究资料，有暴力倾向的人往往都是童年遭受过暴力或长期在有暴力环境中生活的人，他们能看到的是用暴力解决一切问题，也可以说从小就埋下一颗暴力的种子。

玲玲和吴某恋爱时间不长就准备结婚了，结婚当然就要布置新房，玲玲可不想在吴某和前妻住过的房间中生活，吴某也同意装修房子。可就在装修过程中，双方闹了矛盾，一次激烈的争吵中，吴某挥起了拳头打在玲玲的鼻子上，玲玲当时疼得几乎晕了过去，吴某把她送到医院，诊断结果把玲玲自己都吓了一跳：鼻梁骨折。玲玲果真看到了吴某的另一面，她立刻决定不能嫁给这个人。谁知道吴某对她是苦苦哀求，一天一封信，不是道歉就是保证书，最后还跪下来求她。玲玲心软了，甚至觉得这次冲突自己也有责任。两人和好如初，好像这件事情从未发生过一样。当然，这件事，玲玲没有和任何人提起，她怎么能破坏吴某在朋友面前的好印象呢。

结婚最初的一段时间，两个人还是很恩爱的。吴某有假期，玲玲有公司的年假，两人到处游玩，玲玲也盘算着该生个孩子了。半年过后，玲玲怀孕了，吴某并没有表现出应有的兴奋，这很出乎玲玲的意外，玲玲没有问吴某原因，她要自己搞明白。可也巧，这段时间正赶上毕业生写论文，家里电话不断，但她发现男学生的电话几乎没有，打过来的都是女学生，吴某甚至把她们领到家里来辅导。次数多了当然引起玲玲的怀疑，玲玲开始质问自己的丈夫，还没等深问，吴某又把拳头挥向玲玲，这次的结果导致玲玲流产。玲玲痛哭流涕，但没有产生离婚的念头，因为吴某又展开道歉攻势，那种歉意换了谁都无法拒绝。吴某还找来玲玲的朋友给玲玲做工作，这一次，玲玲照样隐瞒了被打流产的遭遇。看到吴某痛改前非的样子，玲玲再次相信了他。

吴某确实有了悔改，不但每天接送玲玲下班，亲自下厨做饭，还给玲玲买了条钻石项链，玲玲受伤的心灵暂时得到抚慰，双方的感情似乎进一步加温。玲玲虽然享受着这种甜蜜生活，但一想到吴某对她挥拳的样子，她就不禁打冷战，她怕吴某哪天说不好又会“犯病”。就在几天前，她和朋友在自己家附近的餐馆吃饭，突然看到丈夫和另一个女人正在另外一桌吃饭，有说有笑，她还怀疑自己看走眼，因为丈夫对自己说今天要加班不回家吃饭。谁知她定睛再看，和丈夫吃饭的不是他的女学生，而是他的前妻。玲玲在他俩以前的照片上也见到过她，他们能谈什么呢？回家后，玲玲不知自己该不该问丈夫。丈夫很晚回家，依旧对玲玲说自己加班很累，玲玲还是说出了吃饭的那一幕。吴某这次又被问急了，玲玲也不甘心自己又被打，在没等丈夫动手前就要开门出去，谁知吴某把门死死抵住，双手抓住她的手臂一下子把她摔在沙发上，她想要踹开即将扑过来的丈夫，可还没等反抗，自己眼前就黑了，吴某的拳头再次打在她的脸上。这一拳也彻底把她打清醒，她更坚定了自己要离开这个家，离开这个可怕的丈夫。

让我没有想到的是，就在开庭的前一天，我接到玲玲给我打来的电话：“肖法官，庭审取消吧！”我怕自己听错了：“什么？为什么不开庭了？”也许玲玲是怕自己被打的事情被报道吧，出乎我意料的是玲玲对我说：“我们和好了，我想撤诉，不离婚了！”以前，能听到当事人和好的消息，我比当事人都高兴，这次却怎么也让我高兴不起来，但撤诉是当事人自愿行为，我不好阻拦，只能对她说：“你明天来法院办撤诉手续吧！”我想看看这是不是她真实意思表示，我担心这个电话是被吴某强迫打的。

第二天，玲玲和她的吴某一起到的法院，吴某确实像玲玲讲述的一样，从外表，他就是一个纯粹的大学老师模样，身体还有些瘦弱。玲玲说明来意后，我把吴某留在法庭外，单独和玲玲谈话，我还是不相信玲玲要撤诉。“玲玲，你真的想好了吗？如果你不愿意被采访，我不强求，我也不再追求什么首例，你怎么确保你不会再被打？”玲玲说：“这几天，他到处找我，为此还生病了，他的家人也给我打电话劝我，其实，他只要不打我，我们还是可以继续生活的，他没有别的缺点。”事已至此我也不能强行让人家离婚，我只能对她说：“你要想清楚，家庭暴力是有一个蜜月期的说法，也就是说有的施暴人在施暴后可以用各种甜言蜜语及手段来进行忏悔，得到对方谅解后，他更确信暴力可以让他解决一切问题。这样循环往复，度过蜜月期，暴力依旧存在并只能步步升级，这不是我说的，是中外法学专家、心理学家研究的结果，对于你丈夫这种自小存在心理阴影的施暴者,他应该接受一些心理治疗。”在玲玲很确信地对我点头后,我为她办理了撤诉手续,同时我也对吴某进行了批评教育,对他提出了心理治疗的建议,他在我面前态度诚恳,还为玲玲写下一份保证:“保证不再打玲玲,保证不再与前妻联系。”玲玲拿着这封保证书,和吴某手拉手离开法庭。

面对暴力,玲玲还是退缩了,也许这是她为了挽救婚姻所作的忍让,但我的意见是,还应该对家庭暴力坚决说“不”!

家庭暴力的证据

家庭暴力之所以被法院认定的少,就是当事人对证据的收集有困难,法院在认定家庭暴力时需要的证据有:一是相应的诊断证明,即受伤要达到一定程度;二是证人证明,如果没有证人证明,公安机关的报警记录以及居委会、物业管理部门相应的证明等,只要可以表明伤是由对方造成的就可以;三是加害人的悔过、保证等,因为加害人在施暴后往往为了不离婚会作出口头或书面的悔过、保证,这就给日后受害者提供了很好的证据。

家庭暴力具有隐蔽性,因此除了双方当事人和未成年子女外,一般无外人在场,这就使未成年人的证言成为一份有力的证据。借鉴国外的立法例,一般 2 周岁以上的子女能够正确表达的,就可以认定其证据效力,法院可以对此进行判断,这也是在家庭暴力认定上作出的一个新的进步,与以往法律上的证据规则是不太一样的。

在发生家庭暴力时,受害人一定不要认为这是件丢人的事情,打人的人才丢人,越是替他遮掩,施暴者才越猖狂,当事人也不好收集到有效的证据。所以,我建议在发生暴力时,可以先把房门打开,让邻居听到,或及时拨打“110”,让公安部门知道,也要及时到医院就诊,得到相应的诊断证明。还可以向单位或妇联等部门反映。

遭受暴力应受补偿

世上没有打了白打的事情,受害人在离婚时可以在以下几个方面得到补偿：

1. 财产分割。分割夫妻财产时，受害人作为无过错方可以多分财产，这既符合公平原则，也有助于受害人离婚后的生存和发展。具体分割共有财产的份额一般不低于60%，对加害方转移财产的，受害者分割比例一般不低于70%。

2. 精神损害赔偿。受害人可以依据相关规定要求对方给予精神损害赔偿，赔偿数额法院依据受伤害程度、加害人过错程度、加害人支付能力等判定。

3. 子女抚养。加害方不宜直接抚养子女，因为这对子女健康成长会有一定影响，但是法院也会综合考虑受害人的抚养能力并征求未成年子女的意见。

对施暴者给予应有的惩罚是我们的立法本意，但也不能“狮子大张口”漫无边际地要高价，法院对超出施暴者支付能力的数额也不会支持的，但受害人往往对此不理解。家庭暴力是指还没有达到刑事处罚的暴力，如果受伤严重，就可能受到国家刑法的惩罚，失去人身自由岂不比金钱赔偿更可怕？

存在家庭暴力是法院判决感情破裂的一种，所以你一定要将证据找完整，因为法院对此规定是较为严格的，若法院真不支持你的请求，很大可能是你的证据不充分。

温馨提示

1. 家庭暴力有周期性，道歉、忏悔只是周期中的一种表现，不要为之迷惑。

2. 分手暴力更严重，当你提出离婚时，一定要做好安全防范，以免遭受更严重的伤害。

3. 一般夫妻纠纷与家庭暴力有区分，法院对互殴情况是不认定家庭暴力的。

4. 发生在夫妻一方与其他家庭成员之间的暴力也是可以认定夫妻感情破裂的。

遗弃家庭成员

遗弃是指对于需要扶养的家庭成员，负有扶养义务而拒绝扶养的行为，表现为经济上不供养、生活上不照顾，使被扶养人的正常生活不能维持，甚至生命和健康得不到保障。近年来，因为家庭暴力、虐待和遗弃家庭成员而导致离婚的案件仍在增多，甚至发生杀夫杀妻等恶性案件。

人民法院处理因家庭暴力或者遗弃、虐待家庭成员而导致的离婚案件时，会先查明夫妻及其他家庭成员之间的感情状况，以及实施暴力、虐待和遗弃行为的事实和情节。如平时感情不好，实施上述行为是经常的、一贯的、恶劣的，已严重伤害了夫妻感情，调解无效的，应准予离婚。如果平时感情尚好，上述行为是一时为之且情节不严重的，应当责其改过并着重进行调解，化解纠纷。

遗弃家庭成员之所以被列为夫妻感情破裂的一种情况，其根本源自夫妻相互扶助义务。夫妻相互扶助义务是指夫妻之间相互供养和扶助的法定义务，对保障夫妻正常生活，维护婚姻家庭关系的稳定，具有重要意义。夫妻相互扶养义务与夫妻人身关系密不可分。夫妻之间接受对方扶养的权利和履行扶养对方的义务是基于夫妻间配偶身份关系的产生而产生的，也会随着夫妻间配偶身份关系的消灭而消灭的。即这一义务始于婚姻关系确立之日，终止于婚姻关系解除之日。

夫妻相互扶养是法定义务，具有强制性，夫妻之间不得以约定形式改变这一法定义务。有扶养能力的一方，对于因失业、残疾、患病、年老等原因没有固定收入，缺乏生活来源的另一方，必须主动履行扶养义务。即使是根据《民法典》第 1065 条规定，有的夫妻实行分别财产制，约定各自的工资或者收入归各自所有，也不意味着夫或妻只负担各自的生活费用而不承担扶养对方的义务。如一方患有重病时，另一方仍有义务尽力照顾，并提供相关治疗费用。目前，在我国的一些家庭中，夫妻双方的经济收入还有一定差距，往往是丈夫收入高于妻子，在扶养问题上，丈夫应多承担一些义务。在司法实践中，处理夫妻相互扶养的问题时也更注重保护女方的合法权益。如果发生一方在生活困难时,另一方不主动履行扶养义务,甚至无情地抛弃时,另一方可以起诉要求对方给付扶养费。如果夫或妻一方患病或者没有独立生活能力,有扶养义务的配偶拒绝扶养,情节恶劣构成遗弃罪的,还应当承担刑事责任。

这里所说的遗弃,我理解为是触犯遗弃罪的人,遗弃罪的主体是特殊主体,只能是在家庭中对没有独立生活能力的人负有扶养义务的人,包括被害人的长辈或者晚辈、兄弟姐妹、丈夫或者妻子等,我国法律上的扶养包括以下四种情形:(1)夫妻间的扶养。(2)父母子女间的扶养。(3)祖孙间的扶养。(4)兄弟姐妹间的扶养。也就是说,这种扶养义务是从扶养关系中引申出来的,因而是一种身份关系。只有具备一定亲属身份的人,才有可能存在《民法典》确定的家庭成员间的扶养义务,进而成为认定我国《刑法》中遗弃罪中扶养义务的法律根据。如果对这些家庭成员有遗弃行为,可以成为判断夫妻感情破裂的一种情形。

(三)有赌博、吸毒等恶习屡教不改

不能涉"黄赌毒"是对一个人的道德要求,在婚姻生活中的人更要遵守这个标准,否则很可能被家庭抛弃,是要家庭还是要"享乐",能否承受这种离婚的代价,就是每个瘾君子要考虑的问题。法律不是儿戏,我国《民法典》第1079条中第3款第3项规定的"有赌博、吸毒等恶习屡教不改"就是指这些瘾君子,他们的配偶起诉要求离婚的,法院应当准予离婚。

赌博恶习难根除

赌博的人也是为数不少,但一般家里偶尔打个小麻将,玩个小纸牌是不能算的,这里说的是大赌、豪赌或常赌的人,受过公安机关处理仍不思悔改当然要一并算上。

节假日家人、朋友间打个牌,只要钱数不大、次数不多、影响不了家庭生活的,还是要忽略不计的,否则就矫枉过正了。有的当事人知道法律上有这种规定后，在离婚理由不充分时，就会牵强附会地用上这个法条，说得挺邪乎，可我一查实，根本不是这么回事，要是把偶尔玩次牌也算作赌博屡教不改，那该离婚的人得多少啊！

赌博也是一种习惯、一种瘾，上了贼船的人轻易不好下来。我亲眼见到这样的当事人，女方开始只是参与赌博，到最后开了个“百家乐”赌场，直到她被公安机关抓获时，家里面值钱的东西都已经让她给卖得差不多了。男方当时还和我说：“我们家的房子已经买了，好在还留套房子。”等我到单位一查询，好家伙，向房屋部门交纳的购房款早被女方取出来了，我和男方讲明情况后，男方还很宽心：“她还算有良心，给我和孩子留个住处，她没把房子卖了就不错了，我怎么没想到呢！”在赌博这个问题上，不论男女，一旦成瘾，很难被规劝回来。

吸毒的人缺乏家庭责任

以前听都没听说过有吸毒的事，更别说见到人了，这几年还真碰见过几例。头次见到这种人时还无法辨别，但见过几次就知道他们的行为举止和别人不一样了。有时表现得萎靡不振，有时表现得极度亢奋，有时是强词夺理，有时又毫无逻辑，也许吸毒伤脑神经吧，反正不是正常人的反应。

法院多次通知小田的丈夫，都没有到庭，我找到小田，问她提供给法院的地址对吗？小田这才和我们吐露实情：“他就在家呢，但是他知道我要和他离婚就是不开门，谁来他骂谁。他吸毒已经好几年了，街坊邻居都知道，把家里东西也卖光了，他家人都不和他来往了。”“那他管孩子吗？”我小心地问她，如果小田说的是真的，我怕再让她受伤害。“别提孩子，提我就伤心！开始他吸毒还知道背着我们娘俩，可后来他班也不上了，总在厕所里不出来，我还能在厕所里看到血迹。在我的逼问下，他才说自己吸毒了。他把前几年挣的钱都花了不说，没钱就找我要钱，我不给就打我。有时甚至当孩子面就打针，一点人性都没了！我也给他送过戒毒所，出来又复吸。我见连他们家的人都不管他了，只有我还可怜他，他却仍旧不改，总是打我，对别人也浑不讲理，我们那儿的人都不敢理他。这几个月，我妈给我和孩子接回娘家，谁知他更是不管不顾了，整天在家里不出门，不信，你到我们家去看看。”

因为要送达起诉书和传票，也为了证实小田说的是否属实，我和书记员到被告家找被告，果然敲不开门，也不知家里有没有人。我走访了当地派出所，派出所民警对他家很了解，知道他吸毒被强制戒毒过及夫妻感情不和的事实，我请求民警陪我再次到他家找他。民警还真配合，也真把他家的门给敲开了，我都没敢进屋，因为屋子里一股说不出的味道，能把人熏晕。大热的天，他穿着长袖衬衫，把自己捂得严严实实的。我把起诉书和传票给他时，他还很平静，说：“离就离吧，她有男人了，不要我了。我不去开庭，法院爱怎么判就怎么判。”我还是劝他到法院一趟：“你连儿子都不要吗？”“儿子和我没感情，她带着我放心，就是她熬不住了呗！”对吸毒的人我就是光指责也没用，就说：“应诉是公民的义务，你自己掂量着办吧！”

果然，开庭时他没有到庭，吸毒的人只把毒品当亲娘，还管什么配偶、孩子呢？小田拿到了离婚的判决，也结束了噩梦般的生活，开始过自己的新生活了。她的丈夫谁来管呢？如果还不悔悟，就只能自生自灭了。

（四）因感情不和分居满 2 年

我国《民法典》第 1079 条中第 3 款第 4 项规定“因感情不和分居满二年”可以是法院认定夫妻感情破裂的一种，但到法院来的当事人大都对分居的概念及法律上如何认定不是很清楚，一旦和法院认定有偏差肯定就无法胜诉，这里和大家谈谈分居问题。

分居的实质

分居的实质当然是夫妻之间性生活的不存在，当事人往往把它和分室而居、分床而居混为一谈，这也存在一个现实问题。我们的传统是孩子一直生活在父母的羽翼下，这和西方大多数国家有所区别。从西方的影视作品里，我们通常可以看到，子女从一出生就有单独的房间，一旦到了成年的年龄，就会在外单独居住，而不和父母在一起了。因为居住的条件有限，以前我们三代同堂、四代同堂的人家比比皆是。到了现在,居住环境改善了,居室增加了,但我遇到的当事人却经常是这种状况,孩子从一出生就和母亲一起睡觉,父亲就被打入“冷宫”,不但分了床,而且还分了房。虽然这和我谈分居的实质没有多大关系,但是子女有独立的房间、空间对子女的教育是有极大帮助的,这样的子女独立思考能力强,根据有关调查,也比其他未分室的子女聪明。而我们的父母常常担心子女一个人睡觉会害怕或出问题,就牺牲了夫妻俩相处的环境。其实这对夫妻之间的感情会有影响,夫妻之间缺少了沟通的时间,阻碍了夫妻感情的增进。而夫妻间这种语言上的交流是必不可少的。

不知道是当事人不理解还是如何,反正在开庭的时候,一谈到分居,我总要多解释几句。

分居的原因

法律上讲“因感情不和”而分居,已经划定了分居的原因,什么样的情况是这样呢?我的理解是因一方或双方主观原因而产生分居,也就是我们常说的“不堪”同居。

我审理的一个离婚案件,原告是在国外的知名公司做工程师,被告是一所知名大学的教授,他们曾经是大学同学,毕业后顺理成章地结婚、生子。丈夫因为不满机关的收入,就决定出国。两个人刚刚起步,哪有存款可以出国。妻子向亲戚朋友借了一些,把全部积蓄拿出来才凑齐了出国的学费。临行前,丈夫一句承诺让她心里踏实极了:“我在外面尽快学成,一定把你和儿子带走!”

妻子是一个好强的人,儿子才满一岁,她一边带孩子,一边搞教学,还不时写写文章,因为这样才有些收入能还债。几年过去,孩子上学了,债也还了,对家庭几年的付出使自己累得落下一身病,丈夫却没有把他们接走。耳闻丈夫在外面有了女人,她一等到丈夫学业完成就毫不犹豫把丈夫叫回国。

此时的丈夫已经不是出国前那个还有乡土气息的老实人了,已经取得了博士学位,有了中年男人的成熟气韵,妻子却比同龄人显得老很多。丈夫找了一家外企工作后就开始对妻子挑剔起来。直到有一天,妻子在洗衣服时,发现一封写给丈夫的情书,才知道丈夫现在回国后还是有外心了。写信是丈夫的女同事,满篇都是对丈夫的爱意与思念。妻子很冷静地和丈夫谈话,丈夫也很冷静地回答:“她是单相思,不关我的事,你不要往心里去。”这个解释还算合理,她原谅了丈夫。

没过多久,丈夫就常夜不归宿了,丈夫说在单位加班,起初她没有怀疑,但有一次她真的去单位找他,却不见人影,她预感到丈夫的老毛病又犯了。果不其然,丈夫主动提出离婚。妻子想想这些年付出的一切,断然拒绝,但得到的回答却是几个耳光。因为要讲课,她不得不青肿着眼睛去上课,还要和学生们讲是自己不小心撞到的。因为长期口角,丈夫向单位申请到国外工作去了。

开庭时,工程师回国了,当我问他离婚理由时,他说:“我们分居时间已经超过两年,根据法律规定已经达到感情破裂的标准。”我向被告求证时,被告说:“他刚开始出国时我们是分居,但他是因为在外留学原因所致,不是感情不和导致分居。在此期间他回过国,我也带孩子去过,不可能没有夫妻生活。他两年前回国,我们仍旧是在一起,也没有分居啊。这次他出国前我们吵了一架,我承认我们正式分居,但也没有满两年呀。”我把头转向原告,他向我点点头。

原告就家庭暴力问题极力否认,被告提交的证据也比较少,无法认定。即便这样,被告也向我表示:“我们就是沟通的时间少,我不同意离婚。除非他承认外遇问题,否则我们还有和好的机会,我需要时间缓和关系。”如果她真的被打,如果原告真的有外遇,这种生活还能继续吗?我不看好,我认为这不是被告的需要,她需要的是事实。

我找原告单独做工作:“你知道被告这些年对孩子、父母作出的贡献,你说的分居没有达到法律规定可以离婚的时间,你应该如实陈述离婚理由,给被告以心理上的安慰。”我又找了被告:“如果真的不离婚,原告还会出国,你怎么缓和关系?你能追到国外去?”被告说:“我就是为他不实事求是生气,什么事情说清楚才算个男人。”“那他如果认可有第三者,你就同意离吗?”“我只要他实事求是。”被告没有正面回答我的问题,但我已经知道她的答案。

原告听从了我的建议，再开庭时，原告如实陈述："我就是对她没有感情了，我的感情已经转移到别人身上了。"被告先是盯着原告半晌，似乎还在证实？原告毫不迟疑点点头，我看他是铁了心要离婚，不惜承担精神损害赔偿的后果。被告也同意了离婚，但双方为赔偿数额没有达成一致，我判决双方离婚，原告给付被告3万元精神损害赔偿金。

这个案子所说的分居就很典型，分居一定和原因联系在一起的。

分居的证据和时间

分居的证据也是不好认定的，这是更隐私的问题，如果一方不承认分居事实，法院就无法查证，怎样才能提交呢？

理智的分居最好双方在分居之时签订分居协议，在时间和事实上有一个确认。这虽说不好实施，但也不妨一试，在离婚念头初起时，大家还是比较冷静。

没有分居协议的，有条件分房而居的，可以到当地居委会、物业管理部门或邻居处进行说明，以便日后能取到相关证据，证明自己单独居住，对方未和自己一起生活。这显然也很困难，有关单位大多不愿插手两个人的事情，邻居更难为你出庭作证。但这是证据的一种形式，多试无妨。

法庭上，分居事实就靠双方当事人自认，分居2年才可以判离婚，没到分居2年时间的婚姻有什么不敢承认；分居已经2年多了，再复合也很难，感情真的破裂就随它去吧，真有感情也有复婚的可能，离婚又复婚也大有人在，为什么在分开时不能让对方对你有个好印象呢？非要做虚伪的人让对方小瞧咱？

分居的时间是连续计算，并且是在诉讼前连续计算。这和离婚诉讼时有的当事人表示他们曾经分居超过2年是不同的；也有的是当事人分居满两年，但就是在诉讼前或诉讼中有同居行为，使分居期间中断。有的当事人分居没有满两年，可能是1年，在第一次起诉驳回后，他们就会问："是不是一定要等到满2年后才能起诉？"我的观点是，不必要等满两年，过6个月第二次起诉时显然不到 2 年,但法院也可能依据双方感情状况判决离婚,因为这属于短期内反复起诉,夫妻关系未有改善的情节,应该不受这个条文的限制。该条文我认为还是对首次起诉的当事人而言的。但是如果是第二次起诉前双方仍有同居行为的,应该不能认定为双方感情破裂,不能判决离婚,这和前者是有区别的。我们《民法典》又新增了这样一个规定“经人民法院判决不准离婚后,双方又分居满一年,一方再次提起离婚诉讼的,应当准予离婚”。这个规定缩短了分居的时间,也就是明确了,如果首次被法院驳回再次起诉的,只要分居满 1 年,法院就可以判决离婚,当然也需要原告举证证明分居事实。

温馨提示

1. 分居期间,要做好财产不被另一方转移、藏匿、变卖等保护措施,如做好存折账户登记,家庭财产的拍照、录像,房本等收存等。

2. 分居期间做好子女安置,一是心理上的抚慰,二是抚养地点的确定,三是如果带走孩子应告知对方孩子的下落并允许另一方探视。

3. 如果不和孩子在一起,还应保持探视时间并支付相应抚养费,否则对日后子女抚养权的归属会有影响。

(五)其他导致夫妻感情破裂的情形

由于法律规定无行为能力和限制行为能力的人离婚必须到法院来办理,因此我常常能碰到有精神疾病问题的当事人,有的是原告、有的是被告,他们的痛苦并不亚于有家庭暴力、第三者问题的人,无论是患病的还是守着患病的。

一方有精神疾病

前些日子看到精神卫生的权威专家发表数据,我才知道咱们中国人大约有 1 亿人群都曾经有过精神问题,这也必须为各位所重视。在没有接触这些患病者前,我还真不知道社会上这部分人群这么多,还以为这是他们到法院离婚的原因才使我有这么多的接触机会。

我接触的当事人中有完全无行为能力的精神疾病患者，他们无法正常表达自己的意愿，如精神分裂症患者；也有限制行为能力的人，有时处在发病期，有时处在治愈期；还有一部分属于先天智障人群，他们大都智力水平低下，无法与人正常交流；也有一部分还没有到无行为能力或限制行为能力那一步，但是有明显的精神疾病，如妄想症、强迫症、抑郁症等。

这就让我想起婚前体检的重要性，因为不和他们这群人常接触，你仅从外表是看不出他们和一般人有什么异样的，即便你和他长时间交流，但因你缺乏经验，也不容易觉察他们有什么问题。我也是在几个案件审理中逐渐成长起来的，时刻保持这个弦，以辨别他们是否有应诉能力。

我也有失败的教训。一次，在房屋租赁案件中，原告是一个女性，告诉我她的房子被别人占去，东西也被别人拿走，并提交了诉讼保全申请。我怀着伸张正义的心情立即带法警、书记员等一行人去房子那里查看，还贴了封条。等到庭审时我发现这个女当事人所答非所问，眼神也不对，我突然有些异样感觉，我便问她："你患过精神疾病吗?"她说："我确实是精神疾病患者。"等我和她家人联系才知道，她一直在医院就诊，就诊期间她丈夫把家里多余的房屋出租了，可她出院后就把房客起诉了。一想到我在一个精神疾病患者指使下，带着大队人马浩浩荡荡、大张旗鼓地去查封房屋的情形，我就又好气又好笑，若不是我庭审中敏锐地察觉，险些被她继续"骗"了。

婚前体检就精神疾病这部分也很少去查，除非你特地去增项。但这些疾病和遗传有着多多少少的关系，查查有无家族史等也是很重要的。如果你非要和这些人结婚，结婚自由，无可非议。我并非歧视这部分人群，他们应受到更多关注，他们自身也应正确认识疾病并积极治疗，这样对配偶、对下一代都是有意义的。

我听心理专家讲，家庭暴力的施暴者就有患抑郁症的可能，他们遇到问题时表现狂躁，试图通过暴力去解决问题，维持家庭的稳定。我觉得这个说法很靠谱，因此我们除了解决施暴问题外，还应该关心施暴者的心理健康问题，从源头上解决。

1. 可以对患有精神疾病的患者提起离婚诉讼

陪着患有精神疾病的患者生活肯定不是一件轻松的事情，有的是对方婚前就患病隐瞒了病史的，有的是婚后患病的，对于前者还好说，是被骗结婚，离了无可厚非；但对于后者就难了，弄不好就被带上忘恩负义、同甘不共苦的帽子。

老刘的妻子就是婚后得上的精神分裂症，那还得从十几年前说起。老刘和妻子都是知识分子，本来挺和美的一对，偏偏儿子是先天性心脏病，医院没少跑，医生告知等孩子大些就可以做手术。孩子聪明伶俐，虎头虎脑地慢慢长大，夫妻俩没少为他担心，累着了怕引发病症，惊着了怕对心脏不好，小学的体育课就更是不能上，对这个好动的孩子没少约束。到了医生建议的最佳手术年龄时，夫妻俩把孩子推进最好的医院的手术室，但依旧没能见到孩子从手术台上下来。这对老刘夫妇打击多大可想而知，尤其是老刘的妻子自此卧病不起，好不容易治好了身体上的病，人却有些疯癫了。

老刘还算坚强，自己不能没了儿子再没老婆呀，又踏上了给老婆看病的“征程”。一般人孩子没了还能要一个，可老刘不行，医生已经反复强调过，老刘的老婆是绝对不能怀孕了，如果孕期精神不正常，生育就有危险，也可能会遗传给孩子。老刘的生活从此就在单位、医院、家中三点一线地忙活着，一过就快10年了。

老刘眼看自己是工作工作没长进，生活生活没奔头，孩子孩子没留下，他有时会冒出自杀的念头，这样的日子什么时候是个头呢？家里的人都劝老刘，离婚吧，趁你还能生养就再婚生一个。老刘心善，虽然和疯疯癫癫的妻子过了这么多年，根本没有正常的交流，也没有什么感情而言，但是丈夫的义务要尽，如果真离婚，妻子谁来管呢？

妻子的病是治不好了，老刘也快累出毛病了，一次心脏病发作后彻底让他想明白了：“我如果再这样耗下去，也没办法安度晚年了，我这一辈子就再也没有快乐可言了，我是不是真该离婚？”当老刘把自己的想法小心翼翼地和妻子的娘家人说起时，立刻遭到娘家人的反对，他们说：“我们家女儿嫁给你时可是全景儿，现在得病了你就撒手不管了，你是什么人性！”

老刘被骂后就再没敢提离婚的事，怕娘家人找到单位来骂，自己不白白伺候这么多年？同事看到老刘日渐衰老，实在看不下去了，就出主意：你到法院试试，如果人家法院不让你离，你就死了这条心，认倒霉吧！

随后，老刘的诉讼就到我这里了，他妻子经过医学鉴定属于没有诉讼行为能力的人。起初她的家人很不配合，到法院就口口声声说老刘要甩包袱，这样极不道德。当我了解到老刘的妻子治了10年也没有治好的病史后，我对他们说："老刘尽了10年的义务，我看比你们娘家在座的哪一位都尽心，人要讲良心，你们得让人家也能过上正常人的日子……"费了一番口舌后，她家人的态度才稍有好转，但是又说："离婚的事情我们不替她拿主意，万一哪天病好了，再怨上我们，说是我们同意她离婚的，还是法院判吧，怎么判我们没意见，判不好再上诉也不迟。"其实我心里想，谁真正想甩包袱还不知道呢！

老刘最后还是被我判决离婚了，我看他长舒了一口气，估计他肯定也在心里挣扎，肯定也会有愧疚，但这种身份的自由却是他想了很多年的，他完全可以开始新生活，重新拾回生活的欢乐。如果让老刘继续这样的日子，对老刘是极不人道的，夫妻讲的不仅是相互的给予，还应该有回报，不能总让老刘付出而没有回报吧！你也许看到一些配偶有病，另一方不离不弃的家庭，你也许对他们竖起大拇指，但是他们心里真正的痛苦、他们为你们竖大拇指要承受多少压力，这些你知道吗？品格高尚是一说，幸福生活又是一说，人活着还是多些快乐吧！

2. 需要向患有精神疾病一方提供财产帮助

离开精神疾病患者也不见得有多轻松，还是要有一定付出的，那就是要用"金钱买自由"，因为这些精神疾病患者大都是经济上有困难，没有正常收入又长期有医药费支出的人，符合《民法典》上规定的"如一方生活困难，另一方应从其住房等个人财产中适当帮助"的标准，一般就帮助数额及方式可以双方协商，如协商不成，就由法院判决。

上面讲的老刘就是由法院判决一次性给付患病的妻子10万元，体现了对另一方的帮助，也可以平复老刘心里的愧疚感，老刘认为数额过高，我给他解释，这是综合老刘收入及其妻病情而定的，如果真是判了三五万元，人家家属也同样不满意。做了解释，老刘同意了，对方也没有上诉，案件了结。

如果没有老刘这样的支付能力，有时还可以以每月给付一定费用的形式进行协商或判决，也就是根据对方收入情况、经济状况而定，如每月给付300～1000元。根据当事人意愿及可执行情况而来，有的还负责负担医药费或者给予生活照顾等，但是不想支付任何费用是不行的，毕竟对方是个病人。

为了婚姻没有后患，夫妻之间还要有足够的关心，在有患病苗头时要积极就诊，耽误下来会给整个家庭带来不幸。如果确实没有希望治愈的，也别为了道义而委屈自己，真到了没有感情的一天，还是可以解决婚姻问题的，否则对方生活没有希望，你也不能跟着"灭亡"啊。

一方为服刑人员

婚姻生活的几十年，能发生什么都是无法预知的，有可能你嫁的那个人升官发财，也有可能因为犯了错误而被打入囹圄，这就是生活，一切充满了未知数。

当一方被判刑，另一方该如何处理这段婚姻关系呢？我们要知道罪犯不过是受到刑事处罚，但他们在婚姻中的民事权利和其他公民是一样的，他们同样有离婚的自由，既可以同意离婚，也可以不同意离婚，法院也不是针对所有的罪犯都要判决离婚的，还是会具体情况具体对待的。

根据我的理解，首先是对刑期的不同有区分。对于刑期短的，一般在其服刑期间还是以不判决离婚为宜。这是有其原因的，其一，法律规定离婚案件当事人无特殊原因应到庭参加诉讼，这是为了保障双方在法庭上平等权利，也利于沟通和法院做调解工作。如果一方为服刑人员，就无法在双方都到庭的情况下审理，只得分别开庭，不利于对婚姻事实的核实。其二，离婚势必会对当事人的心理产生巨大的冲击，尤其对于在监狱服刑的人员，本身他们就有一种罪恶感、不自信感及被社会抛弃感。如果离婚，他会感觉被家庭抛弃，这种情绪对其改造很不利，会产生极大的消极影响。我们就有这样的当事人，在拿到离婚判决时作出了自杀或其他不理智行为，同样也会对其他服刑人员产生不良影响。在刑期上一般应以3年为界，3年以下的，如果被告不同意离婚，法院在判决其离婚时还是要尽量谨慎。对于刑期在5年甚至10年以上的，如果强行维持这种婚姻，就有些不近人情了。

其次是对罪名的不同有区分。就是说，如果属于3年以下刑期或者管制、拘役的，但是犯的罪行是严重影响夫妻感情的，如重婚罪、强奸罪、虐待罪、因家庭暴力的故意伤害罪等，就应判决离婚，其他因赌博、吸毒、嫖娼或卖淫行为被多次教育的，也应判决离婚。其中的原因不用详说了吧！

因此，轻易不要走上犯罪的道路，这对自己、对家庭、对社会都有危害，有这种苗头和想法的人少些自私，多些对家庭和社会的责任吧，要知道服刑的滋味并不好受。

小祁在我面前明显很紧张，作为一个罪犯的老婆她肯定受过不少白眼，从她拿给我的结婚证照片可以看出，当初的她是一个时尚人士，就是现在也能清楚地看到她耳朵上扎了不止一个耳朵眼。她的丈夫小张已经在监狱里服刑了6年了，这6年足以让感情变得淡漠。由于对方的特殊原因，我们只能对他们采取分别审理的方式。“说说你离婚的理由吧！”这常人都能想象到的理由真的不必再说了，但这是庭审的必经程序，我也有义务认真倾听。小祁的目光并没有和我相对，而是陷入了回忆之中。

“我们的认识很有些浪漫色彩。我们以前都是中关村一家公司的，我们同一天被聘为业务员，就像电视剧情节里一样，在电梯里他上来晚了，我关电梯时险些把他夹了，他见到我非但没有生气，反而对我笑笑，我当时就想这个人脾气还真好。谁知我们竟然在一家公司上班，我们自然而然就认识了。”她开始了她的述说。

“那你们属于自由恋爱。”我插了一句。“没有，我们开始只是一般同事，连好感都谈不上，我当时哪儿看得上他这个刚大学毕业外地来的人，我怎么也得嫁个差不多的。他倒是一直在照顾我，我们有时一起出去找客户，他都给我买午饭，有时我完不成任务他还能把自己的客户算在我名下，我当然知道他的意思，但我一直没有表态，我在找寻更好的，也就是更有钱的。”我佩服小祁的坦白，也知道这是当下众多未婚女子的理想——嫁个有钱人，但我不能对这种观念进行评价，恋爱、婚姻自由，如果认为金钱比爱情重要，你可以去选择，没有爱情的婚姻是否幸福就是你自己的感受了。

我依旧耐心倾听，没有任何表情，这是多年审判经验告诉我，对待任何当事人都要有一种客观、公平的态度，除非是违法行为，可以进行批评教育，对当事人陈述不能发表倾向性意见。我对她点下头，示意她继续陈述。“我这期间也见到一些适婚的对象，甚至和小张探讨过其中的人，小张只是劝说我别太着急，也没有阻止我和别人交往。这样过了两年，我把小张当成了我的亲哥哥，小张的目光一直紧追着我。小张因为业绩好被老板赏识，他得到了晋升，成了我的直接领导，当然也比我挣得多了。最后小张还是向我提出了成为亲密朋友的请求，我真的很犹豫，做产品销售并不是一个稳定的职业，谁知道他的位子又能坐多久呢？小张当然知道我想什么，我们彼此太了解了。还是小张的承诺感动了我，他说可以满足我所有的梦想，别人有的，我都能拥有。就是这句话打动了我，我们正式交往了。”

“小张是这么说的，也是这么做的。只要是市面上流行的服饰、化妆品，他都舍得给我买，还买了辆车接送我上下班。没多久，我们就住在了一起，家务活也全都由小张做，而小张努力工作也有了回报，他从部门经理又被提拔为销售副总，工资当然又比我高出不少。他说我们结婚吧，结了婚你就别工作了，我的钱足够咱俩的生活了。一听说，可以不这么辛苦挣钱，我立刻决定结婚，辞了工作后，周围的姐妹们都羡慕我，我成了一个全职太太。”

“婚后我还真的很幸福，空闲的日子就是逛街和朋友吃饭、看电影，我的着装从不落伍，我一度以为这后半辈子就这样优哉下去了，但我还是没有满足，因为我们毕竟是租的房子，连自己的房子还没有。我向小张提出住别墅的要求，也看出了小张的为难，他当副总也没有多长时间，不可能买得起别墅，我也就是试试他爱我的程度，不住别墅也应该有属于自己的房子吧。”当女人对婚姻不再自信时，就把男人肯为自己花多少钱作为衡量爱你有多深的一把尺是很幼稚的事情，但我也不知道除了用这把尺外，还有什么别的测量方法。

小祁说累了，我知道她也快收尾了，因为起诉书上小张入狱的时间就在他们婚后没多久。“着重说你离婚的理由吧！”我让她把话说完。“谁知小张把我说的话当真了，没过半年他就把别墅的钥匙交给了我，我当时问他怎么会有这么多钱，他让我别多问，赶快去忙装修，我因为正好怀孕了，就顾不上细问，但小张一向做事谨慎，我相信他。但我孩子就快出生的那个月，警察把小张从家里带走了，我可傻了。小张因为侵占了公司300万元被逮捕，我孩子出生时，我们的别墅也被收缴了，我只有带着孩子租房住，那是我最狼狈的时候，我对小张是又气又恨，比起我孩子出生就没有爸爸来说，我为什么非要别墅呢？小张为什么要当真呢？我的幸福毁在了这套别墅上，我当然也恨自己。"还好，小祁终于看到自己的责任，如果她只是埋怨小张，我会觉得她自私而贪婪，但她终于知道自己错了。既然如此，她为什么不耐心等待呢？小张被判10年有期徒刑，现在已经过了6年了。我向小祁提出我的意见，小祁说："这6年都是我一个人带孩子，我太累了，我与他这么长时间没有交流，我甚至都记不起他长什么样子了，我曾到监狱看过他，是他主动提出的离婚，我知道他一定也怨恨我。"

我不希望这个没见过父亲的小家伙因为我而父母分离，我希望小祁说的不是事实，希望小张不同意离婚，希望我能给他们调解和好，希望……我的希望越多，失望也就越大。

我来到监狱里见到了小张，他被管教带进房间，他向我鞠了一个躬，我不能相信眼前这就是以前一个八面玲珑的公司副总，他变得老实、木讷、不善言辞，或许这才是他的本色，或许他已经很久不与外界接触，变得反应迟钝了。我对他说："小祁说你们已经商量好离婚的事情了，是吗？"他很严肃地对我点点头说："就是上个月的事情，是我让她起诉的，我知道法院的人一定会来，但我没有想到这么快。"我把起诉书递给他："你先看看起诉书，可以和我说你对离婚的意见，也可以不这么快表态，你既可以同意离婚，也可以不同意离婚。"我之所以这么说是想让他考虑清楚，因为以前我也到监狱开过庭，有的人以为对方只要提出离婚，法院就会因此判离，没有任何余地，我要打消他的顾虑。"不用考虑了，我同意离婚。"他没有任何犹豫。"你真的确定？同意离婚也是有理由的，你的理由呢？""我们都分开这么长时间了，她和孩子不能因为我受连累，我当初只是想让她生活得体面一些，但我给她带来的却是痛苦，已经过了6年了，我感谢她等了我6年，为此狱友都羡慕我，不像他们的媳妇，人一进来就要离婚。"小张这番话说得有水平，我觉得小张对待婚姻是认真的，虽然他采取了极端的方式来获取妻子的欢心。我突然对他充满了同情,离婚也一定是他考虑许久的决定,他一定有所不舍,但只能无奈。我不知怎么去安慰他,或许提提孩子会让他宽慰。“你和孩子见过几次?小祁把他带得很好。”谁知他的回答差点让我掉下眼泪。“是吗?我只见过照片,长得像我。”“为什么?小祁为什么不带孩子来见你?”我又问了一个傻问题。“孩子怎么可能受这种刺激,这是孩子来的地方吗?”我后悔我的这番问话,不但没能安慰他,还在他的伤口上撒把盐,我想说抱歉,但是作为法官,我又不想去认错,这是至今我都无法释怀的事情。“你可以慎重考虑,如果想起什么没说到的或者有什么变化,可以直接和我联系。”我留下了地址和电话,他签完笔录,向我提出了一个小要求:“我可以把结婚证上的一张照片留下吗?”为了弥补我之前的冒失,我欣然同意,他拿着照片小心放到胸前的衣兜,满意离去。

虽然他们离婚不是我想看到的,但是面对双方当事人都同意离婚时,我不知道如何去阻止,我也没有权利去阻止,最后只能判决双方离婚,也不知道这是不是他们真正想要的结果。

分居满 1 年再次提起离婚诉讼法院可以判决离婚

拖也不能解决问题。有的当事人单纯地认为,只要自己没有过错,坚决不同意离婚,法院就没辙,没法判离婚,那他(她)是想错了。我们的离婚制度不是过错离婚制度,一方没有过错照样可以离婚,只要能证明感情已经破裂即可。如果对方确有错误,那就在财产上少分或者不分,在经济上给无过错方予以照顾和补偿。

相当一部分当事人的行为让人不能理解,他们不同意离婚,因此在法庭上一味地强调自己没有过错,有问题也是对方造成的,对方这不好、那不好,拿出对方有外遇的证据等,这恰恰为对方举证了,如果法院查实,不正是《民法典》上标明的“与他人同居”?进而认定感情破裂,这样弄巧成拙的事情还真不少。

其实,拖也拖不了太久的。原告一次起诉被驳回,二次起诉如果关系未好转,那就有被判决离婚的可能,这中间仅仅有 6 个月的时间。二次不成,三次起诉,无非也就是再过半年,我相信,任何一家法院,对起诉三次还不判离的肯定占很少的比例,因为原告的反复起诉正是说明一方对另一方没有感情了,我们民法还规定了“离婚自由”,法院有什么权利硬要没有感情的人继续生活呢?

在编纂《民法典》过程中,司法部门普遍反映,在审判实践中,经法院不准判决离婚后再次起诉离婚的现象比较普遍,建议在法律中作出规定,即将法院判决不准离婚后的分居情况作为认定可否离婚的依据之一。立法部门经过深入调研,反复论证,吸收了这一建议,在第1079条第5款规定:“经人民法院判决不准离婚后,双方又分居满一年,一方再次提起离婚诉讼的,应当准予离婚。”这一规定,貌似可操作性比较强,可以解决现实生活中久拖不决的离婚案件,但是“分居”如何认定又将是一个难点,即使卧室装摄像头,可保不齐被告答辩还有其他住处可以同居呢?对要求离婚的当事人来说,该规定看似让人欢欣鼓舞,其实司法实践中依然不好执行。

毕竟离婚不是一个久拖不决的事情,因此,在不能拖很久的时间里,如果你有充足的把握能和好,那请你一定要珍惜这一年的机会,好好做工作,否则法院不可能每次都保护你的权利,判决不准离婚,那对另一方是不公平的。对对方放手,其实是对自己内心的放下,塞翁失马焉知非福。

“不离拖死他(她)”,这是每一个不想离婚的被告一句心里话,这话虽然很少在法庭上听到,但从他们的行为举止上我就能轻易得到这样的暗示,够狠!

久拖不离并不能让对方回心转意。每个不想离婚的人都有着不同的心态,有的确实属于珍惜婚姻、真爱对方而不想舍弃,有的是为了孩子有个完整的家庭,有的是害怕离婚后生活没有了依靠或者生活水平的下降,有的是为对方抛弃自己而愤愤不平,不能让对方轻易得手。但真的能拖死他吗?我看未必。

有这样一对当事人,他们的相识是通过电视征婚,两个人都是知识分子,男的在大学教书,戴着一副眼镜,斯斯文文;女的在出版社工作,也是书卷气十足。两人认识时男方是再婚,没有子女;女方则是个大龄青年,早已恨嫁多时。见面后一拍即合,没有3个月就决定登记结婚。男方第一次起诉离婚时的理由是女方不给他自由且疑心很重。有时晚上散步难免碰上几个单位的异性同事，他和人家打招呼，她都盯着人家瞧，搞得他很没面子不说，事后还要费半天口舌去解释人家有老公。邻居家的女主人更是不能多说一句话，只要单独交谈就要受“审问”，甚至上下楼时都不可以随便乱看，一旦看一下自行车棚的其他车辆，就要落下罪名“又想知道人家回家没？”女方不同意离婚的态度很坚决，男方在我的调解之下作出了撤诉的决定。临走时，女方和我说：“肖法官，我和他可能还真没感情，但就这样离了，我不甘心，我嫁他时可是个大姑娘！”我愕然，他们这半年可怎么过？这分明成了仇人啊！

果然不出我的预料，这对夫妇半年后又一次坐到我的面前。男方沮丧地说：“这日子真的没有办法过了，6个月的时间中，她不但没有收敛，反而变本加厉了。”“你胡说！法官，我们回去后关系改善得可好了，他这次起诉离婚就是无理取闹。”女方显然是有备而来，拿出一堆二人在上次撤诉后的合影，有的在花园里，有的在办公室中，虽然男方表情有些勉强，但女方还是面对镜头甜蜜地依偎在男方怀中幸福地笑着。我顿时迷惑了，是男方无理取闹吗？这明明是夫妻恩爱的照片啊！这怎么能说关系没有好转呢？

“原告你解释一下，这照片是怎么回事？”我原本想这照片有电脑合成的可能。“哼！你真是老谋深算！”男方愤恨地对她说，随后掏出了一张证明信。“法官，你看看这个就知道了。上次离婚后，我的确认为她有些转变，我还带她去公园散心，我们当时照了照片。但好了没几天她故技重演。为了时常看住我，在8小时之后步步紧逼。我教学科研的任务很重，但只要她有时间非要到教研室和我一起加班。我在那里看书，她就在一旁睡觉，她打呼噜吵得别的同事都对我有意见。她还带相机非要在办公室自拍合影，这不，她派上了用场。”

我看一下盖着红章的单位证明，内容大致是某年某月的某一天，她在办公区和男方激烈争吵，给单位工作秩序造成影响。我转向刚才还理直气壮现在脸色不大好看的女方“你这是为什么？他真做了对不起你的事情？”“他前些日子出国了，可他回来后，在他的行李里我发现了几本不堪入目的外国画报，你说，他这是什么行为，他肯定是没有往正路上走！”“男人啊，男人，你们的好奇心怎么都用在这上了?”“对,法官,就因为这几本画报,单位领导就找我谈话,说有人匿名举报我生活作风有问题。最后单位一调查,举报信是她写的,还在信里无中生有杜撰出我的种种不轨行为。单位核实后,虽然没有给我下什么结论,可给我造成的影响多不好。她看不惯有意见可以和我说,为什么到单位举报我?她就是在伤害夫妻感情!”是啊,有些人在处理夫妻矛盾时就是不愿意两个人坐下来好好沟通,反而要让全世界人都知道,最后闹得沸沸扬扬,非但解决不了任何问题,还会激化矛盾。

由于半年内,双方的矛盾不断激化、升级,女方的举动并没有和好的意图,男方的解释及单位证明让我明白,这样得来的合影如何证明感情尚好呢?虽然双方没有民法上列举的几种认定感情破裂标准的事实,但我还是果断地判决双方离婚了。女方没有达到拖死他的目的,拿到离婚判决时,女方对我说:“我做的努力都白费了,早知如此,我还不如第一次就离了呢,这半年可把我自己也折腾坏了。”我想,她没有想到的是,法院还是能判决离婚的,对方并没有像她想象的被“拖死”。

受害的往往是离婚拖延方。我一再告诉当事人,对待离婚问题一定要有足够的理智及冷静,这也和个人的修养、素质有着重大的关系,对待一个死亡的婚姻,你尽力挽救了就足够,如果仅仅是有拖的想法和做法,最后受伤害的往往是自己。

如何判断一个婚姻已经死亡,对方已经对你没有感情是什么样的呢?如果你们长时间未同居生活;如果对方整天借口不回家;如果对方不注重你的穿衣打扮等变化,自己反而喜欢买衣服;如果对方无缘无故找你的茬;如果对你大打出手;如果你们已经长时间的冷战;如果他拒绝陪你回娘(婆)家或串亲戚;如果……这些迹象不是我能够总结完整的,双方的婚姻状况当事人是最有发言权的,再多的如果也抵不上他一句真实的“我不再爱你”来得明确、彻底!

我承认,如果真爱一个人是不愿轻易舍弃的,但拴住他的人却得不到他的心,不痛苦吗?名存实亡的夫妻就真的好受吗?为了能多要些补偿费而坚持不离婚并不是不可以,但是那要耗费多大的精力,承受多大的痛苦?到头来,拖死的可能只是自己。

遇到一个问题婚姻时,心态一定要平和,虽然这说起来很难,但理智一些就可以少些痛苦少走弯路。你既可以听听亲朋好友的建议,相信他们绝无害你之心;也可以咨询婚姻专家的意见,我国有不少地区已经有婚姻咨询师这个职业,专家的意见不但是一种心理咨询,还可以为你更好地保护自己合法权益出主意;再有就是要审视自己的责任,勇于承担责任才能有的放矢地改进,而不是采取回避、冷淡的态度;重新改变夫妻相处模式,尝试改变也许是一个好的办法,如果你努力了,对方仍不接受,那我告诉你,别再委屈自己了!如果婚姻中有了错误,又及时发现,那就改正它,要坚信,放弃这段婚姻,好日子还会来!

宣告失踪的离婚

《民法典》第1079条第4款规定:"一方被宣告失踪,另一方提起离婚诉讼的,应当准予离婚。"根据《民法典》第40条的规定:"自然人下落不明满二年的,利害关系人可以向人民法院申请宣告该自然人为失踪人",《民事诉讼法》第190条第1款规定:"公民下落不明满二年,利害关系人申请宣告其失踪的,向下落不明人住所地基层法院提出。"按照《民法典》和《民事诉讼法》规定,自然人下落不明满2年的,即该自然人离开自己居住的地方,音讯杳无,已持续达2年,其配偶、父母、子女等利害关系人可以向下落不明的人住所地基层人民法院申请宣告其为失踪人。人民法院受理宣告失踪案件后,应当发出寻找下落不明人的公告,公告期间为3个月。公告期间届满,宣告失踪的事实如果得到确认,人民法院应该作出宣告失踪的判决。在夫妻一方被宣告失踪的情形下,婚姻关系已经名存实亡,当事人不能达到婚姻的目的,对此如果另一方提出离婚请求,人民法院应判决准予离婚。

温馨提示

1.你可以不同意离婚,但还要守住财产,以免在此期间被对方转移。

2.你可以做对方工作,但要采取合理的方式方法,以免对方反感。

3.对孩子接受父母离婚程度大小的担心是多余的,并没有确切数字证明单亲家庭的孩子缺少快乐。

4. 对对方的背叛可以表现无助甚至歇斯底里的愤怒,但不要无休止,否则会让别人看不起。

四、现役军人离婚

《民法典》第1081条是关于现役军人离婚的特别规定。军队是执行国家政治任务的武装集团,军人是从事军事工作的特殊人员,他们担负着保卫国家主权、领土完整,防御外来侵略的艰巨任务。为了祖国和人民的安宁日夜战斗在国防岗位上。对军人婚姻施行特别保护是维护军队稳定的需要,既有利于维护部队广大指战员的切身利益,又有利于维护军队的稳定,符合我国的国情和军情,对于消除军人的后顾之忧,激发保家卫国的热情,增强部队战斗能力起到了十分积极的作用。这种特殊规定,体现了军人婚姻历来受到党和国家的高度重视和特别保护。

(一)本条的适用主体

本条规定适用的主体是现役军人和现役军人的配偶。现役军人是指有军籍的人,包括中国人民解放军服现役、具有军籍和军衔的军官、士兵。中国人民武装警察部队虽然不属于中国人民解放军的编制序列,但是在婚姻问题上仍按现役军人婚姻问题处理。现役军人不包括三类人,一是在军事单位未取得军籍的职工;二是退役军人,包括复转军人、离退休军人以及退役的革命伤残军人;三是在地方担任某种军事职务的人员,如不属于军队编制的在武装部工作的干部、编入人民兵组织或者经过登记的预备役士兵。

现役军人的配偶是指现役军人履行了结婚登记手续,并领取结婚证的非军人一方,也是本条的主体。

(二)不适用本条的两类军人离婚案件

1. 如果双方都是现役军人,则不是该条调整的对象。如果双方都是现役军人,不管由谁先提出离婚诉讼,若要适用本条的规定,则必然会妨害另一方军人的利益。这与该条特殊保护军人婚姻的立法意图不相符。

2. 现役军人向非军人主动提出离婚的,不适用本条的规定,应按一般离婚纠纷处理。军队也有相关规定,那就是在现役军人离婚时,应该采取严肃慎重的态度,不得违反国家的法律法规和军队的纪律,不得违背社会公德。

(三)现役军人的配偶提出离婚,现役军人不同意的处理

如果婚姻基础和婚后感情比较好,人民法院应配合现役军人所在单位对军人的配偶进行说服教育,劝其珍惜与军人的婚姻关系,正确对待婚姻问题,尽量调解和好或判决不予离婚。但是,如果感情已经破裂,确实无法继续维持夫妻关系,经调解无效,人民法院应当通过军人所在单位的政治机关,向军人做好工作,经其同意后,始得准予离婚。我办理军人离婚时,一定要到军人所在政治部门去,征求有关管理部门对军人离婚的意见,对即将判决离婚的,还要协调军人单位做好军人的思想工作。军嫂是光荣的,也是有不容易的一面,离婚就不容易,但也不是所有的军婚都不能离,这只是一个误解,法律上要求谨慎处理。

(四)需征得军人同意的例外情况

“应当征得军人同意”不是绝对的,如果夫妻感情破裂的一方是由军人一方的重大过错造成的,非军人配偶一方也可以提出离婚,但过错限定在“重大过错”而非一般的过错。我理解的重大过错,就是在婚姻关系存续期间军人一方有与他人同居行为、家庭暴力行为等严重过错损害夫妻感情的,而不是性格不合、经济观念不同等一般矛盾。

当然对于破坏军人婚姻的违法犯罪行为应当坚决打击。如果导致军人离婚是因第三者迫害,应依法追究第三者的刑事责任。《刑法》第259条规定:“明知是现役军人的配偶而与之同居或者结婚的,处三年以下有期徒刑或者拘役。利用职权、从属关系,以胁迫手段奸淫现役军人妻子的,依照本法第二百三十条的规定定罪处罚。”

五、男方离婚的限制条件

女方怀孕期间、分娩后1年内或者终止妊娠后6个月内身体、心理都处在康复、调理、修养期,为特殊事情,属于特殊情况。一方面,胎儿或婴儿正处在发育阶段,需要父母合力赋予关爱;另一方面,妇女也需要身心的康复,如果此时男方提出离婚请求,对妇女的精神刺激过重,既影响妇女的身体健

康，也不利于胎儿或婴儿的保育。在上述期间内，禁止男方提出离婚，不仅出于事实上的需要，也是社会主义道德的要求。法律不仅要保护胎儿和婴儿，同时也要保护妇女。

本条限制的主体是男方，而不是女方。限制的是男方在一定期限内的起诉权，而不是否定和剥夺男方的起诉权，只是推迟了男方提出离婚的时间，并不涉及准予离婚与否的实体性问题。法律还规定例外情形，即人民法院认为“确有必要”的，也可以根据具体情况受理男方的离婚请求。所谓“确有必要”，一般是指比本条规定保护利益更为重要的利益需要得到保护的情形，如女方家庭暴力、把男方打得无法自理，女方对男方或男方家人实施犯罪等导致无法共同生活，但是我还没有遇到一例“确有必要”的事由。

在本条规定中，法律还规定了另一种例外情形，即在此期间，女方提出离婚的，不受此规定的限制，女方自愿放弃法律对其的特殊保护，说明其本人对离婚已有思想准备，对此，法院应当根据当事人婚姻的实际情况判定是否准予离婚。我还真遇到离婚案件中，挺着大肚子来离婚的女性，那种对离婚的坚决态度使我无法去做调和的工作，我不知道是该佩服她的坚强，还是该批评她的鲁莽，我所想的只是今后面临一个人带孩子需要多大的勇气，离婚对她而言是幸还是不幸，但对未出生的子女而言一定有缺少父爱的遗憾。

六、法院审理离婚诉讼的程序

通常来讲，和任何一个到法院打官司的当事人一样，离婚案件的原告都想尽快离婚，但也有例外。一种是想通过法院做调解工作，调解双方的矛盾，希望法官去做对方或双方的工作，离婚不是本意；另一种是昨晚吵了一架，第二天就来离婚的，我们把它叫作冲动离婚，把案子放几天，让双方冷静一下，就来撤诉了。我还见过一种人，两口子较劲儿，一方说：“有本事就到法院告我去，咱离婚！”但说话的这方可不是真想离，否则他自己早就来了，还等对方起诉干什么？可对方绝不示弱：“离就离！”一纸诉状就告到法院来了，只要对方一看动真格了，立刻就说软话了，案件还是以调解和好或撤诉告终。怕就怕真想离的，那心可急了。

案件受理程序

婚姻中的矛盾极少是一两天造成的，多是日积月累的，但离婚案件的原告往往忘记这些，就是一味地要尽快摆脱婚姻生活，这种心情可以理解，但行为有时未免过火。我经常接到这样的电话："法官，怎么还不开庭，是不是对方找人了？你们故意拖着！"这种明显对法官的不信任，能不引起法官的反感吗？这和侮辱法官人格有什么区别？在他们眼里，法官就一定是贪官吗？

案件虽然立上了，但分案号需要时间，案子分到庭里需要时间，分配到具体审判员需要时间，这加起来不要个两三天才怪。法院可不是为一个当事人服务的，一天要立上百件案件，一个一个地都要电脑录入基本信息，这不需要时间吗？

案子分到审判员手中后，先由书记员负责送达起诉书和传票，打电话、捎口信、派法警送、发特快专递等，这也要有一定时间，因为被告并不都是"言出必行"的，有时答应得好好的，可拖上你一个星期不来取材料的也大有人在，这时间可不是法院耽误的。当法院把所有送达方式穷尽后还送达不了时，就会采取公告方式送达，那就是 30 天的公告期，能快吗？快了就会违法！

被告还有 15 天的答辩期，适用简易程序的，可以不受答辩期的限制开庭，但被告如果坚持要答辩期，法院就要在 15 天后安排开庭，这是《民事诉讼法》规定的。

有的被告还申请举证，向法院要举证期，举证期可以双方当事人协商，具体时间长短由法官准许，但最长不得超过 30 天。如果当事人符合延期举证标准的，还可以申请延长举证期，这最长又是一个月的时间。

除了这些法律明确规定外，法官如果案件多，有可能存在到期后仍无法安排上开庭的额外时间，以及法官阅卷、知晓基本案情的时间等，怎么可能原告今天立案明天就开庭呢？对法官怀疑态度的结论就更加荒唐，只能降低自己在法官眼中的印象分。

感情破裂认定的标准

我国《民法典》婚姻家庭编法律规定，诉讼离婚是法官以夫妻之间感情是否破裂为标准的离婚方式，不是人们心中以婚姻期间谁有过错作为标准的，人们总认为只要自己没有错，法官就不会判决离婚，其实这是个错误的观念。

《民法典》第1079条规定："夫妻一方要求离婚的，可以由有关组织进行调解或者直接向人民法院提起离婚诉讼。人民法院审理离婚案件，应当进行调解；如果感情确已破裂，调解无效的，应当准予离婚。有下列情形之一，调解无效的，应当准予离婚：(一)重婚或者与他人同居；(二)实施家庭暴力或者虐待、遗弃家庭成员；(三)有赌博、吸毒等恶习屡教不改；(四)因感情不和分居满二年；(五)其他导致夫妻感情破裂的情形。一方被宣告失踪，另一方提起离婚诉讼的，应当准予离婚。经人民法院判决不准离婚后，双方又分居满一年，一方再次提起离婚诉讼的，应当准予离婚。"法官就是依照这些标准判断夫妻感情是否破裂。

在1989年最高人民法院还对法院如何认定夫妻关系是否破裂提出的具体意见，也就是我们常说的"14条"，其中包括一方患法定禁止结婚疾病或有生理缺陷及不能发生性行为的、婚前草率结婚的、婚前隐瞒患精神病及婚后患精神病久治不愈的、一方被依法判处长期徒刑或其违法犯罪行为严重伤害夫妻感情的等，也是法官判定其他原因导致感情破裂中的情形。

虽然感情破裂的判断有一定主观性，但不是原告一方从自我感觉出发而自认为的"感情破裂"，如果法官真是按照原告一纸诉状就判离婚，那不是太草率了吗？法官判断夫妻感情是否已经破裂，应当从婚姻基础、婚后感情、离婚原因、夫妻关系的现状和有无和好的可能等方面综合分析。所谓婚姻基础，即双方在结婚时的感情状况，比如，双方是以爱情为基础的婚姻，还是金钱、地位、容貌为基础的结合；是经过慎重了解的，还是草率结婚的。因此，法官在审理离婚案件时，一定会询问双方如何相识、恋爱多长时间结婚等基本情况，借以判断婚姻基础是否牢固，因为这必然会对婚后生活、夫妻感情和离婚原因产生直接或间接的影响。所谓婚后感情，即双方在婚后共同生活期间的感情状况，这是评价婚姻关系好与坏的基本尺度、当事人的道德品质、性格习惯、工作状况、经济状况、子女抚育、家务分担等，都会不同程度地影响夫妻感情。夫妻感情处于动态的变化之中，需要对其做历史的、全面的分析，既要考虑过去，又要着眼于现在。法官会询问结婚时间长短、生育子女情况以及婚后初期感情等。所谓离婚原因，即导致离婚的直接诱因，包括使夫妻感情发生变化的因素或事件，比如，一方有赌博、吸毒等恶习或实施家庭暴力等。正确考量离婚原因与夫妻感情破裂的内在联系，对于判断夫妻感情是否破裂及其是否具有和好可能有重要意义。这也是法官在审理离婚案件中着重询问的事实部分。所谓夫妻关系的现状和有无和好可能，即双方发生离婚纠纷前后夫妻共同生活的实际状况，以及从当事人主观态度和客观状况看，是否有重归于好的可能性。在离婚纠纷发生的前后，夫妻关系会有不同程度的冲突和恶化，但感情是会因一定的主观和客观条件而发生转化的，在濒于破裂时恢复和好也不是没有可能的。因而需要对夫妻关系的现状进行分析，对其发展前景有所预见。这也是最考验法官功力及社会生活经验的时候，谁是真正无法和好，谁是冲动离婚，需要法官具有"火眼金睛"的判断力。正是法官对上述几个方面进行综合分析后，才能作出实事求是的正确判断，为调解提供契机，为判决提供依据。

自行分居不算自行解除婚姻关系

青青是离婚案件当事人的原告，她和丈夫在法庭上各执一词，青青恳求我："肖法官，一定得判我离婚，我再也不想看到他，回这个家了！""那也得看你丈夫的意见，你的理由啊？"我先稳定她的情绪，她都快喊起来了。对面的被告——她的丈夫章章很冷静地向我表达他的意见："法官，我不同意离婚，我们感情没有到破裂那一步，我们有和好可能，我们就是沟通太少。"我转向青青："你为什么认为感情破裂了？"青青委屈地说："婚后我们关系还可以，生了孩子后他妈就对我有意见，只是看我生个女孩就不高兴，坐月子都没来。他到外地做生意，一年都不回来一趟，我们分居都一年多了。""是事实吗？"这可能是我在法庭上说得最多的一句话了，法官就是在事实真相和法律真相之间做着抉择,有时很难区分之间的区别。

“开始我妈是有点不高兴,但她也耍小姐脾气,我在外地累死累活她也不管,对孩子也不上心,动不动就甩给我妈。说分居是事实,但我们是有客观原因的,我在外地工作,而不是因为感情破裂分的居。”显然,章章也是有备而来,在婚姻面前谁也不糊涂啊。

青青还是坚持要求离婚,我单独和她谈了谈:“你的情况和法律上说的分居满2年是有出入,况且你们有个孩子,你不能一味坚持自己的意见。现在对方有和好的表示,你不给他沟通的机会,法院也会给,毕竟离婚的事情要慎重,你为什么不给自己、给对方一个机会呢?”青青没有理我这个话茬,反倒问我:“那我们分居半年不就是自动离婚了吗?”“这怎么可能,夫妻身份的解除需要相关部门确认,怎么可能自动离婚?法律明确规定是分居2年,哪来的半年之说?你作为一个成年人,不为你自己考虑,也要为孩子考虑,离婚真的能让你解脱吗?你们之间有什么不可调和的?”我也有些激动。“如果你坚持离,你可以等下次,过6个月后你看关系没有改善,再起诉离婚也不迟!”青青不说话了,自己要求和章章谈一谈,我准许了。

15分钟后双双回到了法庭,青青说:“法官,我撤诉,我们谈好了,他暂时留在北京,我们试着过半年。”“对嘛,如果章章觉得双方真是无法继续维持了,你们可以到民政部门办理离婚,或者以章章名义再起诉,被告不受6个月限制。”青青办理了撤诉手续,我希望他们别再来法院了,矛盾真没到非要离婚不可的地步。

如果双方无法满足《民法典》规定的感情破裂的条件,原告第一次起诉离婚时,对方不同意离婚并有和好表示,一般法院不宜直接判决双方离婚。这就是为什么经常会出现原告第一次起诉离婚被驳回的情况,因为在没有充足的证据证明双方感情破裂时,是无法达到离婚的目的的。但是,在这里也一并要辟个谣,不知从什么时候起,社会上经常流传这样一个观点——双方分居半年就算自动离婚。我不知道这样的说法从何而来,我分析也许就是从原告第一次起诉被驳回后6个月内不得再行起诉离婚的法律限制而来的,人们把这项规定曲解为“分居半年就能离了。”如果现在你还持有这样的观点,赶快转变吧,错了!

温馨提示

1. 做好第一次起诉易被法院驳回的心理准备。

2. 配合法官做好对方离或不离的工作。

3.《民事诉讼法》第127条第1款第7项规定：判决不准离婚和调解和好的离婚案件，判决、调解维持收养关系的案件，没有新情况、新理由，原告在6个月内又起诉的，不予受理。原告再次起诉离婚，要受6个月的限制。

4. 如果非要等法院“驳回”离婚请求的判决下来，距离下次起诉时间会比调解或撤诉方式的时间长，因为判决有制作判决时间及15天生效期，6个月要从判决生效后起算，而调解、撤诉后第二天就开始起算6个月时间了。

5. 原告不能在起诉的6个月中，要做好自身安全的防范工作。如果双方发生矛盾激化等打斗现象以致不堪同居的，原告可以持单位或有关部门证明随时起诉，不受6个月限制，但能否立案由法院决定。

6. 6个月时间中可以选择在家或在外居住，法院无权利要求双方必须在一起居住，这也是原告常问我们的问题之一。

第三章

子女抚养权归属

03

《民法典》第一千零七十一条 【非婚生子女的权利】非婚生子女享有与婚生子女同等的权利,任何组织或者个人不得加以危害和歧视。

不直接抚养非婚生子女的生父或者生母,应当负担未成年子女或者不能独立生活的成年子女的抚养费。

《民法典》第一千零七十三条 【亲子关系异议之诉】对亲子关系有异议且有正当理由的,父或者母可以向人民法院提起诉讼,请求确认或者否认亲子关系。

对亲子关系有异议且有正当理由的,成年子女可以向人民法院提起诉讼,请求确认亲子关系。

《民法典》第一千零八十四条 【离婚后的父母子女关系】父母与子女间的关系,不因父母离婚而消除。离婚后,子女无论由父或者母直接抚养,仍是父母双方的子女。

离婚后,父母对于子女仍有抚养、教育、保护的权利和义务。

离婚后,不满两周岁的子女,以由母亲直接抚养为原则。已满两周岁的子女,父母双方对抚养问题协议不成的,由人民法院根据双方的具体情况,按照最有利于未成年子女的原则判决。子女已满八周岁的,应当尊重其真实意愿。

《民法典》第一千零八十五条 【离婚后子女抚养费的负担】离婚后,子女由一方直接抚养的,另一方应当负担部分或者全部抚养费。负担费用的多少和期限的长短,由双方协议;协议不成的,由人民法院判决。

前款规定的协议或者判决,不妨碍子女在必要时向父母任何一方提出超过协议或者判决原定数额的合理要求。

《民法典》第一千零八十六条 【父母的探望权】离婚后，不直接抚养子女的父或者母，有探望子女的权利，另一方有协助的义务。

行使探望权利的方式、时间由当事人协议；协议不成的，由人民法院判决。

父或者母探望子女，不利于子女身心健康的，由人民法院依法中止探望；中止的事由消失后，应当恢复探望。

一、子女监护权取得条件

离婚时，对大多数父母来说，孩子是离婚前最难割舍的，也是有些夫妻纵然没有感情却为子女牺牲依然选择共同生活的原因，对子女的爱固然伟大，但是这种表达爱的方式也不见得对子女是真的有好处。

子女的最佳利益

都知道虎毒不食子的道理，但到了自己孩子身上，父母就不这么想了，总是不放心，总是认为孩子和自己在一起才安稳，总是充满了对对方的不信任。遇上一个没有责任心的人也许会是如此，但对绝大多数父母来说，子女都是放在第一位的，这是不可争辩的事实。

小杭的孩子是个四岁男孩，小杭和丈夫关系一直就是不冷不热的，自己的单位不是很景气，每月一千多块钱的收入，孩子上幼儿园的费用就得每月八百，还没有算孩子的零食、教育开发等费用。丈夫提出离婚时，小杭就是一门心思要抚养孩子，否则，就不同意离婚。

我给她耐心分析，这是我们的对话：

？你丈夫平时对孩子怎么样？

：对我不好，但对孩子还是挺上心，接送都是他管。

？你的工作允许你每天接送孩子吗？

：我没有时间接送，但我父母有时间啊！

？你现在的住房是你们夫妻名下的吗？

：不是，我们结婚后就住在他父母名下的房子里。

？孩子的幼儿园离你现在的家远吗？

：不远。

？你离婚后住哪？

：我准备租房住。

？幼儿园附近的房子每月租金多少？

：一居室最少一千五百元。

？你每月收入够你租房和交幼儿园费用的吗？

：我父母可以帮我，孩子父亲也得给生活费。

？你离了婚，所有的事情都依靠你父母帮助，你不认为增加他们的负担吗？

：为了外孙子，应该不是问题。

听了她的回答，我认为她抚养孩子的条件不一定会比孩子父亲的条件好，她收入低、居住条件差，只能维持孩子的基本生活，目前还不能让子女有一个安稳的生活和好的教育环境，她这样做只能够让孩子跟着自己受罪。做母亲的不能够太自私，自己离不开孩子，但又不能给孩子更好的生活条件，只满足自己守住孩子的私心，孩子未必就能够得到更大的幸福。

考虑子女问题时要从孩子的最佳利益去选择，小杭的丈夫对孩子也有感情，收入比小杭多，居住条件比小杭好，又有时间和精力照顾孩子，小杭实在不应怀疑孩子父亲的能力。联合国的《儿童宣言》中也明确了这样一个原则，一切应从未成年人的最佳权益出发。这才是对孩子一个负责的态度，当你力不从心时，学会放弃是对孩子的一个最负责任的选择。

在抚养子女的问题上，还是要考虑周全，尽量不轻易改变孩子的成长环境，这才是对孩子最有利的。孩子需要母爱，同时也需要父爱，放手让对方抚养，给孩子更好的生活才是你的目标。

当然，并不是经济条件越优越就是对孩子最大的保障，有的人虽然收入高，但工作繁忙，照看孩子的事情全部交代给保姆、司机，这照样不能给予孩子应有的关爱。所以，有的时候经济能力也不是唯一衡量的标准，在没有精力照顾时，就多拿出些金钱吧！

优先抚养的条件

如果双方的抚养能力相似，法官在判决时无法确定具体抚养权的归属，法律给出以下具体意见,可以在父母双方均要求抚养孩子时予以参照,这些优先抚养的条件适用于2周岁以上的未成年子女。

第一种情况是对于已经做过绝育手术或者因为其他原因丧失生育能力的一方。现在好像做绝育手术的人不是那么多了,大多是在提倡计划生育初期有做手术的,他们和丧失生育能力的人一样,应该优先得到孩子的抚养权。

第二种情况是子女随父母一方生活时间较长,改变生活环境对子女健康成长明显不利。我遇到的情况是父母有一方或不在北京工作,或离婚后想离开北京的,如果孩子归他们抚养显然对孩子成长不利。如果孩子已经在北京上幼儿园或小学,先不说已经交纳了很多费用,光是让孩子到外地去,他是不是要先熟悉环境,是不是要听懂当地的语言,孩子正在成长期,父母的分离已经让他们的心里有所惧怕,再加上这样的变动,对他们的身心能没有危害吗?儿童心理学家也有这样的分析,孩子在未成年时要避免动荡,孩子心智未成熟,还没有足够的适应能力。

第三种情况是父母一方没有其他子女,而另一方有其他子女的。这针对的是带孩子再婚人群在离婚时的子女抚养问题。再婚人群中有与前夫或前妻生育的子女,组成新的家庭时,又新生子女。如果再离婚时,应优先考虑没有其他子女的这一方的抚养权。有人问,如果前次婚姻子女不是由自己抚养,而是由对方抚养呢?仍旧适用这个规定,还是优先考虑没有其他子女的这一方的抚养权,前者可能剩下的就是支付抚养费的事了。

第四种情况是子女随其生活,对子女成长有利。比如,另一方患有久治不愈的传染性疾病或者其他严重疾病,或者有其他不利于子女身心健康的情形,不宜与子女共同生活的。前一种情况与2周岁以下子女抚养情况是一致的。后一种情况我认为主要是看父母的道德品行。如果父母有赌博、酗酒等恶习,那对子女的影响可想而知。这种情况想取得抚养权需要当事人举证。证据可以是因恶习受到过处罚等证明,或者是一些没有利害关系人的证言,利害关系人是指亲朋好友或有债权债务关系的人,但他们在法庭上的证明难免会有偏颇,对证据的证明力会产生一定影响。

这只是几种优先考虑取得抚养权的情况,并不是有了这种情况就必然取得抚养权，还是那句话，谁对孩子有利，谁就优先，也就是说，法官要依法按照最有利于未成年子女的原则及最有利于子女健康成长的原则妥善地作出裁决。

共同生活的祖父母、外祖父母的意愿

从我们的传统来看，大多都“隔辈儿亲”，也就是说子女往往从小是被爷爷奶奶或者姥姥姥爷带大的，如果父母离婚，也许最不能接受孩子被另一方接走的就是爷爷奶奶们，父母还要做他们的思想工作，这也是我们的中国特色。

子女离婚，其父母到法院来旁听也好、当代理人也好，一方面是为子女争取权益，另一方面也是为了把自己亲手带大的孙子女、外孙子女的抚养权要走。他们的情绪并不比要离婚的子女冷静多少。他们中间有的理智地在法庭上据理力争，有的会不辞辛苦地递上洋洋洒洒万言书，还有不理智的就会采取哭哭啼啼大闹法庭的方式试图给法官压力，到底以什么样的方式表达最为适当呢？

除了要有书面的意愿外，最好还要有相应的证据证明子女单独随祖父母或外祖父母共同生活多年，法官可以依照这种情况酌情考虑。如果还觉得证据不足的话，还可以提交祖父母或外祖父母具有帮助子女照顾孙子女或外孙子女能力的证明，包括居住证明、收入证明、身体证明等。在父母双方抚养子女的条件基本相同时，如果双方都要求子女与其生活的，可以将祖父母、外祖父母的意见作为子女随父或母生活的优先条件予以考虑。但这也有一个前提条件，那就是必须是子女单独随祖父母或外祖父母共同生活多年。如果缺少这样一个前提条件，就无法适用这项法律规定。我想这是考虑到婚姻关系存续期间父母在外地或国外，无法照看子女，以及子女自小在老辈儿家中长大的等情况。我们的法律还是充满了人性化，也照顾到了老辈儿的情感，婚离了，这种血缘关系是无法分离的。

如果没有得到子女随自己生活的直接抚养权的父或母，他们给老人做通思想工作是很困难的，如何向自己的父母交代？如何面对自己的子女？

你会陷入一个夹缝的状态。我想还是应该给老人讲明孩子为什么由对方抚养的种种益处，定期带子女去会见老人，这些都可以抚慰一下老人的心情。如果一味地向老人灌输法官判决不公，或者对方带孩子不利，那无疑会加重老人的痛苦，无异于是在火上浇油。

我还是奉劝离婚的父母，虽说“离婚了，就别再来找我”是每个想从婚姻中解脱的人的理想状态，但如果你们有孩子，就没有可能切断彼此的联系。对有孩子的你们来说，“相见亦是朋友”可能才是一种最佳状态，这样你们才有可能坐下来讨论子女的升学、择校等问题，这样你们才有可能让子女感觉你们和没有离婚是一样的，也只有这样才能把离婚对子女的伤害降到最低。试着做回朋友，千年修得共枕眠，缘分走到尽头就保留一份情谊吧，别忘了你们都是孩子的爸妈。

二、子女抚养费的负担

离婚的两个人不轻松，孩子刚“抢夺”完，紧接着就该为抚养费唇枪舌剑了，带孩子的那方都愿意给的高高的，实际上行得通吗？

抚养费不能少

这里说的不能少，不是钱的多少，而是指抚养费必须支付的意思，这是法定的义务。父母对子女的抚养教育义务是法定的，即便是继父或继母对继子女同样有抚养教育义务。你能想象到父母不愿意出抚养费吗？我就见到过。

小文是个从出生就患有“先天性无肛”孩子，不但爷爷奶奶见了扭头就走，小文的爸爸对孩子也是不闻不问，责备媳妇家人上辈子没做好事。小文的妈妈是天天哭，到处为孩子求医问药，产假没休满 3 个月就出去找工作，为孩子做整形手术挣钱。小文的爸爸虽然有了小文这个男孩，但羞于把他抱给其他人看，夫妻俩为此关系闹得一天比一天僵。

小文的妈妈以为孩子手术后就可以得到爸爸的关爱，但是小文的爸爸还是对孩子不冷不热，只是商量着和小文的妈妈再生一个。小文的妈妈不同意，认为小文一直需要医药费，家庭负担已经够大了，再生一个，小文的医药费更没有保证。夫妻俩在孩子问题上分歧加大，不得不来法院离婚了。

双方对离婚没有什么意见，就是在孩子抚养问题上小文的父亲说什么也不愿意负担医药费，甚至和小文商量把孩子送到外地去。小文的妈妈接受不了，她知道这个孩子今后就得自己养了，但作为父亲也应当给抚养费啊。

小文的父亲说："我当初就不让她要这个孩子，她坚持要了，我让她再生一个她不干，现在让我养个病孩子不是我的本意，谁愿意养谁养，我可不出钱！"小文的父亲工作稳定，没有道理不出抚养费，他的理由更不成立，这和遗弃孩子有什么区别？但因为他执意不给付抚养费，还是法院对此进行了判决。小文的妈妈临走时对我很是感谢，我告诉她："不用谢我，法定的义务，他就应该付！"

这是因为有病孩子，父亲不愿意抚养。可有的孩子健健康康的，他的父母就是在这里找这样那样的借口拒绝负担抚养费，什么下岗啊、有病啊、父母需要照顾啊、不让我抚养就不给抚养费啊等，我真搞不懂，这是自己亲生的孩子吗？就是对对方再有意见，也不能连累孩子，让孩子去喝西北风啊？

我国法律不仅规定父母对子女有抚养义务，就是有负担能力的祖父母、外祖父母对于父母已经死亡或父母无力抚养的未成年的孙子女、外孙子女，都有抚养的义务。同样哥哥、姐姐对父母无力抚养的弟弟、妹妹也有法定的扶养义务，更不要说是做父母的了。

法律规定的数额

抚养费不但应该给，法律还规定了给付的数额，具体给多少，双方当然可以根据孩子的实际需要进行协商，协商不了的由法院判决。因为双方都有抚养的义务，因此另一方给付的抚养费数额一般是占全部抚养费的1/2。父母双方当然可以协商子女随一方生活并由抚养方负担子女的全部抚养费，也就是说，抚养方不要对方抚养费，自愿承担全部费用的人，但是要经过法院的审查,如果法院查实,抚养方的抚养能力明显不能保障子女所需费用,且影响子女健康成长的,不予准许其负担全部费用,而另一方不负担费用。

法院判决子女抚养费的数额是根据三个条件综合考虑的:一个是子女的实际需要,孩子上幼儿园、小学、中学的费用是不一样的,因此肯定有所区别;二是看父母双方的负担能力,能者多劳是原则,收入多的肯定要比收入低的支付得多;三是当地的实际生活水平,各地生活水平是有差异的,因此不能搞“一刀切”,还应和当地的生活水平相匹配。

除了以上综合考虑的条件外,还有相对给付数额的比例。对于有固定收入的,抚养费一般可按其月总收入的 20% ~30% 给付。负担两个以上子女抚养费的,比例可适当提高,但一般不得超过月总收入的 50% 。比如每月收入 2000 元,对有一个子女的就是要按每月 400 ~600 元来给付,如果负担两个孩子的抚养费,一方给付的费用最多不超过 1000 元。

无固定收入的,抚养费的数额可依据当年总收入或同行业平均收入,参照上述比例确定。有特殊情况的,可适当提高或降低上述比例。也就是说,对于出租车司机或个体户等,每月收入不固定的,就可以参照当地统计局计算出的同行业收入情况进行确定。有特殊情况是指如抚养人自己有病或对其父母的赡养义务较重的,可以适当降低。如果被抚养人有疾病需长期治疗的,抚养费就应适当提高。

有人以自己无生活来源享受最低生活保障等为借口拒绝给付抚养费,这个借口是不成立的,因为法律优先保护的是未成年人的权益,成年人对子女的义务既然是法定,就没有逃避的借口,即使你去捡破烂,你也要给付孩子抚养费,这没有什么可商量的。具体的费用我常常根据当地最低生活保障费用的一半而判定,也就是把子女的生活水平最低维持在有生活保障上,这个费用每个时期、每个地区也是不一样的,好比目前北京最低生活保障费用大约是每月 1100 元,那抚养费判到 500 元应该没问题。但是让孩子少吃喝,做父母的能忍心吗?

还有人在婚姻关系存续期间,因为双方收入或一方收入较高,子女上的是贵族学校,费用相对较高,而离婚后就面临无力负担高额费用的问题,如果双方协商不成，法院在判决给付抚养费当中是不包括这笔费用的。法定的抚养费中包含的是基本的生活费与基本的教育费及医疗费，也就是维持正常生活水平的费用，如果超出这个基本费用，法院是不予考虑的。

抚养费的数额也是有变化的，即使法院判决后也不妨碍子女在必要时向父母任何一方提出超过协议或判决原定数额的合理要求。对于增加抚养费的，应该有以下几种情形：原定抚养费数额不足以维持当地实际生活水平的；因子女患病、上学，实际需要已超过原定数额的；其他正当理由的。有的当事人，判决一下来，他认为抚养费少，但是不通过上诉解决，而是以子女的名义到法院起诉要求增加，不是不可以，但是没有足够的理由，法院在短时间内是不能增加的，因为要使生效的判决有一个相对的稳定性，而不能使人产生“朝令夕改”的感觉。

离婚后过多长时间才能增加抚养费的问题并没有具体规定，但是只要原判决费用确实不足以抚育子女，就可以增加，诉权是每个人都有的，但是否胜诉还是由法院来定。相反，如果抚养人收入减少，无法按原协议或判决的数额给付抚养费的，其也可以起诉要求降低抚养费数额。有的当事人原在外企工作，每月收入上万元，当时抚养费定在每月3000元，但金融危机一来，他被裁员而长期处于失业状态，收入明显减少或无收入，他就可以要求降低抚养费数额。

支付方式有多种

抚养费的给付可以是按月给付、按季度、年度给付，这也是双方商定的，如果是法院判决，一般情况是按月支付。因为法律规定，抚养费应定期给付，有条件的可一次性给付。如果对一方无经济收入或者下落不明，但是家里还有存款、住房等财产的，可用其财物折抵子女抚养费。

抚养费的给付期限，一般至子女18周岁为止。16周岁以上不满18周岁，以其劳动收入作为主要生活来源，并能维持当地一般生活水平的，父母可以停止给付抚养费。对于已经年满18周岁尚不能独立生活的子女，父母还应继续支付抚养费。

“不能独立生活的子女”,是指尚在校接受高中及其以下学历教育,或者丧失、部分丧失劳动能力等非因主观原因而无法维持正常生活的成年子女。也就是说,虽然已经18周岁了,但还没有高中毕业,那父母仍应该给付抚养费。所以一般应满足两个条件,即年满18周岁且高中毕业。

有人会问,上大学后,孩子一样没有收入,仍应当给付抚养费啊?如果父母对年满18周岁仍给付抚养费的情形协商一致,法院是不持异议的;但是协商不一致,就不能再起诉了。因为上大学后,可以用助学金、贷款、勤工俭学等方式继续学业,继续要求父母给付,没有法律依据。

对于“尚未独立生活的成年子女”是怎么理解的呢?子女应有以下情形:其一,丧失劳动能力或虽未完全丧失劳动能力,但其收入不足以维持生活的;其二,尚在学校(高中或以下)就读的;其三,确无独立生活能力和条件的。但是,父母也应满足一个条件,就是有给付能力,如果父母年老体弱,经济困难,当然可以拒绝给付。

温馨提示

1.生父与继母或生母与继父离婚时,对曾受其抚养教育的继子女,继父或继母不同意继续抚养的,仍应由生父母抚养。

2.夫或妻一方收养的子女,对方未表示反对,并与该子女形成事实收养关系的,离婚后,应由双方负担子女的抚养费;夫或妻一方收养的子女,对方始终反对的,离婚后,应由收养方抚养该子女。

3.父母不得因子女变更姓氏而拒付子女抚养费。父或母一方擅自将子女姓氏改为继母或继父姓氏而引起纠纷的,应责令恢复原姓氏。

4.对拒不履行或妨害他人履行生效判决、裁定、调解中有关子女抚养义务的当事人或者其他人,人民法院可以依法采取强制措施。

5.夫妻双方在婚姻关系存续期间,如果发生双方或一方拒不履行抚养费给付义务的,未成年或不能独立生活的子女都可以到法院起诉要求支付抚养费。

三、探望权规定

在没有探望权的规定前，离婚后你如果想见到孩子似乎是件很困难的事情，它取决于你和你曾经的另一半拥有着良好的关系，起码不是仇人关系。可现在由于法律上有了明确规定，即"离婚后，不直接抚养子女的父或者母，有探望子女的权利，另一方有协助的义务。行使探望权利的方式、时间由当事人协议；协议不成的，由人民法院判决"。离婚后，你还能见到你的宝贝。

探望权的行使

探望权可以在离婚案件中一并提出，也可以在离婚后单独起诉解决，但法律没有规定婚姻关系存续期间对子女的探望问题。我认为探望权的内容大致包括：(1)看望子女的权利；(2)与子女的通信权，例如，不与子女共同生活的父或母与子女打电话、发送电子邮件等；(3)短期接走子女的权利，不与子女共同生活的一方在不影响另一方生活的情况下，有权将子女接走并与其短期共同生活。法律上规定的探望权是专指短期接走子女，使子女和不随其生活的这方有一个沟通和情感交流的时间，以保持这种亲情的联系。

有的当事人不知道是出于什么目的，对探望权的理解很不充分，可能是打心眼里就不愿意和自己的"仇人"见面，所以对探望这个问题就很反感，百般阻拦。曾经有一个当事人，他每次见自己的女儿都被堵在前妻住处的防盗门外，他在外面，女儿在里面，就这样能说一个小时的话，我说这不是探望，这是"探监"。这怎么能达到与子女进行亲情交流的目的呢？双方不为此发生纠纷才怪。

父母与子女间的关系，不因父母离婚而消除，子女无论是由父方还是由母方抚养，仍是父母双方的子女，父母对于子女仍有抚养和教育的权利和义务。人为阻止一方探望是非常不明智的。孩子长期和一方生活，如果是男孩长期和母亲生活，难免少些阳刚之气，不和父亲接触，男孩的阳刚之气怎么培养？如果是女孩长期和父亲生活，女性的温柔女孩是无法体会到的，母亲对女儿独有的关爱无法得到传递，孩子长大后也是一种遗憾。大人还是多为孩子想想，血浓于水，血缘关系不是这么好断的，小心孩子长大后对你产生怨恨。

探望时间的掌控

以我的理解，以探望时限为标准，探望分短期探望、长期探望、不定期探望。双方在协商时可以根据子女的不同情况而执行。

短期探望，是指较短的期间内定期对子女探望的方式。通常短期探望的期间指平时一天二十四小时，法定公休日可以适当延长。在探望人与子女居所或学习场所较近、交通较为便利的情况下，往往采用短期探望，此种方式在司法实践中被广泛采用，通常也易于被与子女共同生活的一方所接受。

长期探望，是指探望人与子女在较长一段时间内一起生活，充分表达父母的亲情关爱和交流思想感情的方式。在夫妻因离异、分居致使原有的家庭解体以后，长期探望能够在较大程度上弥补子女原本应得到的父母之爱，实践表明该种方式更有利于未成年子女身心的健康成长，能充分实现探望权的立法意图。现实生活中，由于离婚双方之间存在种种问题，长期探望的方式适用相对较少。随着探望权立法的不断完善和司法实践经验的积累，长期探望应当成为探望权的主要行使方式。

不定期探望，是指根据具体情况，探望人和子女双方自由选择探望时间和探望内容的探望方式。这只能当离婚的双方能有一个好的交流的空间时才能达到这个程度，可以随时见到孩子而不被阻拦，但是这种方式大人是方便了，但对孩子是不是有好处就另当别论了。孩子的生长环境我们还应以相对稳定为准，总是变动孩子的环境，对孩子并没有好处。孩子的适应性不强，到一个新环境，他先要适应一段时间，可不定期探望这时间是不定的，还没等他适应呢，又被接回了。次数多了，孩子还有心思学习新东西吗，一定会是浮躁的。

短期探望的时间虽然没有具体规定，但法官一般根据孩子的年龄、身体状况等酌定。比如,孩子小,学龄前儿童,那探望时间就不宜过长,最短二三小时,最长不超过12小时;身体好的半个月一次,身体不好的一个月一次。这和孩子身体状况有关,小孩免疫力低,换环境就容易生病,太频繁了就不利于子女的身体健康。孩子大些,就可以在对方家过夜,探望时间可以为24小时,但是一般也规定在半个月一次或一个月一次。

探望地点有讲究

以探望地点为标准,探望可以划分为前往探望、接回探望、自由探望等。探望地点不明确,就会影响调解或判决的执行,因此还是应该有具体探望地点,即由谁负责接送,到哪里去探望等。

前往探望,就是探望人前往子女的居所,与子女在监护人家中进行感情交流的探望方式。其特点是简便易行,受外界条件影响小,适用范围广泛。但是由于探望权人与监护人离异、分居,本来就存在一定的积怨,如果父母双方在离婚或分居时没有妥善处理好各种纠纷,前往探望会不同程度地影响探望效果,不利于探望双方充分交流感情,有时甚至会给未成年子女造成伤害。

接回探望,就是探望人将子女接回自己家中,或监护人将子女送到探望人家中,或子女自行来到探望人家中,进行探望的方式。接回探望由于子女暂时脱离监护人的监护视线,且在探望人家中,因而感情交流更容易摆脱拘束,充分发挥探望效果。

自由探望就是对探望地点不加以固定,由探望人自由选择探望地点,从有利于未成年子女的角度进行探望的一种方式。自由探望主要适用于探望人与子女、监护人间心理矛盾较小,并且他人又不影响探望行为的情形,因为这种方式摒弃了其他探望方式的地点范围等受到限制的缺点,广采其他探望方式的优点,因而有很强的适用性。自由探望又可以根据子女需要,选择和变化探望地点和范围,因而最有利于满足子女的感情要求,最有利于子女健康成长。但自由探望不好约定,还得父母有一个好的心态,这也是不随子女生活一方最向往的一种方式,也是现实中最不好实现的方式。

探望内容别违规

与子女共同生活的一方不允许有探望权的一方探望子女的，可视情况，分别作出不同处理：(1)对阻挠、刁难及拒绝对方正常行使探望权的可以通过批评教育，促使其改正；(2)对经常性无故妨碍对方正常行使探望权的，可以对其采取罚款、拘留等强制措施，情节严重的，在有利于子女成长和对方要求的情况下，可以变更子女抚养关系；(3)对于以藏匿子女为目的、拒不执行人民法院发生法律效力的判决或以暴力妨碍执行职务，情节严重的，依法追究其刑事责任。这是对不履行探望权一方而讲的。

对于探望方，我国《民法典》对行使探望权也做了限制，探望不能妨害子女的身心健康。《民法典》第1086条第3款规定："父或者母探望子女，不利于子女身心健康的，由人民法院依法中止探望；中止的事由消失后，应当恢复探望。"依据法律精神，中止探望的具体情形应当包括：(1)可能对未成年子女的身心成长造成侵权或有犯罪倾向的；(2)有吸毒、赌博等恶习的；(3)道德品质不好或自身精神不健康的；(4)唆使未成年子女敌视对方或对方家庭成员的；(5)有严重传染病的；等等。不能正确履行探望权利，就要被中止。

京京是一个小学三年级的男孩子，当时他父母离婚就是在我这里审理的。离婚时京京的父母对探望问题都没有异议，京京母亲同意他父亲随时探望子女，因此判决中并没有约定具体探望时间。

令我没有想到的是，京京爸妈第二次坐到我面前，京京妈诉讼的案由是探望权纠纷。我当时还很不解，我清楚地记得离婚时双方都那么的爱子女，信誓旦旦地向我表示可以随时探望子女，如果真的发生问题，也是因为京京妈为对方设置障碍，起诉的也应该是京京爸呀，这回京京妈起诉是什么意思？子女抚养已经变更了？

当京京妈愁眉苦脸地向我诉说时，我才知道发生了什么事情。原来京京妈离婚后带京京住到自己的娘家，和自己原来的住址距离很近，离婚后京京爸几乎天天来看京京，时间也没有确定性，真是随时就出现了。京京妈觉得这样很不方便，一方面打搅自己父母的生活；另一方面外人看着也不好，就有些拒绝。而且本来京京妈不想和孩子这么快就说明两个人离婚的事情，怕孩子小不能理解和接受，也和京京爸讨论过这个问题，可京京爸答应得不错，但每次京京妈不让他来这么勤时，京京爸就拿离婚的事和孩子说："我和你妈妈离婚了，你妈不让我看你来。"吓得孩子哇哇大哭。京京妈看到京京爸不遵守承诺，也着急了，既然孩子已经知道离婚的事情，那么就少来打搅她们母子俩。为此京京爸还报了警，警察来了也只是调解，下次依旧。京京爸见这样不行就改到学校探望，三天两头不打招呼就把京京接回家，搞得几次京京妈在学校接不到京京急得不得了，以为京京被别人拐走。开始京京爸还能把孩子送回来，后来就不送了，京京妈找来时，京京爸已经把京京送到奶奶那里。两个人像做着藏猫猫游戏，京京爸总能赢。京京妈叹着气说："京京为此已经受到惊吓，我带京京去看过心理医生，医生说京京有多动症，这样的动荡生活对他的病情发展很不利，医生说他需要一个稳定的环境。"说着，京京妈拿出京京的病历，在医嘱中果然有这样的建议。

京京爸对此有些怀疑，但看到病历也沉默了。我问他："能不能约定一个探望的时间和方式。"京京爸说："那我要求一周看两次，法官，您不知道，京京妈根本不能带好孩子。我每天把京京从学校接走，我就能给他辅导功课，监督他做作业。只要京京一回她父母那，姥姥姥爷惯着，根本就不做作业，我是爱孩子才这样。"京京妈表示反对："就是因为京京生活环境经常变动，他无法养成自己主动学习的习惯，京京爸那种压制孩子的方法不是一个长久的办法。"最后，在我的多次调解之下，双方还是无法达成一个协议，我只有判决，京京爸每两周可以探望一次，探望时间为 24 小时，由京京爸负责接送京京。

还要注意的是，谁可以到法院要求中止探望，那就是未成年子女、直接抚养子女的父或母及其他对未成年子女负担抚养、教育义务的法定监护人。也就是说，除了抚养人，子女自己也可以要求中止探望，这也是对子女利益保护的一个充分的体现。

温馨提示

1. 探望权在夫妻协议离婚或者诉讼离婚时一并解决。如果夫妻在离婚时对探望权未作明确约定,或者法院没有明确作出判决,当事人可以就探望权问题单独提起诉讼。

2.《民法典》对祖父母、外祖父母探望孙子女的权利没有作出明确规定,但并不妨碍祖父母、外祖父母对孙子女、外孙子女的探望。

3. 法院如对探望方式未予明确,直接抚养子女的一方有义务在规定的时间内,将子女安全送到双方指定或者法院判决确定的地点,交由不直接抚养子女的一方照看。

四、子女监护权变更

当事人之所以在抚养问题上争得那么凶,其中重要的一点就是对对方抚养产生的不信任。这种担忧虽然有其合理性,但是还没有到不可挽回的地步,如果真到了对方抚养不力的这一天,另一方还是可以再要回抚养权的。

变更抚养关系的条件

抚养权的变更也是需要双方协商的,协商一致后可以变更抚养,如果需要法律上履行变更手续就需要到法院去办理,即通过诉讼解决。如果协商不成,那就只能起诉了。变更抚养关系也要符合一定的条件,不是谁想变就能变的。

理由一:与子女共同生活的一方因患严重疾病或因伤残无力继续抚养子女。

在我国民法中,对于子女权益问题,都是以如何保证子女的身心健康为根本。这就容易理解变更的理由了。患严重疾病的一方肯定会在与疾病做斗争中无暇照顾子女,身体伤残一方会在继续抚养子女中有些力不从心。但并不是所有患病或伤残的人就不能抚养子女,还有一个抚养能力的衡量问题,如果即使生病仍然不妨碍抚养,不降低其抚养能力的,就不能作为变更抚养关系的理由。

理由二:与子女共同生活的一方不尽抚养义务或有虐待子女行为,或其与子女共同生活对子女身心健康确有不利影响。

不尽抚养义务就是指有能力抚养却不抚养。比如,对孩子不闻不问,甚至有遗弃行为等,都是没有尽到应尽的义务。它和虐待子女行为一样,都要一方提交相应的证据。虐待子女主要是指对子女身心的摧残,吃不饱、穿不暖、强行做不适合该年龄的体力活等都是一种或轻或重的虐待行为,如果触犯了《刑法》,那就更不用再说了,肯定得变更。

在共同生活中对子女身心健康有不利影响的行为不是很好界定。每个人的标准不一样得出的结论也就不一样,每个人的教育方式不同,教育好坏与是否有利成长的情节也不相同。我认为法律上讲这几种事由应当列入其中:吸毒、赌博、嫖娼、打架斗殴、酗酒等行为会对教育子女直接产生不利的影响。

小王和老张都是再婚,本来两个人刚开始的日子还算甜蜜。老张再婚时,他的前妻未再婚,前妻对离婚问题是不理解的,讲的条件就是为了阻止老张离婚,但没想到老张都答应了,前妻是赌气离的婚,但是一听说老张再婚了,气就更不打一处来。

老张的前妻没想到老张这么快就再婚,也没想到再婚后还有一个比自己小不少、条件好不少的老婆。想想自己和老张复婚没了希望,带着孩子再婚更困难,就越发生气。“我过不好,你也别想好!”老张的前妻开始刁难老张了。自己主动出击肯定有难度,那就让儿子来吧。儿子也只有 11 岁,妈妈说什么都是真的,甚至相信都是小王这个“坏女人”让爸爸离开这个家的,小小的心里埋下了仇恨。

赶上老张探视子女,老张就把孩子接到家里来,一是让孩子和小王培养感情,二是自己带孩子还真不行,小王起码可以管孩子吃喝。开始孩子不理小王,这些小王和老张都能理解,觉得这是必然,都有一个从陌生到熟悉的阶段。可是时间长了,孩子还是对小王视而不见。小王问他:“你怎么不爱和我说话?”孩子的回答明显超出他年龄:“你把我爸抢走了,你就是不要脸!”这把小王气坏了,向老张告状,老张非但没有安慰小王,批评孩子,反而指责小王和孩子一般见识。小王怎么也想不通,自己也对孩子有付出,可没有听到老张的一声谢谢就罢了,自己还落个不是。

渐渐地,小王也不再管他们父子,这下老张也有意见了。小王终于有一次在给孩子巧克力后,抓住机会问孩子:“是谁让你这样对我的?”孩子告诉她是妈妈不让他理她,还让他这样说的。小王再次和老张说了这个问题,老张还是不信,他认为孩子小不理解。两个人的矛盾终于在一次“图钉事件”中爆发。

一个周末,老张把孩子接回家,小王没有像往常一样给他们爷俩做饭。老张只得说晚上一起到外面吃饭。出门时,小王穿鞋,刚把脚伸进鞋里,立刻有一股钻心的疼痛。仔细一看,鞋里放了一个图钉,小王的脚被图钉扎出了血。小王奇怪,房间里就三个人,老张不会干,肯定是他儿子干的。小王问孩子,孩子一开始不吱声,但小王一给她看自己出血的脚,孩子害怕了,终于说出是他妈妈让他干的。小王立刻联想起这些日子家里出的怪事:不是烟缸被放到垃圾桶里,就是卫生间的化妆品瓶子上有痰迹,肥皂盒也莫名其妙地不见了。原来这就是老张的前妻在以孩子的名义捣乱。这样下来,孩子不都给教坏了吗?小王让老张彻底和孩子母亲谈一谈,老张却不以为然:“你不理她不就没事了吗?”小王认为,现在这些小事不解决,早晚要出大事。老张对孩子太过溺爱反而会害了他。小王不同意老张再把孩子接到家里来探望了,两个人就此闹了意见。

最后小王和老张还是因为孩子的事情无法达成一致意见而离了婚。老张前脚离婚,后脚就到法院起诉要求变更子女抚养关系。他觉得这两年,前妻的教育对孩子产生了不利的影响,我让他举证,他让孩子到庭来说明情况。孩子来了,果然把图钉事件等一一说明,这种教育肯定不适合子女的健康成长,变更抚养关系也在所难免。

理由三:8周岁以上未成年子女,愿随另一方生活,该方又有抚养能力的。

只要孩子8周岁以上,有愿意变更抚养关系的表示,法院审查具备抚养能力的,就可以变更。因此,即使离婚,也不能和孩子断了联系,保证探视的执行。如果不能割舍，那就耐心等到8周岁，和孩子商量以后，孩子愿意，就到法院来起诉，变更抚养关系。这是最能体现尊重孩子意愿的规定了。8周岁以上的孩子有初步的是非判断能力和把自己想法正确表示出来的能力，如果在随一方生活时，孩子没有得到应有的关爱，孩子就有了选择权，抚养关系当然能变更。

理由四：其他正当理由。

这就比较宽泛了，法院会根据不同案件的情况判定。比如，一方长期出国在外，把孩子交由亲友抚养的，另一方就可以要求变更抚养。再如，一方被监禁的，或已经不具备直接抚养的能力，另一方也可以起诉要求变更。所以，变更的理由一定是正当的，可采信的，而不是仅凭想象，找出对方的一大堆不是，想变就变，那就非乱套不可。

监护权变更的管辖

变更子女抚养关系是要到法院通过起诉解决的。民政部门是不予受理的，因为是解决身份问题，因此必须走诉讼程序。

该诉讼的主体还是由子女的父母作为原被告，谁想变更谁来起诉。该类案件的管辖为一审民事案件，还是“原告就被告”的原则，即被告所在地的基层人民法院受理。如果孩子同意变更且8周岁以上的，在立案时应携带孩子写有的书面证据，即写明“愿意随父或母生活”字样的书面证据一并提交。如果不同意变更的被告对此有异议，法院同样可以将8周岁以上的子女传唤到庭进行询问。

如果一方不同意变更子女抚养关系到自己名下，也应提交自己不具备抚养能力的证据。如果孩子愿意变，而一方不接受的，经法院查实其有抚养能力的，同样可以判决变更。孩子的意见比大人的意见重要。但是这种情况比较少见，能占到1%的比例吧，不要认为这世上所有的父母都爱孩子，不想养的照样有，婚后是否要孩子的问题还是应该三思的。

监护权变更的利弊

对于有法定变更理由的当事人来说，变更抚养关系无可厚非，我奉劝的是那些离婚后还要想尽一切办法变更抚养关系的那部分当事人。频繁地变更子女抚养关系,我认为不是件好事。最关键的是影响孩子的正常生活与学习。变更抚养关系要征求孩子意见,而在这个过程中,就容易给孩子带来压力。例如,你肯定要这样问他:“跟你爸爸是不是过得不好?我来带你好吗?爸爸如果娶后妈,你就别想过好日子!如果你不给法院书写意见,我以后就不来看你了,因为你不听妈妈的话!”而事实上,你只是为了变更抚养关系,这些情况并非属实的,这让孩子不知道该怎么办?你这不是让他幼小的心灵在挣扎吗?

本来,离婚后孩子已经适应了单独随一方生活,你非要经过漫长的诉讼程序,一审、二审打个不可开交,另一方同意变更还好说,但大部分都是不想变更的,他们也同样会找孩子做工作,给孩子压力。一旦通过诉讼变更过来,他的学校要不要转,他的新同学、新环境要不要适应,他能不能适应,都是你要慎重考虑的问题。有时,你费了很大的周折未必能让孩子满意,或者真正比对方带得好。

另外,再谈一个题外的问题。离婚后的子女是否需要改名字?法律规定子女既可以随父姓,也可以随母姓。但变更姓氏要经过父母双方的同意,不得擅自办更,而父母也不得因子女变更姓氏而拒付子女抚养费。父或母一方擅自将子女姓氏改为继母或继父姓氏而引起纠纷的,应责令恢复原姓氏。这是你应该知道的。

五、哺乳期子女的抚养权

对于没有孩子的当事人来说,离婚的工作还算好做,当事人没有后顾之忧,可有了孩子就大不一样,上演的一幕幕离婚大战中,为争夺孩子的监护权,大人们没少吵架,扬言“不给孩子就不离婚!”“不给孩子就不活!”的当事人不在少数,孩子成了这场战役能否取胜的法宝、砝码。

哺乳期孩子归妈妈抚养

我国《民法典》第1084条第3款规定:“离婚后,不满两周岁的子女,以由母亲直接抚养为原则……”这是因为不满2周岁的子女多数还在母乳喂养期。用母乳喂养，对婴儿的生长发育最为有利。从婴儿生长发育的利益考虑，夫妻离婚后，凡是处于母乳喂养期间的子女，应当由母亲直接抚养。这个大方向定了，对哺乳期内子女的抚养问题还是好解决的。

小李的孩子还未满2岁，但她和丈夫小齐的矛盾在孩子没有出生前就发生了。按说她和小齐还是自由恋爱，恋爱时间也不算短，2年后就结婚了，大家都认为他们俩结婚、怀孕、生子是顺理成章的事情，但偏偏小李在怀孕期间发现了小齐的变化。

小李和小齐同在一个卖手机的商场，小李内向，但温柔可人；小齐外向，很会讨女孩子欢心。小齐周围的姑娘不少，小李成了个胜利者。小李怀孕后就不上班了，小齐开始对小李还照顾有加，渐渐地就不能按时回家了。

当时正赶上年底，小李认为小齐在商场加班正常，但是哪有在商场工作天天晚上10点以后才回家的？小齐也不是什么领导，商场售货员都是两班、三班地倒，不可能天天工作12个小时？问小齐，小齐也是遮遮掩掩，问烦了两人还闹别扭。

小李和自己的妈妈诉苦，她妈说：“你们俩都年轻，都是在玩儿心重的时候，等你生了孩子，哪有父亲不疼孩子的？到时候就把他拴家里了。”小李又和自己的婆婆诉苦，小齐的妈向着自己的儿子：“大男人哪有天天在家陪你的？你就安心养胎生孩子吧，我知道我儿子，不会出圈的。”

小李忍了下来，为了少生气，就不再和小齐计较，体检、置办东西也不再要求小齐陪伴，就指望生了孩子能把小齐拴住，谁知小齐越来越肆无忌惮，有时整晚连家都不回，临产前小李都在犹豫，这个孩子要的到底对还是不对，她总有种不祥的预感。

孩子生了下来，是个大胖小子，娘家、婆家都很高兴，但小李发现小齐并不是很兴奋，抱孩子也是作秀，孩子晚上一哭他就抱怨，把小李气得日日哭泣，连大夫都劝小李去看看心理医生，她有可能患上产后抑郁症了。

最让小李担心的事情发生了，以前在手机商场上班的小姐妹来看孩子，说话间就把坏消息带给了小李，她们说最近小齐和卖场的一个小女孩走得很近，提醒小李看好小齐，这下，小李更郁闷了，她从小齐的表现中能印证小姐妹的话。

月子里，小李的婆婆一直帮着照看，小李为齐家添丁有功，小李腰板也硬，大着胆子和婆婆说了小齐的事情，谁知婆婆不以为然："他还是个孩子，有可能是人家追他呢，他都当爹了，你别太多心。"搞得小李很没趣，婆婆根本就不可能站在自己这一边。

时间一长，小齐也不背着小李了，有时晚上都快睡觉了，一个电话准能把小齐叫走，小李一气之下抱着孩子回了娘家，即便如此，她自己还想给小齐一个机会，只要小齐来接她，向她道歉，她肯定给小齐台阶下。

哪知小齐根本没有理会，孩子1岁生日时，小齐到她娘家看了眼孩子就走，根本没有接她们娘俩的意思。小李的妈妈急了，抓起电话给小齐妈妈："你家小齐到底什么打算？这日子还过不过？"小齐妈妈也回答干脆："小李不是我们赶走的，该问的是你女儿，不是我儿子！"这样一来，两个亲家也闹翻了。

小李不想再等了，把小齐告上法院，她后悔把孩子生下来，让孩子遇到这么一个不负责任的父亲。小齐对离婚没有表态，只是说："我妈说孩子姓齐，应该归我们。"小李说："你给孩子抚养费了吗？你尽了多少抚养义务？分居快1年，你见过孩子几次？"小李说的话和我想说的一样，我对这种人向来很没好脾气，他们有什么资格谈孩子？小齐说："月子可是我妈伺候的，我妈离不开孙子。"小李抢过话来："我在娘家你妈妈又来看过几次孩子呢？如果这么说，孩子和我妈在一起的时间更长！"小李递上孩子的照片，照片上的宝宝机灵、健康，着实让人喜欢，我不知道为什么小齐自己不要孩子，在这里只说他母亲要孩子，和这样的孩子也没感情？

开庭后，小齐的母亲还专门到法庭来找我，甚至于大闹一场，哭着喊着找我要孩子，说不能让小齐又离婚又没孩子，好不容易冷静下来，我劝她："你孙子现在还在吃奶，到你们家不利于孩子抚养，小齐的孩子走到哪儿都会认自己的父亲，也会认你这个奶奶，你怕什么？如果小李带不好，你也可以带啊！"老太太这才不哭闹了。

再次开庭小齐明确表示同意离婚，但依旧要求孩子的抚养权归他，理由是孩子是男孩，由父亲抚养更有利于孩子成长。他真是这样想的，还是给自己的老妈要孩子？我猜不出，早知这样，何必当初呢？我判决双方离婚，子女归小李抚养，小齐给付相应的抚养费。双方都没上诉，判决生效了，我为小李的孩子担心，小齐还能和他见上几面呀。

爸爸也有抚养的可能

上面讲的是原则性规定，根据审判实践中遇到各种各样的问题，最高人民法院还出台了一些具体的意见，2 周岁以下哺乳期的子女也不是完全就由妈妈抚养，也有可能归爸爸抚养。

第一种情况是孩子的母亲患有久治不愈的传染性疾病或其他严重疾病，子女不宜与其共同生活的。比如，母亲患有麻风病等恶性传染病，肯定对子女不利。母亲有精神方面疾病的也不利于抚养子女。如果上面案例中的小李真患有严重的抑郁症，已经到躁狂阶段了，就不能拥有孩子的抚养权了，因为这会威胁到孩子的安全。

第二种情况是母亲有抚养条件不尽抚养义务，而父方要求子女随其生活的。我也见过这样的当事人，女方只负责生不负责养，孩子还在哺乳期就离家出走，男方是又当爹又当妈。离婚时，有的干脆就说不抚养子女，抚养费都不愿意掏；有的就说非要子女不可，离不开自己，而她当初出走的时候，不也照样离开了吗？现在说离不开，肯定是晚了，对不尽抚养义务的，就不能再拥有抚养权了。但是这要满足两个条件，必须孩子的父亲同意抚养才行。最可怕的是两个人都不要孩子，这也是最让我惊诧和气愤的事情，别不信，真的有。

第三种情况是因为其他原因，子女确无法随母亲生活的。这里的其他原因包括母亲被判刑等。也有那种母亲有暴力倾向，一旦父亲拿出相关母亲打孩子的证据，或者因实施暴力而受到处罚的证明，都与抚养权无缘。

之所以有相应的原则性规定及这些变通规定，都是一个宗旨，从有利于子女身心健康出发，从保障子女合法权利出发，结合父母双方的抚养能力和抚养条件等具体情况妥善解决子女抚养问题，这才是根本。

六、遵从8岁以上孩子意愿

离婚父母在孩子抚养归属问题上争论不休可以理解,他们各自提出的理由也不无道理,总比那些在法庭上当着孩子的面互相推脱责任的父母强百倍。大家别以为到法庭上都抢孩子,那些想方设法不要孩子的父母不但存在,还占有一定比例,每当遇到这样的当事人,开完庭后我都会气愤不已,尤其是那些当着孩子面就说自己养不了的！一旦在离婚诉讼期间,双方均拒绝抚养子女的,法院可先行裁定暂由一方抚养。

8岁小孩拥有选择权

谁都不可否认,现在孩子的认知能力比二三十年前大大提高,不知是和我们这个日益多元化的信息社会有关还是和优生优育有关,反正有专家考证,2岁孩子就已经能正确表达意愿了。

根据1993年最高人民法院出台的关于子女抚养问题的意见,把界限划在了10周岁,这么多年也没有变更,这个年龄也许更有其合理性。而《民法典》第1084条第3款规定,子女已满8周岁的,应当尊重其真实意愿。这就将先前的10周岁降至8周岁,这和时代发展,未成年智力提升较快,专家认为已满8周岁就可以有一定的自主意识和认知能力,在由谁抚养上可以明确表达自己真实意愿了。这与联合国《儿童权利公约》以及未成年人保护法规定的精神是一致的,也是将尊重未成年人的真实意愿作为监护人履行监护职责的基本原则之一。

法院在审理此类案件中,也应严格适用该规定,切实保障8周岁以上的子女独立发表自己的意见,维护好未成年人的利益。所以,奉劝还在大战不休的父母,离婚时不妨听听孩子自己的意见,不要太主观、太独行。

小小的父母在离婚过程中还是相当冷静的,但是就不能提到孩子,好像非要在小小跟谁生活的问题上争个你死我活,小小的父亲找来同事证明他对小小有多关爱,能按时接送,可以给8岁的小小创造了良好的生活环境。

小小的母亲找来一大堆小小在学校中的各种奖状，证明自己辅导小小学习有功。我问他们："你们问过小小本人的意见吗？"两个人都摇头，他们解释孩子太小，没有正常分辨能力，让孩子决定无异于是"胡闹"。

为了让他们知道有这样的法律规定，我特地从办公室找出了相关规定，我以为他们认真看过后，态度会有所改变，可小小的爸爸说："这怎么能让孩子决定呢？他懂得什么？大人几块糖就能拉拢他们，他知道升学、就业是怎么一回事吗？"小小的妈妈说："还是我们俩商量吧，小小的决定未必就是正确的。"

这哪里是商量，分明是一轮激烈的争吵，陈芝麻烂谷子的事情全搬出来了，我打断他们，严肃地说："因为有这样的规定，在你们无法协商时，我要听听孩子的意见！"小小的父母看也吵不出个结果，就把争议推给了法院。

周五的下午，小小和父母一起来法院了，小小戴着个小黄帽，怯生生地向我问候："阿姨好！"我知道他被这个陌生的环境吓着了，在我示意小小的父母在外等候后，我试图让小小放松："你们下午不上课了？""嗯，周五下午没有课。""你上几年级呀？""四年级了。""功课怎么样？""还行。"……

短暂地谈了无关紧要的话题后，我尝试着进入主题："你爸爸妈妈平时关系好吗？""不好！""为什么不好？""不知道，反正老是吵架。""都因为什么吵啊？""有时是因为我学习，有时是因为妈妈不让我上奶奶家，有时……我也不知道。""那你知道离婚是怎么回事吗？"我真不愿意问这样的问题，但我相信他的承受能力。果然，小小明白地点点头："知道，我们同学爸妈就有离婚的。""你父母问过你如果离婚，你愿意跟谁吗？"小小像个小男子汉一样坚强："没问过，但我想和妈妈在一起！"

我还想知道为什么，万一这里面有糖衣炮弹呢。"和阿姨说说为什么？你爸爸也争着要你呢，你怎么不和爸爸在一起呢？"小小丝毫没有犹豫："妈妈管我的学习管得多，爸爸只会让我好好学，但没有给我辅导过功课，我觉得我妈妈能在学习上帮助我，而且爸爸工作忙，总出差，我怕他给我送奶奶那儿，我不愿意回奶奶家，我想妈妈。"小孩子不会说谎，懂事的小小把前因后果说得都很明确，还是一个爱学习的孩子，怪不得爸爸妈妈会为他吵得这样凶。

我安慰他:“现在你还小,大人的事情你可能不太懂。爸爸妈妈离婚就是不住在一起了,但他们依旧是你的父母,依旧爱你,你可得听他们的话,长大了还得孝敬他们。千万不能因为离婚的事怨恨他们,也不能因为这个事情耽误了你的学习,小小是个懂事的孩子,对吗?”我以为小小会流眼泪,但是我低估他的控制力了,他很认真、很认真地在询问笔录上签上自己的名字,冲我点点头:“阿姨,我能走了吗?”“你在外面坐一会儿,把你爸爸妈妈叫进来。”我愿意看到这样的孩子,心思不是很重。

我向小小的父母宣读了刚才的笔录,小小的爸爸良久没有开口,也许是在做检讨吧。我问他:“你们还能商量吗?能把小小交给他妈吗?”小小爸说:“不行,我还是坚持我的意见,我来抚养。”我说:“小小的意见是我们判决的第一个参照性意见,我们还会综合你们提交的证据来最后判定,你们回去要做的工作是安抚一下孩子的情绪,不能让他操你们大人的心,别让他有太大的思想压力!”怎么到这时候了,大人们还不能妥协,和孩子好好讲道理不好吗?

小小再次进法庭和我道别,我依稀看到他眼中的泪光,自己在外面坐着时一定想了不少的事情,但愿他能尽快摆脱父母离异的阴影,我相信他一定能,因为他的父母是这么地爱他。

我把小小判给了他的母亲,事后,他母亲还打来了电话,我没想到小小也在电话的那端:“谢谢法官阿姨让我和我妈在一起!”我仿佛看到电话那端小小的笑容,无论这句话是他妈妈教他的,还是他自己想说的,我能肯定的是,阴云已经从他头顶飘过了。

别让孩子为难

像小小这么知道自己意愿的孩子还能占到一半的比例,可另一半就不是这么简单了,我的意见是,在孩子和谁生活这件事情上,做父母的还是要多协商,协商好了孩子就不会受这份罪了。

法庭这个地方气氛庄严,大人都有打战的时候,更别说几岁或者十几岁的孩子。如果不是有法律规定,我总认为让孩子到法庭来讲清楚这件事,对未成年的孩子来说是一件挺残忍的事情。本来父母离婚这件事就够他们难受的了,还要在他们中间做选择,就更让他们幼小的心灵受到伤害了。

有的孩子来法院时,是哭着进来哭着出去的,让他表态很困难,他也不愿意说,有的是压根不想让父母离婚,有的是无从选择,有的是左右为难,因为爸爸妈妈就在门外,说跟哪个都要得罪另一方。

有的父母也给孩子施压,提前做孩子的工作:"你到法院去,你如果不说跟我,以后你就别想见到我,你就等着你爸(妈)找后妈(爸)收拾你吧!"这样的话,孩子能不害怕吗?有的不是用语言,而是用物质来刺激,许下很多诺言,不太成熟的孩子肯定抵挡不住这样的诱惑,他很难真实表达他的意愿。

有不为难孩子的方法吗?其实,大人商量不好没关系,孩子也不用到法院来,让孩子自己写一个书面的表述就可以,当然,这需要给孩子一个完全没有压力的时间和空间,这样才能正确选择,也就不必来法院受这样的刺激了,你能担保这趟折腾不会给他留下阴影吗?可是有的父母,就是对这个书面的东西也不放心,非要认为是一方威逼利诱写出的,也许个别人是这样,但你就真的忍心看着他到法院来问话吗?

有的孩子心眼多,在法庭陈述完毕后,就会从实招来:"这些都是我妈妈教我的,但是我实际上愿意和爸爸一起生活,您可千万别把我判给我妈,也别让我妈知道是我说的。"对这些孩子,我只有给他吃宽心丸:"放心吧,阿姨一定考虑你的意见。"这个过程,我也要如实和他父母讲,不希望父母再去为难孩子,而99%我也会根据孩子的意愿去判决,因为他们把全部的希望都寄托在我这里,我不能让他们失望。

离18岁没几年

与其在法庭上争个鱼死网破,不如心平气和地去谈一谈。都知道抚养、教育孩子是大事,抛开离婚的恩怨,肯为孩子的利益坐下来谈才是真正对孩子负责任,那种兴师动众地带着爷爷奶奶来法院要孩子的方式不可取,多听听孩子的意见是对他们的尊重,这才有利于他们的成长。

最可怕的是拿孩子做筹码，以孩子做要挟，什么如果离婚就得给孩子、什么要孩子就别要房子、什么不给抚养费就别看孩子、什么非要离婚就别想再见着孩子等都是下下策，孩子在你的眼中成为一种工具，可以任由你来摆布，这种父母还真不配当父母。

我见过有的当事人，为了多要一间房子，千方百计拿孩子说事，动不动就把孩子抬出来，其实，你就是不争，财产的分配也是要照顾抚养子女一方的，法官照样判给你。但是那种养孩子为假多分财产为真的人就太可恨了，他这辈子也就只能守着“财”生活了，那孩子该多可怜。

我想说的是，在抚养孩子这个问题上，双方都有义务，无非就是离婚后孩子随哪方生活的问题，从离婚到把子女抚养到 18 岁，也就是几年的时间，为了这几年就不能忍，非要争，细想想是没有什么意思的。孩子无论走到哪里都是自己的孩子，长到多大都会来认你这个父母，你怕什么呢？既然你的离婚已经给孩子造成了伤害，那么让孩子安安稳稳地过上几年学习生活不好吗？

七、非婚生子女权利保护

结婚生子对大多数人来说是件顺其自然是事情，你能想象得到，有一天你会觉得自己抚养几年的孩子可能不是你的吗？在离婚案件中就有当事人为自己的孩子是不是亲生而纠结。起初，对这样的事情我也不能理解，可当鉴定意见真真切切摆在我面前时，我还不得不相信竟然真的有这样的事情发生，而且还不止一两件，由此可见，婚姻生活真是一个万花筒，各种不可能均能变成有可能。

非婚生子女的抚养权归属

原告席上的许先生一脸憨厚，给人文质彬彬、老实本分的感觉，而被告席上的戴女士一头齐耳短发，戴着一副黑框眼镜，同样是朴实而安静。我不明白这对挺般配的夫妻为什么要离婚，按说他们已经有了个 5 岁的儿子，许先生在国家机关工作,戴女士是一家科研机构的职员,他们日子应该是恬淡而安逸的,能起什么波澜呢?

许先生开始了他的陈述。他俩是经人介绍相识,有着同样的性格和同样的兴趣爱好,起初戴女士并不是很同意和许先生交往,但也没有说明什么理由。经过介绍人一再做工作,戴女士看到许先生是北京人,他的父母也都是厚道之人,也就渐渐和许先生走动起来。按许先生的话讲是自己追求了一阵子戴女士才同意的。

而戴女士的同意也仅仅是成为男女朋友,并没有尽快结婚的意愿。许先生的家人一再催促两人成家,戴女士却总也不点头。许先生喜欢戴女士文静而温柔的性格,他认定这就是自己要娶的人,就不再催促,而是选择默默等待。

在等待的2年里,许先生隐隐觉得戴女士似乎有什么事情瞒着自己。因为戴女士行踪不定,常常关机或者干脆不接电话,事后也不做什么解释,顶多告诉自己她是在加班忙科研项目。因为行业的不同,许先生也不知道戴女士忙些什么。除此之外,戴女士的情绪也不是很稳定,高兴的时候会主动约许先生,连续几天都见面。情绪不高的时候,任凭许先生怎么约她,她也不赴约,两个人有时1个月也不见得见上一面。可越是这样神秘,许先生就越发认为戴女士有味道,不是一般的普通女性,许先生越是要挑战自己,非要把戴女士搞定。

许先生对这种不太正常的现象并没有怨言,在单位分房后,他就自己张罗起装修了,本想征求戴女士的意见,可戴女士对这件事并不太感兴趣,许先生说什么意见她都说:“行,不用考虑我,你满意就行。”许先生并不认为这是戴女士在推托什么,反而认为戴女士随和体贴,处处能为自己着想,这个媳妇找对了。

眼看两个人交往就要快3年了,新房也有了,所有的家具、家电也配齐了,就差入洞房了。许先生开始借助介绍人、朋友的力量对戴女士轮番轰炸,说服戴女士尽快结婚。戴女士最后终于同意和许先生登记了,但提出了一个要求,那就是不要大操大办,简简单单就行。这么一个小要求,许先生当然同意,这样又能省钱,两个人也都不是外向性格的人,这种场合还不适应呢，不办最好。

结婚后，戴女士的工作依然忙碌，有时加班到很晚，许先生心疼媳妇，既然单位有宿舍，离家又不是很近，实在太晚了就让戴女士住单位宿舍。两个人相敬如宾，和别的新人没有两样，许先生很是满足这样的生活。

没过多久，戴女士怀孕了，许先生一家人都像过年一样欣喜，更是把戴女士奉为女皇般伺候着，婆婆更是提早就给他们请了个保姆，一切家务活都不用戴女士动手，戴女士也不负众望，10 个月之后产下个男孩。这样一来，戴女士的地位不但更高，孩子都不用她带。爷爷奶奶加上孩子爸就足够了，许先生感到纳闷的是，自己的老婆并没有表现得多高兴，对孩子也是不冷不热，莫非得了产后抑郁症？

大家的注意力没有放在戴女士身上，完全投入到天伦之乐中。对孩子的照料显然是许先生比戴女士多，无论是上公园玩还是去幼儿园，全部由许先生一手操办。戴女士的情绪似乎也好了不少，对许先生和孩子也比以前体贴了，一家人其乐融融。

孩子 5 岁时的一天，许先生一个人带着孩子到公园玩耍，孩子是坐了滑梯再坐游船，玩得不亦乐乎，天有些擦黑时，许先生拉着他想回家，这时发现许多人围着一辆献血流动车，许先生好奇地上前，原来献血的工作人员正在免费为游客验血型。因为许先生知道自己是 B 型血，而妻子是 A 型血，那孩子是什么血型还真不知道。这不正是个机会吗？他拉上孩子就验了个指血，拿到的结果是孩子是 O 型血。一丝不祥之兆闪了出来，但他很快镇静了，这样一个流动车，又是免费的，准确率能有多高呢？

回到家，这个疑虑一直在自己的脑海中挥之不去，他也不敢和自己的妻子对质，他怕自己知道真相，只有两种情况，一种是孩子不是他们夫妻的，在医院时抱错了；另一种是孩子不是自己亲生，是妻子和其他人的孩子。许先生为此茶不思、饭不想，与其这么折磨自己，不如去一家正规医院再验一次。

许先生带着孩子来到一家三甲医院验了血型，孩子的血型依旧是 O 型，他反复咨询医生，医生肯定地告诉他，如果夫妻不是同一种血型或没有一方是 O 型血的，孩子不可能是 O 型血。许先生听了犹如晴天霹雳，他不知道怎么回的家。看着给予这么多关爱的孩子，他越看越觉得哪儿也不像自己，敢情自己替别人养了5年。

前思后想之后,许先生决定和妻子好好谈谈,但是妻子不做任何表态,问什么都不说,双方开始了冷战,许先生对孩子也不像从前了,他觉得是双方分手的时候了。为了搞清真相,也为了自己不再白养一个孩子,许先生把戴女士起诉了。

我像听故事一样听完了许先生的陈述,我把目光转向戴女士,想寻求答案,戴女士坚称孩子就是双方的,而且自己也不同意离婚,许先生的离婚理由不成立。为了让双方心服口服,只能启动亲子鉴定程序。

真相大白的方法

任何有医学常识的人都知道,经过DNA的检测,可以就血缘关系得出可靠的鉴定意见。这就是科学进步的结果,可不比从前医学落后的情况。我曾经见到20世纪50年代的一个离婚案例,那个时候的血缘关系鉴定是依靠对当事人的询问以及子女及家长的照片比对,也就是说要对五官的构造进行比对,进而得出结论。我想象可能和相面差不多,现在看来有些可笑,在当时的医疗条件下却是一个不是办法的办法。

经过漫长的3个月的等待,终于到了出结果的那天,我也和许先生一样,希望那两次验血结果有误,不愿看到这个家庭因此破裂。当事人的心里比我更着急,结果一出,双方都迫不及待地来我这里查结论。

结论并不如愿,孩子和母亲的比对比例极高,而和许先生一点关系都没有。显然孩子是戴女士和他人所生。许先生在法庭上难以接受这样的结果,高声质问戴女士为什么会这样?戴女士还是一言不发,为了缓解矛盾,我让许先生出庭冷静冷静,单独和戴女士谈了起来。

戴女士已经是满面泪痕,她首先要求与我的谈话对许先生保密。我答应了她。她说自己在和许先生交往之前就恋上了单位一个有妇之夫,对方向她承诺会离婚。但是一等就是好几年,和许先生谈恋爱也是对那个人的一种报复。谁知,对方反而鼓励自己与他人交往,她并没有达到报复的目的。

也就是在与许先生若即若离的那两年,戴女士一直对这个有妇之夫抱有一丝幻想。可苦苦等待的结果是,对方的妻子怀孕了,看不到任何希望的戴女士禁不住许先生的催促,最终选择了嫁人。

戴女士嫁人了,可有妇之夫依旧和她纠缠到一起,这也就是戴女士总以加班为借口不回家的原因。两个人在办公室里就发生了关系。直到戴女士怀孕,她自己也搞不清楚这个孩子到底是谁的。

看到许先生和自己的孩子这么有缘,她认定这个孩子就是他们夫妇的,她也不愿意去做鉴定来刺激自己,而且这几年,她越来越觉得许先生是一个值得自己托付终身的人,对许先生的爱恋也是与日俱增,她不想离婚就是因为对许先生有了感情。早知如此,何必当初,绕了这么大的一个弯,自己爱的人反被自己伤害。我只得告诉她:你请求丈夫的谅解吧。

许先生再次进入法庭时,一再追问戴女士,这个孩子的父亲是谁,戴女士一言不发。我见此情境只得劝慰许先生:“戴女士已经知道自己错了,你再追问已经没有意义了。看在你与孩子感情深厚的情况下,能不能原谅她呢?”许先生坚决地摇着头,戴女士也终于开口:“你就原谅我吧,咱们重新开始!”许先生叹口气说:“不可能了,太晚了,我都不知怎么去安慰我的父母,还是离婚好。”

戴女士见许先生不给自己留任何余地,也就同意了离婚。双方达成离婚协议,孩子当然是归戴女士自行抚养,戴女士也主动放弃了财产。这一天,对于他们双方来说应该是永生难忘,戴女士犯的错误真是不可谅解吗?心胸再宽大的男人可能也容不了这样的欺骗和背叛吧。

临走时,许先生说:“其实,我自己很纠结,我多想把这个孩子视同己出,但我又怕养完了人家去找亲爹去,我又算什么呢?”是啊,如果计较太多,不如就此放弃得好。

这是一个典型的案例,也是一个当事人都比较配合的案例,那就是同意去做亲子鉴定,而对于一方拒绝做亲子鉴定的当事人,法院是否就束手无策呢?法院当然有办法,因为根据最高人民法院的司法解释,如果一方当事人到法院起诉要求确认亲子关系不存在,应提交必要证据予以证明,如与子女间的血型报告等,而另一方没有相反证据,但又拒绝做亲子鉴定的,法院可以推定请求确认亲子关系不存在一方的主张成立。

非婚生子女的身份确认

对于非婚生子女的身份确认，在以前是一个难题。也就是说，非婚生子女通过司法途径去找亲生父母时，另一方当事人如果拒绝做亲子鉴定，法院就没有办法来确认这个亲子关系，使非婚生子女的利益无法得到应有的保护。

而最新的民法典婚姻家庭编司法解释把这个难题给解开了，即也可以应用推定手段。一方起诉请求确认亲子关系的，应提供必要的证据予以证明，如出生证明上填写的父母名字、照片、证人证言等，另一方如果没有相反证据且又拒绝做亲子鉴定的，法院就可以推定请求确认亲子关系一方的主张成立。这样一来，非婚生子女一样可以要求父母支付子女抚养费。

我想，无论子女是婚生还是非婚生，是亲生还是非亲生，该尽的义务还是应该尽，别和孩子计较太多，孩子本无辜，算账还是和不负责任的大人去算吧。

温馨提示

1. 亲子关系的确认不是仅能在离婚案件中提出，婚姻关系存续期间也可以向法院提出确认亲子关系不存在的诉讼。

2. 非婚生子女除了可以向亲生父母索要抚养费外，还有和婚生子女同等的继承权。

第四章

离婚中的财产分割

04

《民法典》第一千零四十二条 【婚姻家庭的禁止性规定】禁止包办、买卖婚姻和其他干涉婚姻自由的行为。禁止借婚姻索取财物。

禁止重婚。禁止有配偶者与他人同居。

禁止家庭暴力。禁止家庭成员间的虐待和遗弃。

《民法典》第一千零六十二条 【夫妻共同财产】夫妻在婚姻关系存续期间所得的下列财产，为夫妻的共同财产，归夫妻共同所有：

（一）工资、奖金、劳务报酬；

（二）生产、经营、投资的收益；

（三）知识产权的收益；

（四）继承或者受赠的财产，但是本法第一千零六十三条第三项规定的除外；

（五）其他应当归共同所有的财产。

夫妻对共同财产，有平等的处理权。

《民法典》第一千零六十三条 【夫妻个人财产】下列财产为夫妻一方的个人财产：

（一）一方的婚前财产；

（二）一方因受到人身损害获得的赔偿或者补偿；

（三）遗嘱或者赠与合同中确定只归一方的财产；

（四）一方专用的生活用品；

（五）其他应当归一方的财产。

《民法典》第一千零六十四条 【夫妻共同债务】夫妻双方共同签名或者夫妻一方事后追认等共同意思表示所负的债务，以及夫妻一方在婚姻关系存续期间以个人名义为家庭日常生活需要所负的债务，属于夫妻共同债务。

夫妻一方在婚姻关系存续期间以个人名义超出家庭日常生活需要所负的债务，不属于夫妻共同债务；但是，债权人能够证明该债务用于夫妻共同生活、共同生产经营或者基于夫妻双方共同意思表示的除外。

《民法典》第一千零六十五条 【夫妻约定财产制】男女双方可以约定婚姻关系存续期间所得的财产以及婚前财产归各自所有、共同所有或者部分各自所有、部分共同所有。约定应当采用书面形式。没有约定或者约定不明确的，适用本法第一千零六十二条、第一千零六十三条的规定。

夫妻对婚姻关系存续期间所得的财产以及婚前财产的约定，对双方具有法律约束力。

夫妻对婚姻关系存续期间所得的财产约定归各自所有，夫或者妻一方对外所负的债务，相对人知道该约定的，以夫或者妻一方的个人财产清偿。

《民法典》第一千零六十六条 【婚姻关系存续期间夫妻共同财产的分割】婚姻关系存续期间，有下列情形之一的，夫妻一方可以向人民法院请求分割共同财产：

（一）一方有隐藏、转移、变卖、毁损、挥霍夫妻共同财产或者伪造夫妻共同债务等严重损害夫妻共同财产利益的行为；

（二）一方负有法定扶养义务的人患重大疾病需要医治，另一方不同意支付相关医疗费用。

《民法典》第一千零八十七条 【离婚时夫妻共同财产的处理】离婚时，夫妻的共同财产由双方协议处理；协议不成的，由人民法院根据财产的具体情况，按照照顾子女、女方和无过错方权益的原则判决。

对夫或者妻在家庭土地承包经营中享有的权益等，应当依法予以保护。

《民法典》第一千零八十八条 【离婚经济补偿】夫妻一方因抚育子女、照料老年人、协助另一方工作等负担较多义务的，离婚时有权向另一方请求补偿，另一方应当给予补偿。具体办法由双方协议；协议不成的，由人民法院判决。

《民法典》第一千零八十九条 【离婚时夫妻共同债务清偿】离婚时，夫妻共同债务应当共同偿还。共同财产不足清偿或者财产归各自所有的，由双方协议清偿；协议不成的，由人民法院判决。

《民法典》第一千零九十二条 【一方侵害夫妻共同财产的法律后果】夫妻一方隐藏、转移、变卖、毁损、挥霍夫妻共同财产，或者伪造夫妻共同债务企图侵占另一方财产的，在离婚分割夫妻共同财产时，对该方可以少分或者不分。离婚后，另一方发现有上述行为的，可以向人民法院提起诉讼，请求再次分割夫妻共同财产。

一、离婚共同财产分割

(一)夫妻个人财产

以前,日子穷,离婚的也不多,真离了动静也真叫大。法官都得到家里清点财产去,一一做记录,双方都较真。没办法,不较真就意味着重新置办,可重新置办的钱哪来?物也不好找啊!要不是在家里听我妈唠叨,我还真不能理解。我妈总能给我指出家里的东西,哪个是攒了1年的钱买的,哪个是用单位发的券买的,哪个是排了大半天队买的。

现在,日子不穷了,离婚的却多了,而且动静比以前还大。法官不往家跑了,却要往银行、证券公司、房地产部门跑,双方还在较真。没办法,谁叫钱多了呢,少跑一个地方,也许就损失十几万元呢!

所以我说,摆在明面上的东西好分,冰箱、电视、洗衣机,给谁不给谁都没有太多人在乎了,一个月工资就能买个大件。

个人财产范围

前面我说过,简单来讲,个人和夫妻共同财产的划分就是以结婚日期为准,结婚登记日期前买的就是个人财产,结婚登记日期后买的就是共同财产。那证据呢?以购买物品票据上的日期为准。

但是,很少有人过日子过得这么细。结婚三五年的还好说,票据兴许还在。可是结婚十几年的,你让他上哪儿去找票据?话也不能说得这么绝对,还就是有这样的当事人,把所有的票据都保留着,一一记载,像个档案一样整齐地留存。人家就有这样的优点,有忧患意识,就知道日后可能会用得着,但他肯定没想到会成为法庭上的证据。

光从证据上讲，以日期为准，也存在一个问题，有的票据上并没有写客户名，这可怎么办？没办法，一般是谁持有发票，谁就是财产的所有人，除非你能证明这个钱是从你的银行卡里划走的。所以，以后还是多留一个心眼，买东西就要票据，票据上还得把客户名写清楚，否则明明是你买的东西，但发票放在对方手里，可就说不清了，只能算人家的了。如果双方都不能证明这个财产是个人财产的话，那法官只能推定为共同财产。

除了一方婚前财产系个人财产外，法律还规定婚后财产中有几种情况是作为一方个人财产认定的，其中包括“一方因受到人身损害获得的赔偿或补偿”，也就是说，如果在婚姻关系存续期间一方遇车祸或被他人致伤而获得的医疗费，那就专由个人享有。但需要注意的是，只有医疗费这一项，其余的因伤取得的误工费、精神损失费、护理费、误工费等是不算作在内的。

还有一种是“遗嘱或赠与合同中确定只归夫或妻一方的财产”，后面章节具体论述，这和以前有所区别，不是所有在婚姻存续期间继承或受赠的财产都为夫妻共同财产了，只有明确为一方所得的，才是个人财产。

“一方专用的生活用品”也为个人财产，比如个人因工作所用的书籍、因伤残使用的残疾人车辆、化妆品等就不宜按共同财产划分。你还别不相信，有的化妆品价值是不菲的，男性当事人也要求分呢，我问他为什么，他说分了可以给他妈妈用，就是不能让对方落便宜。唉！这样的男人，该离就离吧。

夫妻个人财产划分

我见到小梅时已经想象不出她曾经的风光，面前的她略丰满的身材，凌乱的头发，以及满脸的疲惫。她几乎带着哭腔开始向我诉说她的过往。

小梅与前夫都是清华大学毕业的，毕业后夫妻创业进军中关村电子市场，没几年就火得一塌糊涂，光是房产两个人名下就不下 30 套，正当苦尽甘来享受胜利成果的时候，电视剧一样的戏码来了，前夫出轨了，对方当然比自己年轻漂亮。小梅头脑很清醒，在分得 13 套房产和一多半的存款后，痛快地离了婚。小梅认为,自己有了钱和积累的生意经,离了婚照样可以继续打造自己的电子产品帝国。

现实却比想象的要残酷,随着中关村电子市场纷纷倒闭,自己的财富不但没有积累,反而日渐减少,而自己的前夫呢,正和小娇妻过着和和美美的小日子,还添了一个小女儿。小梅心情低到谷底,甚至到了天天买醉的地步。

这天,小梅到一家4S店去购车,销售小伙让她眼前一亮,不但年轻有朝气,还英俊潇洒,仪表堂堂,左一个姐右一个姐叫着,嘴也很甜。小梅一下子就被吸引了,再一细聊,竟然还是自己的老乡。一来二去,小梅车也买了,还顺带交了个小男友,带出去可有面子了。小伙子叫小青,一点也不嫌弃比他大9岁的小梅。小梅有了结婚的念头,小梅的闺蜜都反对,这不就是冲着你的钱来的吗?小梅却早已被爱情冲昏了头脑:我没告诉他我多有钱啊?闺蜜说:“你都开百万豪车,还能装穷人吗?”

抵不住小青的甜言蜜语,小梅还是准备和他结婚,更重要的是和前夫较劲:我也能找年轻英俊的!在闺蜜的再三劝说下,小梅和小青签署了婚前财产协议,特意提出来那13套房产和小青无关,完全是小梅的个人财产。

婚后的几年还是平静的,小梅想要个孩子,一直没有成功,最后领养了一个。两个人共同开店,又是餐饮,又是歌厅,还开办了几个幼儿园,钱又慢慢多了起来,一时间,小青在老家竟然也成了首富。

没有熬过七年之痒,男人有钱就变坏的魔咒又一次降临了,小青出轨了。小梅还是之前的作风,离了谁都可以过。本来两个人可以坐下来慢慢分财产,谁知小青胃口太大,惦记上了那13套房。

两个人婚后没少置办房产,北京的别墅2套,楼房3套,外地别墅1套,平房4套,楼房3套,再加上幼儿园、餐馆等,谁按一半分,都不吃亏。偏偏小青就提出来,那13套房的贷款是婚后还的,应该将贷款作为夫妻共同财产分割。

两个人从一审打到二审,这堆财产一会儿这么判,一会儿那么判,把小梅也激怒了,她愤怒地说:“我们婚前协议签得很清楚,这些都是我婚前个人财产,和他没有关系?没有我,他不就是一个卖车的吗?还想当什么首富啊?”我听了也只能暗自苦笑,当初你不就是看上人家这个小鲜肉了吗?

笑归笑,案子还得认真办。我查阅了原来一审、二审卷宗,捋清楚了这13套房产还贷情况,就是用了小梅的婚前存款和婚后收的房租还的贷款,并没有用婚后夫妻共同存款偿还,而且在婚后2年之内就还完了贷款,这时候小青还没当上老家的首富呢。

查清了13套房屋和小青没有什么关系后,案子发回重审了。小梅在感谢之余也松了口气,毕竟只是重审,也没有最后的尘埃落定,等待她的还是官司。婚姻不是攀比,不是赌气,更不是交易,我担心的是,她还能相信爱情、婚姻吗?这回答案无解。

(二)夫妻共同财产

夫妻共同财产从性质上说属于共同共有。夫妻在婚姻关系存续期间,无论各自收入的数量多少,也无论其中一方有无收入,夫妻作为共同生活的伴侣,对共同财产享有平等的所有权。处分权是所有权的最高表现,如果没有平等的处分权,平等的所有权就是一句空话。所谓平等的处分权是指夫妻在处分共同财产时,应当平等协商,取得一致意见,任何一方不得违背他方的意志,擅自处理。在共同共有关系存续期间,部分共有人擅自处分共有财产的,一般认定无效。

共同财产种类

除了个人财产外不都是共同财产吗?真的是这样吗?共同财产有以下几个常见的种类。

其一,工资和奖金。这是一般家庭普遍的经济来源。虽然这是共同财产的一种,但是具体家里的财产并不是工资和奖金单纯地累加。有的当事人,到了法庭就给我算,对方每月收入多少,结婚一共多少年,对方手里最少有多少存款等。其实,这就是当事人存在的误区了,法院要的是证据,而不是就事实进行推断,凭想象得出的结论是不会被法院采用的。法院可以分割的东西是确实存在的财产，比如存款。

其二，生产、经营的收益。这是对个体户或公司股东等而言的，在婚姻关系存续期间所得的财产，当然要算为夫妻共同财产。有些当事人对此不理解，认为这是我自己辛苦挣来的钱，理应归我个人所有，对方凭什么来分。这个时候，我只有告诉他，古时候就说，嫁汉嫁汉穿衣吃饭，对方就是一分钱不挣，你也有养着人家的义务，你就是挣一分钱，对方也有权利分割。

其三，知识产权的收益。这是指婚姻关系存续期间，实际取得或者已经明确可以取得的财产性收益。例如，书籍虽已经出版，但还没有稿酬，如作者已经和出版社签合同，根据该合同可以计算出具体的稿酬，那就可以为共同财产加以分割，实在计算不出来的，可以在离婚后实际给付稿酬时另行起诉。

其四，继承或赠与所得的财产。如果没有特殊说明是属于一方继承或赠与的财产所得，就应当按照共同财产进行分割。生活中，我也常见到因为不想让对方在离婚时分得遗产，而放弃继承的。这也许是和其他继承人达成了某种默契，但是别忘了，这也有风险。因为放弃继承很容易，写个字据就行，但是你要想要回来，还要看看其他继承人答应不答应，在利益面前，你涮别人一道，难保别人不涮你一道。

其五，夫妻一方个人财产在婚后产生的收益，除孳息和自然增值外，应认定为夫妻共同财产。怎么理解呢？打个比方，如果一方婚前有存款，婚后产生的利息就不应是共同财产，还是个人财产。如果一方婚前有住房，婚后住房有增值，增值部分也不应是夫妻共同财产。但如果一方婚前财产在婚后用于经营等活动，该收益就应认定为夫妻共同财产。

其六，其他应归夫妻共同财产的包括：(1)一方以个人财产投资取得的收益；(2)男女双方实际取得或者应当取得的住房补贴、住房公积金；(3)男女双方实际取得或者应当取得的养老保险金、破产安置补偿费。这些都是有法律上明文规定的。

分割原则

婚前个人财产归各自所有，在婚姻关系存续期间，夫妻对共同所有的财产,有平等的处理权。也说明离婚的时候,也是以平均分割作为原则,财产基本上是对半分。需要注意的是要根据财产的具体情况,以照顾子女和女方权益为原则。这是就夫妻之间没有进行财产约定或没有协商达成一致而言的。

财产约定,是指夫妻可以约定婚姻关系存续期间所得的财产以及婚前财产归各自所有、共同所有或部分各自所有、部分共同所有。约定应当采用书面形式。这就说明了婚前财产公证的重要性。在婚前或婚后就财产进行明确约定,用以确定家庭财产中何为个人财产何为共同财产,这样就避免了日后在离婚时的财产纠纷。

夫妻对婚姻关系存续期间所得的财产以及婚前财产的约定,对双方具有约束力。因此,没有做公证的约定只要是当事人真实意思表示,就是有效协议。也不是非要去花一笔公证费。这个协议写不写却是一个难题,虽然在国外很流行,但是在国内却不多,大家普遍认为签了协议就意味着随时做好离婚的准备,怕对方惦记自己的财产。但是真爱不是靠签几个字来衡量的,为了今后少些麻烦,有一个协议又何妨?可喜的是,这种婚前或婚后签协议的情况越来越多了,尤其在再婚人士当中。

如果在离婚时,双方就财产的分割达成一致,该协议也是有效协议。在离婚后 1 年内对财产分割协议有反悔的,也可以到法院要求变更或撤销财产分割协议,法院对此进行审查,但是如未发现订立财产分割协议时存在欺诈、胁迫等情形的,法院应当依法驳回当事人的诉讼请求。

照顾子女和女方权益是财产分割重要原则之一,照顾程度也是具体情况具体分析,但是比例不会太大,还是以平均分割为基础,那种要求抚养子女而分割财产的人是不会得到太多好处的。

另外,对于汽车等大件商品,双方当事人可统一一个估算价值,按财产价值进行分割,一方分得车辆的,可用其他财产做折抵或给付相应折价款。如双方达不成一致意见,可申请价格评估部门作价,以作出的价格进行参照。

家务劳动补偿权

《民法典》第1088条规定夫妻一方因抚育子女、照料老年人、协助另一方工作等负担较多义务的,离婚时有权向另一方请求补偿,另一方应当给予补偿。具体办法由双方协议;协议不成的,由人民法院判决。这是《民法典》婚姻家庭编的新增内容,也就是明确对"家务劳动"价值的确认,对承担较多家务劳动的一方在离婚时享有经济补偿权。该规定实质上是对家务劳动价值的认可,使经济地位较弱而承担较多家务劳动的一方(大多为女性)在离婚时享有经济上的补偿。该规定是遵循权利和义务对等的原则作出的,只有在一方为婚姻家庭尽了较多义务,如抚养子女、照顾老人、协助另一方工作的情况下,才可向对方请求补偿。

我的当事人就有这种情况。婚后男方去国外读书,女方在家里照顾老人、家庭,男方学成后要求离婚,那么对于女方付出较多义务的,她就有权在离婚时要求对方给付补偿。如果没有女方的后方支持,男方很难安心完成学业,且男方学有所成后,他在社会中的价值、地位肯定会有所提升,也会得到高额回报。而女方为此作出了牺牲,离婚时如果得不到相应补偿,心里也会不平衡,事实上也确实导致双方的不对等。具体补偿数额应是多少,还要依案件具体情况而定,综合考虑女方付出程度及男方支付能力。

股票分割方式

股票的分割有两种方式,一种是直接按诉讼期间股票的市价进行折算,分得股票一方给另一方折价款;另一种就是把股票类型、数量直接按比例进行分割。

老马和老陈的离婚颇为曲折。这已经是老马第二次起诉要求离婚了,第一次离婚时,老陈不同意,她认为老马是外面有人才要离的,只要老马不和单位的那个会计搞在一起,他肯定能回家。法院判决驳回老马的离婚请求后,刚过半年,老马和老陈又坐在我面前,老陈明显比以前苍老了,这半年的变化真大。

老陈说，她这半年来所做的一切努力都是徒劳，老马根本不回家。老马心脏不好，住院都没告诉老陈，老陈还是从女儿嘴里得到的消息。谁知老陈辛辛苦苦给老马煲了汤送医院时，看到老马的身边就坐着女会计。老陈这回心彻底凉了。

老陈说老马是铁定要离婚，离没关系，但要把钱说清楚，老马是炒股高手，老马炒股有年头了。最近又是股票大涨，老马有股票值多少钱，她自己也说不清。我问老马，老马不吱声，只承认自己以前炒股是事实。

庭后，老陈的律师就向我提出了股票调查申请。老陈也不知道具体老马在哪里开的资金账户。对存款查询，不知道账户的，提供身份证号也可以，可股票账户也如此吗？这个问题我还是第一次遇到。

为此，我询问了法院旁边的证券交易所，他们告知我，中国证券上海结算公司或者深圳结算公司可以调查出股票交易明细。我试着委托当地法院进行查询，果然在上海结算中心查到股票交易记录和具体开户证券公司的账户。

拿着某证券公司的账号，我又到证券公司查询了资金账户余额和股票具体名称、数量及查询时间点的市值情况。看着厚厚一沓交易明细，我是无从下手。好在我的书记员对此略知一二，帮助我整整算了一个下午，才把账算明白。

原来，老马开户时资金只有 5 万元，通过陆陆续续地炒作，资金增到了 60 万元，上次离婚后，老马转走了账户里的 50 万元，现在包括股票市值和资金账户里的余额总共剩下的还是 5 万元。

老马以为他自己把一切都做得天衣无缝，以为法院即使查到，也只能查到这 5 万元。谁知道，我们用了将近 3 个月的时间调查出一个清清楚楚的账目来。当我问到他 50 万元到哪里去时，他都有些惊诧。最后，不得不承认 50 万元被他取出后借给他人了。

根据老马的行为，我们也无法认定他有藏匿、转移财产行为，因为他是在婚姻关系存续期间处理的这些事情，而不是在离婚诉讼期间处理的。我们对老马只能是采取批评教育，告知其要对法庭如实陈述事实。

老陈通过判决得到了包括股票折价款在内的 30 万元，双方也没有继续上诉,老陈还给我送来了锦旗,那面锦旗是我见到最漂亮的一面。锦旗上的字迹还带着金粉。一向不好此行为的我破天荒地将这面锦旗保留了下来,因为它的美丽,也因为老陈临走时的那句话:“人都走了,我要钱有什么用?但是留给小会计我更不甘心,我不如用它做点善事。”如果老陈真能拿这笔钱去做善事,我也没有白忙活了,老陈的形象似乎也变得高大了。

股票分割还有一个现象,在股市行情好的时候,双方都要求直接分割股票,而不折钱;行情不好时,就都要求折钱而不要股票。

债券和存款都要平均分

债券的种类也不少,有银行发行的金融债券包括国库券等。分割的方式和股票一样,既可以选择分债券也可以选择折现后分割,这里还有一个预期收益问题。最好是双方协商,协商不成再由法院分配,同时向法院讲明你的意见,是要债券还是要折钱。如果不明确意见,有时判下来的内容未必能达到你的预期。我就常和当事人讲,在财产问题上,一定要讲得越细越好。你不说清你想要什么,法官也就不知道该分你什么,好比你想要彩电,就因为少说一句话,法院分给你个冰箱。当然,也不是你想要什么就能分到什么,在价值相当的情况下,我想大多数法官肯定能满足你的要求。

存款同样是家庭财产的重要组成。在没有实行实名制时,对账户查询的要求是很高的。法官到银行查询,银行需要你提交的是银行的账号、户名等信息,这就使很多当事人的权益得不到保证。有的当事人连对方在哪个银行存款都不知道,你让他提供账号就更难了。

银行实名存款制度推行后,查询存款看似方便了,但也要提醒当事人要在平时生活中多加留意,记不住银行账户,起码要记住是哪家银行。否则你让法官在多家银行中查询是件困难的事情,法官也未必能查全面。

向法院提出银行存款查询时,一定要求法官向银行索要存款账户的明细,这样才能查明存款去向,仅是查询余额无法达到查询目的,不能指望一个对离婚蓄谋已久的人会踏踏实实等你去分财产,提早准备的占大多数。

这样看来,既然能查询到账户明细,那些费尽心机去转移存款的人也得不到什么好处，即使你转移走了存款，也能证明你们曾经有这些共同财产，如果你不能清楚地说明存款去向，该分的存款照分不误。我的一个女当事人就办过这样的事情，在半年内她的存款十几万元都被她花费了，她说去旅游，但没有旅游费用单据；她又说去美容，也没有任何证据。最后她连一些存车票都找来了，2 元钱一张，号都连着，也难为她了，可这也凑不到十几万元呀。到头来，还是得乖乖给对方拿钱。

保险也要去调查

保险已经成为人们生活的一部分，在离婚时也不要忘记分割这部分财产，保险部分也是比较复杂的。对于财产保险，为了不破坏保险目的，一般和具体投保的财产一并分割，其保险费可作为共同财产让取得财产的一方折价补偿给另一方。

处理人身保险时，可以采用两种方式。一种是解除合同，把保险公司退还的费用按共同财产加以分割。另一种是谁受益谁将已交纳保险费折价给付另一方。法律上仅认定离婚时保险合同中保险费为共同财产，而其预期受益的保险金不作为共同财产予以分配。

处理养老保险金时，如果离婚时一方还没有退休，不符合养老金领取条件的，法院对另一方要求按夫妻共同财产分割养老保险金的请求是不予支持的；对于婚后以夫妻共同财产缴付养老保险费的，离婚时一方主张将养老保险金账户中个人实际缴付部分及利息作为夫妻共同财产分割的，法院是准许的。

给子女交纳的保险费，我一般不主张解除合同，因为父母对子女有法定抚养义务，双方给子女交纳的保险费，受益人是子女的，该财产部分应为子女的个人财产，并不是夫妻共同财产。受益人是夫妻一方的，带子女的一方，可以将其变更为受益人。这样未成年人的权益才能得到保护。如果双方协议，一定要终止合同的，我一般建议他们在诉讼期间退保，然后按夫妻共同财产分割退保的费用。

以父母为受益人而由夫妻交纳的保险费，我认为在离婚中不能作为夫妻共同财产加以分割，因为这样就违背了指定受益人的本意。而且在离婚判决中,也不能处理在第三人名下的财产。

温馨提示

1. 离婚时,夫或妻在家庭土地承包经营中享有的权益等,应当依法予以保护。

2. 在离婚过程中,无过错方亦可适当多分财产。

3. 公积金证明可让当事人到公积金管理办公室开具公积金账户余额证明,或申请法院调取。

4. 调查申请应写明调查原因、调查内容及线索。

调查申请书样式:

调查申请书

申请人:李小妹,女,33岁,个体工商户,住北京市海淀区×号。联系电话:×××××××。

我与王大毛离婚纠纷一案中,因王大毛有存款,我个人无法调查,为能依法分割夫妻共同财产,我申请法院就王大毛的银行存款进行调查。

调查项目:银行存款

调查内容:×年×月×日到×年×月×日银行存款明细

调查线索:工商银行、建设银行

王大毛身份证号:××××

申请人:李小妹

×年×月×日

5. 不是所有问题都必须申请法院调查,除下列条件,当事人及诉讼代理人也可以申请调查:

(1)申请调查收集的证据属于国家有关部门保存并须人民法院依职权调取的档案材料;

(2)涉及国家秘密、商业秘密、个人隐私的材料;

(3)当事人及其诉讼代理人确因客观原因不能自行收集的其他材料。

6. 当事人及其诉讼代理人申请人民法院调查收集证据,不得迟于举证期限届满前7日。人民法院对当事人及其诉讼代理人的申请不予准许的，应当向当事人或其诉讼代理人送达通知书。当事人及其诉讼代理人可以在收到通知书的次日起3日内向受理申请的人民法院书面申请复议一次。人民法院应当在收到复议申请之日起5日内作出答复。

（三）夫妻约定财产制

所谓夫妻约定财产制，是指法律允许夫妻用协议的方式，对夫妻婚前和婚后财产所有权的归属、管理、使用、收益、处分以及对第三人债务的清偿、离婚时财产的分割等事项作出约定，从而排除夫妻法定财产制适用的制度。有了约定财产制要优先于法定财产制的效力，在约定不明或者约定无效、约定变更时，才适用夫妻法定财产制。

夫妻婚内财产约定有效

坐在我面前的是一个戴着一副眼镜、文文静静的小姑娘，不看之前的诉状，还真看不出她已经是5岁女儿的妈妈，她是作为申诉人要求对财产分割的判决书予以再审的当事人，而被申诉人是她的前夫和公公。她公公，准确地说是前公公低着头坐在对面，不愿意与前儿媳对视、交流，气氛明显尴尬。我等着她前夫的出现，时间一分分过去，法庭里异常安静，空气凝固一般。

已经过了15分钟了，她的前夫依旧没有出现，我开口问她公公："小李怎么还不来?"，他公公摇着头说："法官，他来不了了，前天派出所给他拘留了。"一百个问号出现我的脑海里，疑惑不解间，小姑娘说话了："前天，孩子爸爸来家里看孩子，和我爸爸发生冲突，我爸也被派出所带走，拘留了。"难怪两个当事人互不理睬，估计不是开庭的话，可能早就吵翻天了，这得有多大仇啊。

经了解，小王和小李为两个留京的大学毕业生，经人介绍相识，没多久就要步入婚姻殿堂，小王姑娘是南方人，过日子还算仔细，小李是典型的东北人，一家子都爽快。谁知道，两个人在领证前一天，小李拿来了一份婚前财产协议,小王想本来两人也没有什么财产,婚前财产也都是父母的,这协议签不签也没什么意义,有点多此一举了。小李看出了新娘的犹豫,吞吞吐吐地说:“我爸说婚前协议签了以后说得清,婚后有财产就是咱两个人的了,你就让老人高兴一下,知道我娶个孝顺媳妇就行了。”小王没再多想,就顺手签了这个没有财产的“婚前财产协议”,两个人算是顺利登记结婚了。

由于两个工作没多久的学生,本身没有什么积蓄,小李在 IT 公司工作,工资还算丰厚,小王是公司职员,出差不多,工作也很稳定。两人就租住在一个近郊的房子,天天奔波着,尽管辛苦,但却恩爱,共同筹划着攒够了首付,就按揭买个属于自己的房子。

在举办婚礼前,小李的父亲打听到买了天津武清的房子就可以有天津户口,为了未来的下一代就付了个首付买了套武清房子,这下小两口不用再租房,天天开车进京上班,也不是特别远。买房要贷款,用小王的名义进行公积金贷款是最方便,也最省钱的,可首付是老李交的,这可得说清楚。

老李为难了,这怎么和小李夫妇算清这个账呢?而且自己只有付首付的钱,尾款只能是小两口负担,日后一旦有个三长两短,自己的钱别落到外人那里,看来只有白纸黑字写明白了才行。老李专门找了个法律人士,写好了一份协议,让小李带给小王签下来。

小李把这份协议摆在小王前,小王一下子黑了脸,协议上写:“兹声明小王个人名下所购商品房应为老李个人所有。购置房屋时出于简化办理手续考虑,将不动产登记在小王一人名下。老李已支付首付款 30 万元,剩余房款由小李夫妻共同收入按月承担房贷,还贷期共 30 年,付款金额 60 万元及银行利息。小王承诺,自全部房款付清,且老李还清贷款,随时协助老李办理房屋所有权过户。在过户前,老李享有房屋使用权。”小王想,敢情我们住的房子虽然写我名字但却是人家的,替人家还完贷款,最后还不是自己的房子。这算怎么回事啊?遇到这么能算计的一家人,这婚还结不结了?

小李看出小王不高兴了,就劝解她:你看这不是我父亲也为咱们着想,不用付房租了,房子也写到你名下了,贷款虽然咱们还,可最后我父亲也要把这笔钱给我们呀。我们也没吃亏。小王还是有些生气,小李一家为了儿子结婚只花30万元就罢了,到头来我们负担债务不说,还得还给人家,这算什么事啊?怎么婚后还是提防着自己呢?小王想来想去也不愿意签这个字,两个人虽然登了记,但婚礼还没办,老家的婚礼一切准备妥当,北京的婚礼还是单位的集体婚礼,真是就这么闹掰了两边都不好看。小李百般保证:“只要让我们夫妻住进去,我们不负担任何费用,我们也不用给我父亲过户,我父亲就是要个心安,你看房子不还是写在你名下吗?你不过户谁也没辙。”为了即将参加集体婚礼的颜面,小王不得不在协议上签了名字。

法院未按约定判决的原因

两场婚礼过后,小李夫妻欢欢喜喜地搬进新房,也如期还着房贷。起初,日子还算平静,但小王迟迟没能怀孕又勾起了两家的矛盾。小李一家急着抱孙子,小王一家心疼闺女,不愿意一家家医院地诊断、治疗、吃药,两个小夫妻也没少拌嘴。眼看矛盾越来越激化,小王又妥协了,进行了人工干预,做了试管婴儿。

老天不负苦心人,试管婴儿成功了,而且一下就生了双胞胎,这下两家可高兴坏了,孩子一生下来忙得不亦乐乎。老李也住到家里来,天天推着两个婴儿车,脸上透着无比荣耀和自豪。

随着孩子一天天长大,小王也开始操心起孩子上学问题,显然北京有更好的教育资源,上学一定要买个北京的学区房啊。小王和小李商量起卖房的事情了,老李为了两个大孙子能在北京上学,也双手赞成,把武清这个房子卖了,在北京买学区房。

方案一定下来,小王就找中介挂牌,老李在家看孩子的同时也四处打听买主,争取卖个好价钱。正当房价上涨时,房子顺利出手,房款正好可以负担北京学区房的首付。这孩子、房子全搞定,小李夫妻简直就是人生赢家。

本来一切都是顺风顺水的,就在孩子要上小学的时候,小李夫妻却闹了矛盾,小李死活要离婚。原来小李和同事展开了办公室恋情。小王看在两个孩子分上,没有过多计较,但小李不但没有回心转意的念头,执意要离这个婚,甚至扬言不要两个孩子的监护权。到了现在的阶段也没有挽留的必要了,小王只得同意离婚,两个孩子归自己抚养,北京这个还有贷款没交的房子判归小王,小王要负担巨额的折价款。

事情到这里依然没有结束,小李的父亲找上门了,武清的房子咋算啊?不能说没就没啊。小王父亲出面谈:“武清的房子已经卖了,房款也买了北京的房子,现在北京的房子虽说给我女儿了,但是我们不但要负担贷款,还得给你们折价款,你们再要武清的房款是不是过分了?”老李可听不进去这一套,这当初都是有协议的,如果不给钱,那协议不就等于白签了吗?一纸诉状就把儿子和前儿媳告到了法院。

一审法院认为,虽然三方就武清房产签署了协议,但实际中并未按协议履行,小李夫妻缴纳贷款后,老李也未将该款给付小李夫妻,当事人就涉案房屋的出资、售卖行为构成对三方协议约定条款的变更,在房产已被售卖的情况下,就各方已有出资事实如何分割利益的问题系本案需要解决的关键。针对涉案房屋按揭贷款的偿还问题,结合现有证据,未见老李实际负担,老李所付首付款及对应的增值利益归老李享有,小李夫妻支付银行按揭贷款及对应的增值利益归二人享有,最后判决小李、小王给付老李60万元。

老李不服提出上诉,二审作出了改判。二审法院认为根据三方协议,涉案房产应老李个人所有;小王承诺,自全部房款付清且老李还清小李夫妇代还月供款之日起,随时协助老李办理房屋所有权过户。后来,小李夫妻未按照三方协议处理房产,在还清贷款后未经老李同意将房屋出售他人,故小李夫妻应当将售房款扣除代还月供后的余额给付老李。最后,二审改判小李夫妻除给付首付款外还要给付售房款扣除代还月供后的余额合计150万元。这下老李乐开了花。

小王越想越不对劲,一审判决明明很合理,二审怎么就改判了呢?我交的贷款怎么就成了借款?增值部分也不算夫妻共同财产了吗?左思右想还是决定到高级人民法院申诉试一试。申诉状交完,小李气急败坏地去找小王“说理”,不但理没说明白,小李和小王父亲直接发生冲突,因互殴都进了派出所。

听完了前因后果,认认真真查阅了卷宗,我们合议庭还是认为一审判决是正确的,支持了小王的再审申诉。等待小王的是一轮新的重审,不知道被拘留的两个人日后该如何相见，让我最担心的还是两个年幼的孩子、小王的巨额债务，其实没有办公室恋情发生，这些苦都是可以避免的。要知道人心会变，可谁又该去后悔呢。

夫妻婚内财产约定有效的条件

这里涉及的就是婚内财产协议问题，夫妻之间在婚后可以对夫妻财产进行约定，确定哪些是共同的，哪些是个人的，哪些是第三人的，这与公证与否没有多大关系，只是审查：一是否符合自愿原则；二是否协议内容符合法律规定；三是达成财产约定时双方是否均具备民事行为能力；四是缔约的双方要具备合法夫妻身份，未婚同居、婚外同居者对他们之间财产关系的约定，不属于夫妻财产约定。但是仅有约定是不行的，这只能证明协议的成立和生效，在履行过程中，还有许多变化，即使没有及时修改协议，双方对变化内容的实际履行也是一种对变更的认可。就拿这个案子来说，原三方协议是要求老李将小李夫妻支付的贷款予以偿还后再进行产权变更，但实际履行时，老李并没有将所还贷款偿还给小李夫妻，也没有进行产权变更，买房过程中，双方均认可该款直接变成新房的购房款。这就与原协议约定不一致，因此小李夫妻所还贷款应该为夫妻共同财产，该房款增值部分就应由小李夫妻所有，老李未按约定履行协议，其只能享有首付款的增值部分。

温馨提示

1. 约定的方式：必须是书面形式，如果是口头形式需事后双方没有争议。

2. 公证不是财产约定的必要形式。

3. 约定时间可以在婚前，也可以在婚后。

4. 约定生效后，双方协商一致，可以随时变更或撤销。

5. 约定的内容以夫妻财产为限，且不得违反公序良俗以及恶意串通或损害第三人利益。

(四)共同经营公司财产分割

审理一个离婚案件时,对法官来说判不判离并不难,孩子归谁抚养也好处理,最难的就是家里的财产多到需要做审计,又费时间又费精力。

夫妻双方为有限责任公司的股东的财产分割

对于仅有夫妻两个人为股东成立的有限责任公司还比较好处理,就是出资额转让问题,双方可以选择,无论是要公司继续经营的权利,还是要分配公司的财产所得。

老段和老庞都已经是人到中年,他们白手起家从卖早点做起,最后有了自己的餐饮公司,规模还不小。俗话说男人有钱就变坏,老段就走上了这条道。饭馆的服务员,他是见一个勾搭一个,弄得老庞在饭馆待着也没面子,索性就不再管。

有一天,一个女服务员找上门,和老庞说自己怀上了老段的孩子,老庞本想踏踏实实安度晚年的想法也破灭了。老段和老庞谈离婚谈了几次没谈拢,说来说去还是因为这个挣钱的饭馆。没等老庞主动来法院,老段就起诉了,双方的争议还是在这个饭馆上。

两个人在法庭上都争着要饭馆,老段说:“现在饭馆根本不赢利,欠着好多供应商的钱,有的只是债务。如果要分饭馆就得分债务。”老庞不相信,要求审计这个餐饮公司的账目。我给她进行风险提示:“你这么多年没过问公司情况,具体经营情况不掌握,审计后如果真有债务的确是按夫妻共同负债加以分担。但也有另一种可能是公司账目不全无法审计出结果,但依旧要交纳高额审计费用。不如你们都现实一些,协商解决。”老庞没有听我劝说:“就是饭馆不挣钱,那桌椅板凳也能值几个钱吧!我和他打到底,不怕花钱。”话都说到这个份上,我还拦什么呢?

老庞预交了高额的审计费,法院委托了会计师事务所对该公司进行审计、评估,一个月过后,审计结果出来了,果然没有任何利润,还有20万元的债务。我把审计报告交给老庞,她不说话了。最后,案子还是调解解决,老段自愿给付了老庞50万元,老庞将公司的股份转让给老段,公司的债务由老庞自行承担。

对于夫妻共同开办或一人开办的有限责任公司,如果谁都不想继续经营,也可以进行公司清算,在离婚案件中,将清算后的债权、债务加以分割。

根据最高人民法院的司法解释,对于涉及分割夫妻共同财产中以一方名义在有限责任公司的出资额,另一方不是该公司股东的,按以下情形分别处理:

(1)夫妻双方协商一致将出资额部分或者全部转让给该股东的配偶,必须要符合两个条件,一个是过半数股东同意;另一个是其他股东明确表示放弃优先购买权的,该股东的配偶可以成为该公司股东。

(2)夫妻双方就出资额转让份额和转让价格等事项协商一致后,过半数股东不同意转让,但愿意以同等价格购买该出资额的,人民法院可以对转让出资所得财产进行分割。过半数股东不同意转让,也不愿意以同等价格购买该出资额的,视为其同意转让,该股东的配偶可以成为该公司股东。

这两种情形中关于过半数股东同意的证据,既可以是股东会决议,也可以是当事人通过其他合法途径取得的股东的书面声明材料。

即使有相关规定,但在实际处理中还存在很多问题,因为成为新的股东后,在一起经营中,股东之间的利益还是缺乏保障。我还是建议最好是协商解决,不做审计,也不去做股东变更,否则结果未必如你所愿。

夫妻双方为合伙企业的合伙人的财产分割

夫妻共同经营的也有是以合伙企业形式,而不是有限责任公司形式的。这种类似家庭形式的企业在夫妻之间占有相当大的比例。在处理过程中既有和有限责任公司相同的部分,又有所区别。

夫妻俩成立的合伙企业还好分割,无非是谁继续经营,继续经营的一方得给另一方折现,双方都不想经营的就进行企业清算,盈利和亏损都是对半分割。

涉及分割夫妻共同财产中以一方名义在合伙企业中的出资，另一方不是该企业合伙人的，根据相关法律规定，当夫妻双方协商一致，将其合伙企业中的财产份额全部或者部分转让给对方时，按以下情形分别处理：

(1)其他合伙人一致同意的，该配偶依法取得合伙人地位；这和有限责任公司取得股东地位是有区别的，必须要得到全体合伙人的同意，而不是过半数，这是根据合伙企业的特点而规定的，因为合伙企业的建立基础更依据合伙各方的信任。

(2)其他合伙人不同意转让，在同等条件下行使优先受让权的，可以对转让所得的财产进行分割。

(3)其他合伙人不同意转让，也不行使优先受让权，但同意该合伙人退伙或者退还部分财产份额的，可以对退还的财产进行分割。

(4)其他合伙人既不同意转让，也不行使优先受让权，又不同意该合伙人退伙或者退还部分财产份额的，视为全体合伙人同意转让，该配偶依法取得合伙人地位。这就不需要全体合伙人的同意，但一般这种情况的发生概率为零。

家族企业也多为合伙企业，已经离了婚，和家族不再有亲属关系的人成为新合伙人肯定不利于合伙企业的发展，没有全体合伙人的同意，也就不能成为合伙人，这时就需要按夫妻在合伙企业中的份额进行分割，以财产折价方式进行折算。

独资企业财产的财产分割

与有限责任公司和合伙企业相比，独资企业是最好分割的，它的分割方式和商品房的分割相类似：

(1)一方主张经营该企业的，对企业资产进行评估后，由取得企业一方给予另一方相应的补偿。

(2)双方均主张经营该企业的，在双方竞价的基础上，由取得企业的一方给予另一方相应的补偿；这个竞价既可以是在法官的主持下进行，也可以自行协商解决。

(3)双方均不愿意经营该企业的，按照《个人独资法》等有关规定办理。那就是对独资企业进行清算，对相关债务承担无限责任。

无论是哪种企业，在分割过程中对当事人都是一种煎熬，因为这些企业都是双方或单方的心血，让谁割舍都困难。如果是赔钱的企业也就不存在这个问题了。我曾经清点过小商品柜台的货物，小到一个一个纽扣都一一记录在案；也清点过调料个体户的货物，一斤一斤调料一丝不差登记造册。一天下来，全身的花椒大料味，其实货物也都不值太多的钱，但却能养活一家人。如果不认真清点，我觉得对不起这些当事人。

这些还都是在你知道有这个企业的情况下进行的，最头疼的是你不知道对方有哪个企业及是哪个企业的股东，这就需要你申请法院去市场监管部门进行调查，可往往法官调查出来了，企业做评估时还是亏损。这些问题我想会逐步改进的，有赖于市场监管、税务部门的监督工作，有赖于审计、评估部门的"火眼金睛"，更有赖于当事人的坦诚相待。

温馨提示

1. 向法院提交公司股东情况时应提交营业执照、公司章程、登记的股东出资情况。

2. 转让股份的应及时到市场监管办理变更手续。

(五)继承、赠与财产的认定

继承和赠与的财产如何分割也是离婚案件中一个关键问题，这中间有的是真实的继承、赠与关系；有的却因为缺乏生效要件而无效，而要件的缺乏有的是因为存在虚假证据，有的是因为遗漏要件。这既需要当事人提供的材料充足，也需要法官的"火眼金睛"。

继承、赠与须明示

根据《民法典》第1062条第1款第4项的规定，因继承或者受赠的财产，属于夫妻共同财产。但为了尊重遗嘱人或者赠与人的个人意愿，保护个人对其财产的自由处分权，本法第1063条第3项规定，如果是在遗嘱或赠与合同中确定只归夫或妻一方的财产应为个人财产，归一方所有。那什么样的证据可以确认是个人财产还是共同财产呢？

刘某和谢某的离婚案件就涉及了继承问题。刘某的父母相继去世，刘某因为谢某没有尽到儿媳对自己父母的照顾义务而与谢某产生矛盾，刘某在其父母去世没多久后就来起诉离婚。谢某对离婚表示同意，但是认为双方的矛盾不是因照顾父母而起，而是因为刘某继承了一大笔遗产，不想让自己分享。

说到这一大笔遗产，我详细看了谢某书写的清单，房产有3处共10间平房，存款有42万元，还有一部分首饰。我向刘某核实，刘某说，遗产确实存在，但是他已经明确放弃了继承，所有遗产的继承与他无关，因为他还有一个弟弟、一个妹妹，继承人应该有三个人。顺便说一句，在被继承人没有写遗嘱的情况下，法定继承人有两个顺序，第一顺序继承人是：配偶、父母、子女；第二顺序继承人是：兄弟姐妹、祖父母、外祖父母。刘某的父母均死亡，他父母的遗产就该由他们的三个子女继承，只有在第一顺序继承人均没有时，才由第二顺序继承人继承。谢某在这个继承法律关系中并不是继承人，但如果刘某继承了父母的遗产，该继承的遗产应该由夫妻共同所有。

谢某听说后，在法庭上就勃然大怒："法官，他这是撒谎，他这么爱财的人，不可能放弃继承，他肯定在中间玩猫腻，应该有放弃的证明。"谢某说得也对，这么多的财产哪有说放弃就放弃的。我要求刘某提交放弃继承的证据，刘某信誓旦旦地说："没问题，肯定能提交，我没有想不让她得，我是想让弟弟、妹妹分得多点，他们条件没有我好。"

再次开庭时，刘某带来了放弃继承的"声明"，我向谢某出示后，谢某立刻表示怀疑："我怎么知道这个声明是否为其他继承人知道，也许今天提交了，明天就作废呢？"谢某的怀疑也正是我的怀疑，我的确在其他案件中见过这种情况，既然谢某对此有异议，我也只有找其他继承人核实。

刘某的弟弟、妹妹也来到了法庭上，他们对谢某非常不满，说了许多谢某不孝敬公婆的话，我让他们把话题回到这个"声明"上来，他们表示，这样的声明他们每个人手里都有一份，这是刘某写给他们的，他们也准备依据这个放弃“声明”来分割遗产，并到公证处办理公证。谢某依旧对此表示怀疑，她认为这就是他们几个子女一致对外的结果。

既然刘某并没有继承到任何遗产，该放弃“声明”也被其他继承人所证实，我也没有什么依据来认定放弃继承的虚假性。因此，在离婚判决中，刘某应继承的这部分财产未当作夫妻共同财产加以分割。

我满以为事件因此而得到平息，即便刘某真的不想让谢某分到遗产，他也为此付出了代价，那就是自己也无法得到任何遗产了，我最初的怀疑得到证实，刘某的算盘打错了。

刘某与他弟弟、妹妹的继承案件恰巧也分到我这里，我也纳闷，刘某不是已经放弃继承了吗？还要分什么遗产？开庭时，刘某对于我是案件的主审法官也是很惊讶，刘某的弟弟、妹妹答辩称刘某已经自动放弃继承份额，无法再分得遗产了，还向法院出示了那份“声明”。而刘某提交的证据上是他与弟弟、妹妹写的协议，上面内容是：“为使谢某无法分得遗产，刘某特写声明一份，待离婚案件结束后，该声明作废。”果然其中有猫腻。

这个协议却不被刘某的弟弟、妹妹认可，他们说这是刘某自愿写的，协议也侵犯了第三人的合法权益，应该予以撤销，刘某放弃继承的声明还应该合法有效。敢情刘某的弟弟、妹妹也在这里把自己的哥哥耍了一下，面对知晓其中底细的我，刘某也是有口难辩。对于这样打小算盘的人，就应该给他个教训，最终我驳回了刘某的诉讼请求。

如果刘某的弟弟、妹妹认可这个协议，三个人还是按法定继承分割了遗产，谢某可以在知道刘某分割到遗产后的 2 年内到法院提起诉讼，要求再次分割这部分属于夫妻共同财产的财产。对于刘某和其弟弟、妹妹提交伪证和作伪证的行为法院可以给予罚款、拘留等处罚行为。

无论是继承还是赠与，都要出示相应的证据，特别是对于由一方继承或受赠财产的，更应详细审查。一般应提交相应的遗嘱证明、赠与合同，最好采用公证形式，并且是在赠与之初即存在这样的公证，而不是在离婚前才去做公证，因为这无法证明证据的真实性。

个人财产照样可以分

有了上面公证过或没有公证过的材料，是不是就可以区分个人财产和共同财产了呢？这也不是绝对的，属于个人财产的，依旧可以为对方所得，那就要看具体案件的具体情况了。

前面章节中，我已经提到过，夫妻虽然有书面约定婚姻关系存续期间所得的财产归各自所有，但一方因抚育子女、照料老人、协助另一方工作等付出较多义务的，离婚时有权向另一方请求补偿，另一方应当予以补偿。这里的补偿可以用金钱予以补偿，也可以用分得另一方的个人财产予以补偿。这就是一方也可以分得另一方个人财产的一种情形。

另一种情形是，离婚时，如一方生活困难，另一方应从其住房等个人财产中给予适当帮助。具体办法由双方协议；协议不成时，由人民法院判决。

成某和马某就是有婚前协议的一对再婚夫妻，成某在婚前就已经是百万富翁了，为了保住自己的财产，他要求和马某立有协议："婚前财产各自所有，婚后双方财产各自独立。属于成某所得的，在离婚时归成某所有；属于马某所得的，离婚后归马某所有；家庭开支由成某负责支付。"马某为了表明自己并不是贪图成某的财产，也签署了这个协议，她认为自己也没有什么损失，反正婚后家庭开支都由成某支付，自己也是衣食无忧。

成某订完协议，也就如同进了保险箱，夫妻关系好与坏也无所谓，反正双方离婚时，马某什么都带不走。两个人就在这种经济上极为松散的环境中生活了3年。3年后，马某因为一场车祸导致一条腿截肢，马某的工作也丢失了。车祸之初，成某还是很关照马某，时间长了，成某就觉得马某常常怀疑自己，无事生非，电话、短信甚至邮件，都要一一过问，还要求成某按点回家，成某无法忍受了，先后二次到法院起诉要求离婚，马某当然是不同意了。

再次离婚时，马某也撑不住了，但还是表态："我坚决不同意离婚，法院如果判我离婚，我也没办法。我现在是没有工作，没有收入，离婚只能让我喝西北风，你们法院看着办！"成某表示："这婚必须要离，而且财产因为事先有协议，财产上也没有多大的分歧。"我和成某解释："你们有协议不假，也是有效的，但是鉴于马某目前这种状况，如果离婚，你应当给予其适当帮助。”成某一听就急了：“我为什么要帮助？当初协议还有没有效？交通肇事的肇事者已经给她赔偿了，我没有帮助的义务！”

有钱人是否都是冷血我无从考证，但是纵然成某有万贯家财，我也有些看不起他，哪有夫妻之间这点情分都没有的？好歹人家和你结婚时并没有看上你的家产，也没有要多分你家产的意思，给予帮助也是法定的义务。或许是马某在离婚问题上给他折腾得，才让他这么不仁不义。

这已经是成某的第三次起诉离婚了，我不可能再次给他驳回了，在财产分割问题上，我也认定了协议的有效性，但是因为马某目前生活困难，我让成某从其个人存款中给付马某 8 万元作为生活帮助费。双方都上诉了，一个认为不该给，一个认为给得少，我完全没有做到息诉服判。我认为我的工作已经做到了，当事人不能理解我就无能为力了。我认为，如果件件都能调解都能息诉那是一个理想状态，不可能全部实现。案件被二审法院判决“驳回上诉，维持原判。”

温馨提示

1. 赠与合同样式：

赠与合同

赠与人：李某

受赠人：李小妹

父亲李某于×年×月×日自愿赠与女儿李小妹人民币 15 万元，用于李小妹购买雪铁龙小轿车一辆，车主：李小妹，车牌号为：京××××，现该车辆已交付李小妹，该赠与系对李小妹的个人赠与，与其他人无关。

赠与人：李某

受赠人：李小妹

日期：×年×月×日

2. 遗嘱样式：

遗 嘱

位于北京市海淀区海淀南路×号楼×门×号系我名下的房产，在我去世后，我愿意该房产由我儿子李大勇个人继承，作为其个人财产，不作为家庭共同财产。今后也不作为夫妻共同财产分割。

立遗嘱人：李大勇

时间：×年×月×日

3. 虽然《民法典》规定了打印遗嘱，但遗嘱最好由本人书写。

4. 婚前或婚后如果一方当事人约定将房产赠与另一方，经过公证的赠与是不可撤销的，一方可以要求另一方继续履行。但没有经过公证的赠与，在房产变更登记之前可随时撤销。

(六)陪嫁、彩礼的归属

现在的年轻人结婚，无论是城市还是乡村，纯靠自己的积蓄成立一个家庭的不是太多见，大多依靠父母的支持。

陪嫁归还条件

陪嫁是女方娘家人给送的东西，如果在婚姻登记以前，是算女方的个人财产，离婚后婚前个人财产肯定要归个人，怕就怕是登记以后才给的，退不退就要有条件了。

以前，北方娘家的陪嫁大都是床上用品，如被褥等，顶多给一个冰箱、洗衣机的大件，不像现在动辄全套家具、汽车、装修款，甚至能陪嫁一套房子。如果真离婚了，这些可比被褥值钱多了。女孩子大多还对娘家给的东西很看重，十几年前办离婚案时，经常有女性和我讲："我什么都不要，只想把我娘家给我的陪嫁拿回去。"其实，不过是两床被子外加洗脸盆之类，可见这些对女性有特殊纪念意义的东西有多重要。

小吴是小赵的同学，他俩从高中就好上了，最后的结果是两个人谁都没有考上大学，他们的父母也知道两个人交往，但认为两个人年纪还太小，谈结婚有点为时过早，况且两个连自己都养活不了自己的人拿什么过日子呢？

小吴和小赵的家境都不错，小吴高中毕业后就帮着她妈妈打理自家饭馆的生意；小赵也是在他爸爸的公司里帮忙。这些都碍不着两个人的恋爱，似乎要等的就是到了婚龄就结婚了。小赵和其他男孩子一样，沉溺于网络游戏，有时小吴也和他一起参战，两个人玩得是兴致勃勃，业余时间也都交给了网络。

很快就到了可以结婚登记的年龄，双方父母都怕夜长梦多，再出了什么岔子，坐下来商量，还是让孩子们尽快登记吧。但是房子还没买，这住哪呢？小赵的父亲说："房子可以再等等，反正两个人年纪都不大，登了记不和订婚一样嘛，双方家长也就放心了。"

小吴的母亲说："登记我们同意，但是房子应该是男方准备的，我们家就给女儿陪嫁一辆车子吧。"小吴的母亲早有准备，当场就把一套车钥匙交给了两个人，是一辆崭新的沃尔沃，这把小吴和小赵高兴坏了。

两个人开着车子去登的记，在同学面前可是风光了一番，像他们二十刚出头的小青年，能有一部属于自己的、价钱还不低的小轿车确实不多见。两个人虽然没有自己的房子，每天还是照样各自回自己家睡，但是有了车子，两人可没少到各处转悠。

可时间不长，两个人对车的喜欢渐渐变淡，小赵又是天天上网打游戏了。小吴的感觉非常不好，她觉得怎么也是登记结婚的人了，自己理应受到更多的关注。为此，两个人总是吵架，最后一次硬是冷战了 2 个多月。

小吴向妈妈念叨，小吴的妈妈就找小赵的妈妈说理，小赵的妈妈反倒埋怨起小吴爱找事，小赵以前不也是爱玩游戏，为什么现在就不能玩了呢？小吴的妈妈和小赵的妈妈在电话里就发生了不愉快。小吴的妈妈对女儿说："你们还没有一起生活，他就这样对你，他妈妈也是不讲理的人，我看你还是别嫁了，以后没有好日子过。"小吴也是堵着气："你不是不理我吗？干脆我到法院告你去，离婚算了。"

两个稚气未脱的人就这样坐在了我面前，我问小赵："你到底还想不想和小吴一起生活了？"他看了看小吴："随她的便，她愿意过就过，她不愿意就拉倒。”这话我听着都伤人，更别提小吴了，小吴的妈妈当代理人，她替小吴说：“既然两人谁都没心思过，干脆就别耗着，谁也别耽误谁，但是我们家陪送的车子得还给我们，我也是瞎了眼，还没见他们家怎么表示，我是又送女儿又送车子。”

小赵的妈妈说：“离婚，我们同意，但那辆沃尔沃得说道说道，这可是她妈妈当着我们两家的面给我们的，这彩礼也好陪嫁也好，可都是赠与，给了别人的东西哪有要回去的道理，小赵最少也有一半的份！”小吴的妈妈气愤地说：“我明明说的是陪嫁，可没说是赠给谁的，哪有结婚什么钱不出，房子也不给准备，反过来还找我们要车的？”

我看了看小吴出示的车辆购买发票，的确是双方登记之前买的，我给小赵的妈妈解释：“法律规定，婚前的个人财产归个人所有，即便是彩礼性质的，他们没有共同生活，照样是可以要求返还的。”小赵的妈妈不同意我的意见，认为我偏袒小吴，我无法调和双方的矛盾，看来只有判决了。

小赵拿到判决还是上诉了，经过 3 个月的审理，二审维持了我的判决，但小赵还是不同意把车辆返还给小吴，小吴只有再次找到法院申请执行，又过了 2 个月，才把车子追了回来。小吴的车是找回来的，但是她因为早恋而耽误的学业、青春，还能再找回来吗？谁能相信这刚满 20 岁的小女孩已经历了结婚、离婚，还上了法院了呢？

彩礼的退还条件

农村结婚按习俗都是要给彩礼的，只要是刚开始相对象时相中了人家，男方就要有所表示。结婚登记前也要给，登记后办喜事前还要给，如果家里不富裕，这婚还不太好结，起码彩礼就够他一受。以前，对于给了彩礼没有成亲的，这彩礼到底该不该退，根据各地的风俗也不太统一，常有两家因为退彩礼的事情闹翻脸的。

在我心里，我以为彩礼不过是几百块钱给对方一个“置装费”就差不多了，前些日子去趟我姥姥家的河北农村才知道，这彩礼的价码是越来越高。我表弟就要娶媳妇了，表弟的奶奶是个开明人，每次见孙媳妇都给不少的钱,结婚前更是给了5000元让她自己买自己喜欢的东西,言外之意,那应该买的“三金”(金项链、金戒指、金耳环)就不再买了,省得老人给买的不可心。可谁知表弟结婚的前夕,告诉奶奶,媳妇家不高兴,非要让送这个“三金”彩礼,奶奶气得和我说:“我们已经给了她这么多钱了,早够她置办这些东西了,为什么还要呢?别说是三金,半金我都不给买!”表弟的媳妇也没有再要,喜事还是红红火火地办完了。

我问表弟,农村都是这样送彩礼吗?表弟说,都是这样,前些日子村里的一家人还为此闹纠纷呢,你在法院工作,不行就帮忙做做调解。我让表弟把村里的这家人找来,问问情况。这家在村里是有名的贫困户,儿子都快30岁了还没有讨上媳妇,好不容易托媒人介绍了一个邻村的,人家照样也要收彩礼,说没有彩礼肯定不会登记。家里人东借西借好不容易凑齐2万元给人家送去,两个人才去登记的。

谁知登记完,过了门没几天,媳妇就回娘家了,知道他们家连彩礼都是借来的,婚后还要忙着还债,就开始嫌弃这家太穷,让她看不到一点儿过上好日子的希望。这家人多次到女方家去接人,就是接不回来。人家也通过媒人带来话,非要去办理离婚手续去。这家人看到媳妇是再也回不来了,也自认倒霉,离就离,但是要求媳妇家把彩礼退回来。

人家媳妇家可不同意,认为村里没有退彩礼的习惯,而且人也嫁过去了,从大姑娘变成少妇了,这钱也该给啊。这家人说,不是我们亏待她,是她自己回娘家去了,我们一点错都没有。而且,彩礼的钱也是借的,现在为了还钱,连70岁的老父亲都要给人打零工,生活也不容易。

两家就是这样你来我往地僵持着,一个忙着要办离婚手续,一个要求退彩礼。我给他家出主意,如果调解不好,还是要到法院办手续。一来可以离婚,二来有法律规定,因为这笔彩礼是婚前给的,如果你们能证明因为借钱导致生活困难,法院应当判决对方返还彩礼。

这家人听了我的解释,还是挺欣慰的,愁苦的脸上终于有了点笑容。我这才知道农村的彩礼会这么重,而且当地人一般认为,只要结了婚,彩礼就不能退还,即使没结婚,退彩礼也要有个过错之分,送彩礼的悔婚,这彩礼就不用退;得彩礼的悔婚,彩礼才应该退。这些想法已经和我们的法律规定有不同之处了。

法院对当事人请求返还按照习俗给付的彩礼的，在查实以下在三个情形下应当退还：一是双方没有办理结婚登记手续的；二是离婚时，双方虽办理结婚登记手续但确未共同生活；三是离婚时，彩礼是婚前给付并导致给付人生活困难的。所以，这个彩礼不是全部都不能退，有这三种情况就可以退还，不知道是否为广大朋友们所知晓。

温馨提示

1．“双方未办理结婚登记手续”，并非针对双方已共同生活的情形，如果双方确已共同生活但最终未能办理结婚登记手续，给付彩礼方请求返还彩礼的，人民法院可以根据双方共同生活的时间、是否生育子女、彩礼数额并结合当地风俗习惯等因素，确定是否返还以及具体返还的数额。

2．原告的确定：在实际生活中，彩礼的给付人和接受人并非仅限于男女双方，还可能包括男女双方的父母和亲属，这些人均可成为返还彩礼诉讼的当事人。对于被告的确定也是如此，诉讼方通常把对方当事人的父母列为共同被告，要求他们承担连带责任，一般习俗是父母送彩礼，也是父母代收彩礼，故将当事人父母列为共同被告是适当的。

二、离婚共同债务偿还

（一）共同债务与个人债务的认定

夫妻共同债务是近年来的热门话题，从原《婚姻法》第19条、第41条到最高人民法院关于婚姻法的司法解释二、三地不断修改、调整，以及2018年《最高人民法院关于审理涉及夫妻债务纠纷案件适用法律有关规定的解释》（已废止），都是在保护债权人抑或债务人之间利益不停地做选择。《民法典》编纂过程中，夫妻债务问题被作为一个重点问题进行研究，因为夫妻债务问题，事关夫妻双方特别是未举债一方和债权人合法权益的保护，事关婚姻家庭稳定和市场交易安全的维护。因此，几易其稿后最终有了《民法典》

第 1064 条的规定。

基于共同意思表示

《民法典》第 1064 条第 1 款前半段明确规定"夫妻双方共同签名或者夫妻一方事后追认等共同意思表示所负的债务",属于夫妻共同债务。这就是俗称的"共债共签""共签共债"。多个民事主体基于共同签字等共同意思表示所形成的债务属于共同债务,这不存在任何争议。这条规定就是在引导债权人在形成债务,尤其是大额债务时,为避免事后引发不必要的纷争,加强事前风险防范,尽可能要求夫妻共同签名。这种的优点就是,一来有利于保障夫妻另一方的知情权和同意权,可以从债务源头上尽可能杜绝夫妻一方"被负债"现象发生;二来可以有效避免债权人因事后无法举证证明债务属于夫妻共同债务而遭受不必要的损失。对于保障交易安全和夫妻一方合法权益,具有积极意义。实践中,很多商业银行在办理贷款业务时,对已婚者一般都要求夫妻双方共同到场签名。一方确有特殊原因无法到场的,也必须提交经过公证的授权委托书,否则不予贷款。这种方式,最大限度地减低了债务不能清偿的风险,保障了债权人的合法权益,也不会损害夫妻一方的权益。

为家庭日常生活需要所负

《民法典》第 1064 条第 1 款后半段规定,"夫妻一方在婚姻关系存续期间以个人名义为家庭日常生活需要所负的债务",属于夫妻共同债务。也就是基于夫妻日常家事代理权所产生的债务属于夫妻共同债务。

夫妻日常家事代理权,是指夫妻一方因家庭日常生活需要而与第三方为一定民事法律行为时互为代理的权利。夫妻一方在日常家庭事务范围内,与第三方所实施的一定民事法律行为,视为依夫妻双方的意思表示所为的民事法律行为,另一方也应承担因此而产生的法律后果。《民法典》第 1060 条明确规定"夫妻一方因家庭日常生活需要而实施的民事法律行为,对夫妻双方发生效力,但是夫妻一方与相对人另有约定的除外。夫妻之间对一方可以实施的民事法律行为范围的限制，不得对抗善意相对人”。根据这一规定，夫妻任何一方行使夫妻日常家事代理权所实施的民事法律行为，对夫妻双方都发生效力。取得的权利由双方共同享有，产生的义务包括债务也由夫妻双方共同承担。但是，如果与相对人就该民事法律行为另有约定的，则法律效力依照该约定。比如，有的夫妻与拆迁人签订拆迁合同，一方签字后，另一方去领取拆迁款，当事人以该款领取人错误而提出无效，法院是不予认可的，这就是夫妻之间的家事代理权。但是如果，一方明确与拆迁人约定，谁签合同谁领款那就另当别论了。

债权人举证

《民法典》第1064条第2款规定，夫妻一方在婚姻关系存续期间以个人名义超出家庭日常生活需要所负的债务，不属于夫妻共同债务；但是，债权人能够证明该债务用于夫妻共同生活、共同生产经营或者基于夫妻双方共同意思表示的除外。这就需要债权人举证证明债务系夫妻共同债务。这一类夫妻共同债务情形最为复杂，实践中如何认定争议最大。

用于夫妻共同生活、共同生产经营的债务属于夫妻共同债务。现在，随着经济发展，很多夫妻的共同生活支出不再局限于以前传统的家庭日常生活消费开支，还包括大量超出家庭日常生活的支出。夫妻共同生活包括不限于家庭日常生活，本条债权人需要举证证明夫妻共同生活的范围，指的就是超出家庭日常生活需要的部分。

夫妻共同生产经营的情形非常复杂，主要是指由夫妻双方共同决定产生经营事项，或者虽由一方决定但另一方进行了授权的情形。判断生产经营活动是否属于夫妻共同生产经营，要根据经营活动的信息以及夫妻双方在其中的地位等综合认定。夫妻共同生产经营所负的债务一般包括双方共同从事工商业、共同投资以及购买生产资料等所负的债务。

如果债权人能够证明该债务用于夫妻共同生活、共同生产经营或者基于夫妻双方共同意思表示的，就属于夫妻共同债务，否则不属于夫妻共同债务，应当属于举债一方的个人债务。这样的规定可以促进债权人尽到谨慎注意义务，引导债权人对大额债务回到“共债共签”的源头上来，从而减少纠纷的发生，提醒债权人的风险意识。

夫妻其他共同债务

《民法典》第 1168 条规定：“二人以上共同实施侵权行为，造成他人损害的，应当承担连带责任。”因此，夫妻共同实施侵权行为所负的债务也属于夫妻共同债务，比如，夫妻与邻里发生纠纷，给邻居家财产或人身造成伤害，夫妻双方应承担共同赔偿责任。《民法典》第 1188 条第 1 款规定：“无民事行为能力人，限制民事行为能力人造成他人损害的，由监护人承担侵权责任……”因此，夫妻因被监护人侵权所负的债务，也属于夫妻共同债务。比如，夫妻的未成年子女把其他孩子打伤等，夫妻就应当承担人身损害赔偿责任。

(二)债权债务的承担

现在一般人过日子不像以前会到处借债，也就是在购买商品房的时候会向家里人借钱，向外人借钱的也不多，也不太能借出钱来。让你想不到的是，在离婚案件中，你总能看到有外债的家庭，欠钱的方式也是千奇百怪。

这样的债务不能算共同债务

共同债务的认定除了夫妻双方认可外，其他证据的审查就是要靠有无借据等，主要是要证明该债务是否为对方所知晓，以及该债务是否用于家庭生活。如果仅凭单方书写的借条，很难认定为夫妻共同债务。如果债务为单方借款，但用于个人开销，或者开办对方并不同意经营的企业，只要是能证明该借款人未将经营企业的盈利用于家庭生活，也不能算作共同债务。相反，如果当初一方反对，但另一方坚持借款并用于经营，其所获利益被夫妻共同分享，仍能认定为夫妻共同债务。

有的当事人的借款常发生在家族内部，有的根本就没有借条，而亲属之间又是利害关系人,到法院作证也没有多少证据效力,这就很吃亏。因此,再借钱时,一定要打借条,并且夫妻双方都要签字,免得日后吃大亏。

也有当事人要小聪明,知道和家里人的借款法院不能轻易认定,就在离婚前打一个借贷纠纷的诉讼,让自己的父母等家人将自己或把双方都告上法庭,以为这样就能通过其他诉讼来认定这笔夫妻债务。法院对于这种诉讼同样会严格审查,不是共同债务的就判决不了夫妻共同偿还。这种算盘还是少打,白花诉讼费,防患于未然才是重要的。

小吴和小贾都不是北京人,小吴大学毕业后留校当老师,小贾是纯粹的北漂,原本在当地的电视台工作,认为没有发展空间,就来到北京打拼。通过朋友介绍,两个人就处上对象,可一想到结婚需要房子,两个人都不知如何是好。

小吴的学校给他分了个集体宿舍,房子里是不能开火做饭的,需要和别人共用,肯定是不能在这里结婚了。小贾刚来北京没几年,还属于事业起步阶段,面对北京一路攀升的房价,她一个女儿家对买房子是想都没想过。两个人只有等学校再能调间大点房子,或者等房价跌一跌再考虑结婚的事情。

这样一等就是 3 年,小吴学校的房子是越来越紧,北京的房价还一个劲儿地往上涨,一点降的痕迹都没有。小贾的父母着急了,眼看女儿年龄越来越大,再不结婚,这孩子可能都要不成了。在外地的父母给两个人出了个主意,准备借他们30 万元让他们买房子,哪怕付个首付都行。小吴和小贾一商量,这笔钱加上两个人的存款可以买一个小一点的二手房,总算可以把结婚的住房解决了。

两个人登记后就开始满北京市找房子,终于找到了一个不太偏僻的一居室,房子不大,但两个人肯定是够住了。小贾让父母把这 30 万元直接汇到卖房人的账户中,而且还留了个心眼,给父母写了个借条,也让小吴签了字,小贾不想占老人们的便宜,日后有钱就想尽快还上,她知道这是在外地的父母辛苦一辈子攒的养老的钱,不能全让自己享受了。

小吴负责房屋的装修,两个人有了自己的窝,也算过上了日子。可是,过日子就难免争吵,并没有想象得那么幸福。小贾得到上司的重用是件好事,但工作是越来越忙,根本无暇照顾家庭。小吴呢,一到寒暑假就只能在家里闲着,哪有两个人出去散心的时间。有时小吴就和他的学生到外地转,这却引起了小贾的怀疑,有多少女学生?都玩什么了?两人没少为这个闹意见。

最后的结果当然是以离婚告终。小贾说离婚可以,但我父母的钱得还上,那是夫妻共同债务。小吴不这么认为,他说这是小贾父母对他们结婚时的赠与,根本和借款挨不上边,再说也早过了诉讼时效,小贾的父母两年来都没有要过这笔钱。

几次开庭,双方都为这件事情争执。小贾还找来的当初打的借条和她父母打款的证明,就差把她父母叫来出庭了。小吴可能看到自己理亏,当庭也掏出了一个借条,上面写:“小吴向同事张某借款7万元,用于房屋装修。”这下小贾不干了,当初明明说好小吴负责装修,小吴也说自己没有买房子的钱,但装修的钱还有,根本没有借钱这一回事,肯定是小吴在作伪证。我问小吴借款的时间、地点、在场人、交接方式等,小吴告诉我是给的现金,我特地问了一下,7万元现金用什么装,他说用牛皮纸袋。因为小贾提出了异议,我只得传唤债权人小张到庭作证。

小张也是学校老师,显然是第一次上法庭,紧张得很。我问了借款的时间、地点,并出示了这张借条,小张说得滴水不漏,连房子在哪、怎么装修都向我说了,我问他怎么交接的现金,他说是用报纸包的。这下我心里有数了。

判决时,我把小贾和父母的借款认定为夫妻共同债务,鉴于房子是一居室,小贾也没有宿舍,又是一个女孩子,就把房子判给了小贾,小吴该承担的共同债务部分和他应得房屋价值那部分相抵消,小贾还要支付小吴部分房屋折价款。而小吴的债务没有认定为共同债务,倒不是因为牛皮纸袋和报纸的不同,也就是证人说的和小吴说的有矛盾,而是因为那笔借款并不为小贾所知,也不能认定该款确实用在装修上,如果有借款的存在也只能是小吴的个人债务。双方并没有上诉,可见他们心里都有本账。

夫妻债务偿还方式

我国《民法典》第1089条规定:离婚时,夫妻共同债务应当共同偿还。

共同财产不足清偿或者财产归各自所有的，由双方协议清偿；协议不成的，由人民法院判决。

共同债务肯定要共同偿还，协商不成的，由法院判决双方要负担债务的数额。法院在确定需分担债务数额时，依照公平原则平等分担债务。同时，法院也会参照财产分割情况判定，财产分割多的可能负担债务也要多。并且还要考虑照顾子女和女方权益原则，带孩子的人和女方可能就要少负担一些。

对于婚前债务，应当属于一方的个人债务，配偶一方没有清偿的义务。但是如果债权人能够证明所负债务用于婚后家庭共同生活的，就可以判定为共同债务。这样的认定很难靠单一证据去认定，法院肯定要综合考虑证据情况，比如借条、借款流向、借款用途、配偶一方知晓情况等。

婚姻关系存续期间夫妻一方以个人名义为家庭日常生活需要所负的债务，属于夫妻共同债务。也就是说，在双方没有离婚前，无论债权人是起诉一方还是双方，在还款时夫妻都要偿还，当然法院也会对借款的真实性进行查实。如果夫妻一方能够证明债权人与债务人明确约定为个人债务，或者双方对债务有明确约定为个人债务，且该约定为债权人所知的，也是个人债务。

婚姻关系存续期间，夫妻也可以订立借款协议，以夫妻共同财产出借给一方从事个人经营活动或用于其他事务，离婚时可以按照该借款协议的约定处理，这也是对夫妻共同财产如何处分的一种约定。

当事人也不能用离婚的方式来逃避债务，即使当事人离婚协议或者人民法院生效判决、裁定、调解书已经对夫妻财产分割问题作出处理，当事人的债权人仍有权就夫妻共同债务向男女双方主张权利，如果债权、债务关系成立的，夫妻仍有偿还的义务。

如果离婚后，一方清偿了应由夫妻共同承担了债务，清偿的一方当然有权向另一方进行追偿。追偿时，要依照离婚协议或者法院的离婚判决以证明夫妻离异的事实，如果协议或判决中已经明确了分担债务的比例，要按此比例确定的数额来追偿。

债权的种类

不光是债务需要分担，债权也是可以按共同财产加以分割的，哪些属于债权范围呢？

一种是借给别人的钱，也就是夫妻一方或双方在婚姻关系存续期间，将夫妻共同存款借给他人，夫妻双方均为债权人。

另一种是第三方向夫妻一方或双方企业所借款项或未结货款、劳动报酬等，该款必然算作债权的一种。

其余债券等金融票证的预期收入，也应视为债权，如果能算出具体金额，可在离婚案件中一并处理；不能计算具体数额的，也可以在收取所得后，双方就此款协商或诉讼分割。

债权是很容易被当事人忽略的问题，不是法官在庭审中提醒就很难想起。夫妻在婚姻关系存续期间存在把钱借给一方或双方亲友，这就要求夫妻在出借时让借款人书写借据的问题，否则就不好认定有无债权及债权的真实性，更不好就转移夫妻共同财产行为进行追查。

三、夫妻关系存续期间共同财产的分割

婚姻关系存续期间，夫妻一方请求分割共同财产的，法院是不予支持的，但有时候不离婚照样也能分财产，这就是《民法典》第 1066 条的规定。为什么要有这样的规定，因为在现实生活中存在许多这种情况，婚还没离呢，财产就被另一方转移了。为了保护一方当事人的利益，在婚内也可以要求法院分割共同财产，当然这是有条件的。

严重损害共同财产利益的行为

一方有隐藏、转移、变卖、毁损、挥霍夫妻共同财产或者伪造夫妻共同债务等严重损害夫妻共同财产利益的行为，另一方可以向人民法院请求分割共同财产。

见过这样一对当事人，双方虽是二婚，年纪也不小了，但女方仍是风韵犹存，男方也是魅力不减，女方姚女士有自己的餐厅，男方刘先生是知名学者，也算事业有成，双方分分合合得有十年的光景，好不容易登记结婚，没过多久，刘先生就来法院要求分割夫妻共同财产了。

原来，姚女士虽是个颇有事业心的人，靠两个人的工资收入也可以过安稳生活，但就是贪图虚荣，总是想象有一天会成大老板。因此，财富还没有积累，就开始过上富人的生活。刘先生单位分得三居室不住，非要住别墅，硬是把刘先生攒下的养老钱变成了每月必交的几万元租金。把两厢轿车卖掉，换成了一辆高档越野车，刘先生提意见时，姚女士称这是为了提高生活质量。

刘先生不得已与姚女士享受这种生活，但渐渐发现，姚女士并不限于住豪宅、开好车，而是在挥霍现有的夫妻共同财产。高档时装、金银首饰就不说了，因为这毕竟是有数的开支，姚女士开始喜欢上了买翡翠，而且一出手就是十几万元，说是留着日后升值，但刘先生没多久就发现，这些东西已经在姚女士与前夫所生的儿子那里了，刘先生疑惑不解。“这不是变相把我的钱都倒腾到她儿子那里吗?”时间不长，眼见存折上的钱是一笔一笔减少，刘先生坐不住了，想和姚女士离婚了，因为再这样下去，自己辛苦一辈子攒下的钱转眼就所剩无几了。

刘先生开始找姚女士正式提出这些问题，显然是很担心，但姚女士很会为自己辩解，说钱财只是过眼烟云，没了还可以挣，况且自己还有餐厅在经营，花也不会花穷。翡翠呢，只是给儿子借着戴，也是为了儿子把自己包装好，生意更好谈等。自己对他还有感情，不会不考虑他的养老问题。

话虽这么讲，姚女士仍没有停止高消费的脚步，名牌包是天天换，国外游是四季常有，但餐厅也没见多大起色，都是勉强维持。刘先生开始对给她花钱的事情很小心了，每笔钱问得很详细，直到有一天，他发现有些不对劲了。

姚女士拿出了一个借条，上面写着：“因餐厅资金一时周转不开，姚女士向某某借款二十万元”的字样，姚女士对刘先生讲，最近是销售淡季，餐厅已经许久没有给工人工资了，只好和朋友借钱，借钱是要给高额利息的，如果不按时还款，还要支付高额滞纳金，姚女士求刘先生把20万元给还上。刘先生经不起姚女士的一再恳求，又取了20万元交到她手里，这回刘先生留了心眼，准备到借款方那儿核实借款事实，因为餐厅的红火他看得见，再差也不至于不够人员开支的。谁知这一核实不要紧，根本就没有借款的事情。刘先生真想离婚啊，因为婚姻中已经有了欺骗了，但是想到姚女士平日对自己的好，除了经济问题有纠纷，感情上也没有矛盾，不如把自己的现有财产保住。

刘先生来起诉分割共同财产，姚女士虽有不悦，但看到刘先生所说的一桩桩事实也没有反驳，确实她的行为已经损害了夫妻共同财产利益，自己也不想离婚，为了让刘先生能踏实，双方对现有的夫妻共同财产进行了分割，当然包括那些翡翠。看到刘先生心满意足的样子，我不知道，财产分得清清楚楚之后，夫妻感情还像以前那样清楚了吗？难道隔阂就不存在了吗？

当一方有隐藏、转移、变卖、毁损、挥霍夫妻共同财产或者伪造夫妻共同债务等严重损害夫妻共同财产利益行为时，即使是婚姻关系存续期间，一方也可以向法院提出请求分割共同财产，但以不损害债权人利益为原则，也就是说，以这种方式逃避对第三方的债务是不允许的。

不履行法定扶养义务的行为

除了上面所讲的一种情况外，还有一种情况就是“一方负有法定扶养义务的人患重大疾病需要医治，另一方不同意支付相关医药费用的”，这里的“扶养义务”是指广义上的扶养，即一定范围的亲属之间相互供养和扶助的法律关系。广义的扶养包括抚养、赡养和狭义的扶养。抚养是长辈对晚辈而言，主要指父母对未成年子女，祖父母对孙子女，外祖父母对外孙子女的供养；赡养就是晚辈对长辈而言，主要指子女对父母，孙子女对祖父母，外孙子女对外祖父母的供养。扶养是就平辈而言，主要是夫妻之间和兄弟姐妹之间的供养。而《民法典》第1066条就是说夫妻之间的扶养义务是法定的，一方没有收入，另一方是要负担起对方的生活所需的。

我国《民法典》明确规定，一方不履行扶养义务时，需要扶养的一方，有要求对方付给扶养费的权利。如果把“抚养”归属于对未成年子女的生活抚育，那么“扶养”就是在夫妻之间应尽的义务，这和“嫁汉嫁汉穿衣吃饭”是一个道理。婚姻关系存续期间，一方拒绝给对方生活费用，不负责对方的穿衣、吃饭、看病等基本生活需求，对方生活困难的，可以起诉要求其支付基本的扶养费。

根据《民法典》第1066条的规定，一方不但可以要求对方给付扶养费，还可以在婚姻关系存续期间分割夫妻共同财产，但条件是必须患有重大疾病需要医治，而对方拒绝支付相关医疗费用的。患有重大疾病需要治疗，通常是指需要住院治疗，自行负担医药费数额大，另一方有能力支付医疗费而不支付的行为出现时，患病一方就可以到法院起诉要求分割夫妻共同财产，以便治病救人之需。

一日夫妻百日恩是大家常挂嘴边的道理，可有的人真就是薄情，我就见过这样的当事人，在知道对方患有不好治愈的疾病时就把钱看得比命还重要，轻者拒绝给付医疗费，重者当即提出离婚，更有甚者的是一走了之，像是人间蒸发一般。不难想象，身患重病的人受着病痛及精神的双重打击，只能是雪上加霜。

有了这样的法律保障，夫妻财产权利受到损害的人就可以有保护财产的“武器”了，无论对方是出于何种目的，只要是对夫妻共同财产有隐藏、转移等严重损害财产利益的不当行为的，另一方就可以及时起诉，保护自己所有的这部分财产，使对方无法钻空子，财产流失的机会就会变小。如果不幸患有重大疾病，这样也能有钱医治，而不让对方把钱卷走。

对于“重大疾病”，《民法典》第1066条没有作出明确界定，疾病是否认定为重大，在司法实践中应当参照医学上的认定，借鉴保险行业中对重大疾病的划定范围，一般认为，某些需要长期治疗、花费较高的疾病，如糖尿病、肿瘤、脊髓灰质炎等，或者直接涉及生命安全的疾病属于重大疾病。“相关医疗费用”主要指为治疗疾病需要的必要、合理费用，但不应包括营养、陪护等费用。

由此可见，婚姻生活不只有美好、幸福、甜蜜等诱人的字眼，还包含着欺骗、冷酷、无情等可怕的东西，你说，不好好看清一个人再结婚行吗？不知道这些法律规定成吗？婚姻面前还是清醒些吧，枕边的那个人不都是亲人，有可能就是日后的敌人。

四、无过错方有权请求损害赔偿

近年来，我国由于一方配偶的过错如重婚、与他人同居、实施家庭暴力、虐待或遗弃家庭成员等导致家庭破裂的离婚案件占相当的比例。确立离婚时对无过错方赔偿的制度有利于制裁实施重婚、姘居、家庭暴力等行为的有过错当事人，保护无过错方的权益。由于一方的过错导致家庭矛盾激化，引发家庭暴力、伤害、凶杀等恶性案件的发生，影响着社会的安定、团结与稳定。离婚损害赔偿制度，可以填补无过错方的损害。通过补偿损害，使无过错方得到救济和慰藉，保护无过错方的合法权益。

虽然规定了离婚损害赔偿制度，但并不是说法院在审理离婚案件时必须判决过错方对无过错方予以赔偿。在离婚案件中无过错方对确实有过错的另一方是否行使赔偿请求权，由受损害的无过错方自行决定，法院不能主动判决离婚损害赔偿。

离婚损害赔偿既应当包括过错方给无过错方造成的财产损害赔偿，也包括过错方给无过错方造成的人身损害、精神损害的赔偿。人民法院应当根据过错方对无过错方造成的损害程度以及婚姻当事人的经济状况等判定赔偿数额。涉及精神损害赔偿的，适用《最高人民法院关于确定民事侵权精神损害赔偿责任若干问题的解释》的有关规定。

离婚案件中一方有第三者存在导致夫妻感情破裂的案件屡见不鲜，这是比家庭暴力原因导致离婚比例更大的一种。有的时候的确是夫妻双方出现矛盾，一方寻求安慰去了，但这终究是违反夫妻间忠诚义务的违法行为，在婚姻关系存续期间产生的出轨行为，理由再充分，也是不被原谅，不被同情的，违反法律和道德的事情终究会被人指责、唾弃，也终究会得到法律的惩罚。《民法典》就赋予了无过错方有请求赔偿的权利。

到庭的这一对夫妻很是让我惊讶，原告是京城里有名的中医，经常在电视上出现，看着很是面熟，而被告虽人到中年，仍然是风韵犹存，只是双方年龄差是我执业以来见过最大的一对,男方比女方整整大 45 岁。我好奇他们的相识与结合的过程。

年逾九十的老人家中气十足地说:“小静是我的一个徒弟,和我学习中医,渐渐我们产生感情就冲破重重阻力结婚了,但是近年来我身体不如从前,她就只顾赚钱,疏于对我的照顾,因此口角不断,无法继续生活了。”

小静明显轻蔑地摇了摇头,冷笑着说:“你还好意思说你自己的事情?为什么离婚你不知道吗?有胆量和我说,为什么不敢和法官说呢?好好的日子是谁不想过的?你摸摸良心,我对你哪儿点照顾不周了?”

小静就像开了闸一般,一股脑地将怨气撒了出来。原来,小静认识老中医时还只是一个毕业没几年的大学生,在老中医开办的诊所里面一边工作,一边和老中医学习他的独门针灸技法,在小静的眼里,老中医就是一个老师、长者而已。但是老中医可没这么认为,一看小静聪明好学,悟性又高,立刻把小静当成重点培养对象。一来二去,小静不但成了他的得意门生,还成了生活助手。原来老中医已经丧偶多年,整天就是经营着生意红火的诊所,有时连吃喝都顾不上。这些小静看在眼里,记在心里,默默地照顾起老师的起居生活。

没多久,小静感觉老中医看自己的眼神都异样了,自己也总是被这种目光温暖着,但是想想老中医的几个儿女岁数都比自己大,自己也就当作一种师生情谊了。但是,老中医可不这么想,自己年岁逐渐老了,这接班人也培养起来了,而且还对自己这么关心照顾,后半生有着落了啊。虽然有四个子女,可是,他们除了定期来要钱,没有一个对自己像小静那样上心的。老中医决定向小静摊牌。

什么事情想着都容易,可真实现起来比登天都难。老中医首先要说服小静嫁给自己,小静思前想后,用了好长时间才下了决心,前提是要把子女工作做好,省得以后自己受排挤。老中医和子女说了自己的想法后,子女就炸了锅,这老父亲的财产转眼就要拱手给个比自己年纪还小的后妈,小静绝对是心术不正,这不是明抢吗?最后,还是老中医聪明,依旧用钱摆平了一切,那就是给每个子女在二环里各买一套大房子,而且声明以后的遗产肯定不亏待他们。子女见老爷子这么大方,提前就把钱给分了,也没再提其他要求,认可了老父亲身边这个可以照顾他,并可以继续给他赚钱的人。

好不容易把老中医的子女安抚了,小静的母亲又不同意了。这么优秀的大姑娘怎么就嫁给比自己年龄还大的人呢?这不明显去伺候人家去的吗?小静再三劝说,老中医也极力表现,又是在老家小静家人给置办房产,又是要接丈母娘一起过来生活,知道丈母娘喜欢音乐,立刻将一架价值不菲的三角钢琴抬进家门。老中医承诺,婚后不但在城里买房子,郊区也要买大别墅,如果丈母娘认为在一起居住不方便,那就在边上再买个楼房。一切的一切都离不开金钱的诱惑,小静母亲看到老中医也是态度诚恳,勉强同意了这门婚事。

历尽千辛万苦,两个人走到了一起,开始的日子还是很甜蜜的。随着小静的努力学习和实践,老中医的独门绝技也都学到手了,门诊部生意越来越好。老中医也兑现了他的承诺,在城里买了 4 套房子,直接作为门诊部使用。郊外又是置办别墅又是置办楼房,小静的父母也被接到了北京,日子过得红红火火的。

可好景不长,婚后两年老中医得了脑中风,最后导致半身不遂。小静对此是有预知的,毕竟年龄在哪里摆着,肯定不是得这病就是得那病。在小静的精心护理下,老中医逐渐好转,但也仅限于生活自理,让他直接去给病人看病是不可能了,小静就把他带到身边,在一旁做指导,还专门请了保姆照顾老中医的起居,自己则忙着门诊部的生意。

小静和老中医肯定没法要孩子了,为了让自己有个伴,也为了自己未来的养老,小静和老中医商量领养一个孩子,老中医欣然同意了,他们费尽周折,终于领养了一个女儿,这个女儿给两个人的生活带来了不少的欢乐。小静看着自己的生活,住着豪宅,开着豪车,养着女儿,生活有保姆照顾,完全不用自己操心,认为自己嫁对了,只是有一件事,一直不顺心。

小静家里的保姆走马灯一样地换,小静追问她们原因,她们也不说,就是要走。直到有一天小静亲眼看到老中医在午休时,和保姆一起上了床,并锁了门,小静才知道了其中的奥秘。原来老中医一直在和小保姆们勾勾搭搭,还用金钱勾引,让小保姆保密。小静和老中医大吵一架,也暗自把每一次吵架都录了音,就是要留下证据。

小静在法庭里播放了老中医的谈话，果然像小静陈述的一样，老中医理直气壮地讲述自己和保姆出轨的理由，其间还有中医理论，让人哭笑不得，也让人惊讶不已，把出轨原因说得这么名正言顺的，我还是第一次遇到。

老中医再怎么否认也无法推翻自己和保姆出轨的事实，毕竟都是自己的录音。双方都同意离婚，孩子也由女方抚养，就是在分配财产上争执不下。一来财产多，又是房产，又是门诊部，还有不少的存款和债权，谁不想多分一些呢？小静不但要求多分财产，还要求对方给付 10 万元的离婚损害赔偿金。

可是，婚姻中有过错的一方，就是要为自己的行为付出代价，那就是法律的惩罚，少分财产，即便这些大多是靠老中医的名誉积攒下来的。老中医觉得自己亏大了，简直就是妻离子散，家破人亡，那当初的理直气壮、名正言顺都哪儿去了？本可以一家人和和美美地生活在一起，享不尽的荣华富贵；本可以娇妻爱女陪伴终老，安度自己的晚年生活，这一切都被自己的贪欲化为乌有。

最后的判决也算是公道，小静分到了 60% 的财产，获得了 5 万元精神损害赔偿金，满意离去。老中医也没落到好下场，自己的几个子女一直埋怨，当初为什么要结婚呢？为什么让人家分到这么多财产？现在这个父亲瘫痪在床，也没有为子女挣钱的能力了，能不让那几个只认钱的子女嫌弃吗？

温馨提示

1. 作为离婚案件的原告要求过错方给付损害赔偿的，必须在离婚诉讼的同时提出损害赔偿的请求。

2. 作为离婚案件的被告，如果不同意离婚，也不提起损害赔偿请求的，可以在离婚后 1 年就此单独提起诉讼。

3. 无过错方作为被告的离婚诉讼案件，一审被告未提出损害赔偿请求，二审期间提出的，法院应当进行调解，调解不成的，告知当事人在离婚后 1 年内另行起诉。

4. 双方均有法律规定的过错情形的，一方或者双方向对方提出离婚损害赔偿请求的，人民法院不予支持。

五、离婚时转移财产处理

《民法典》第 1092 条是对夫妻一方擅自处分共同财产或者伪造债务侵占另一方财产应承担法律责任的规定。实践中，夫妻一方实施侵害夫妻共同财产或者侵占另一方财产的违法行为很多，对于这样的违法行为，法律严格加以禁止。为保护另一方的合法权益，本条规定对其法律后果做了明确规定。主要分两类：一是侵害夫妻共同财产。夫妻共同财产从性质上说属于共同共有，在共有关系消灭之前，财产权利是一个整体，只有在婚姻关系消灭时，才能对共同财产进行分割。夫妻在处分共同财产时，应当平等协商，取得一致意见，任何一方不得违背他方的意志，擅自处理。特别是对共有财产做较大的变动时，如出卖、赠与等，更应征得另一方的同意，否则就侵犯了另一方对共有财产的所有权。因此，擅自处分、隐藏、转移、变卖、毁损、挥霍夫妻共同财产的行为，是一种侵犯共同财产所有权的民事侵权行为。这在主观上是要存在故意的，如因不慎将某些共同财产毁坏，只要没有故意，就不属于本条规定之列。二是侵占另一方财产的行为。主要是指在婚姻关系存续期间，有伪造夫妻共同债务的行为，进而企图侵害另一方财产。伪造债务是指制造内容虚假的债务凭证，包括合同、欠条等。伪造债务是违法行为的客观表现，其在主观上是故意不是过失，是以侵占夫妻另一方财产为目的。只要夫妻一方实施伪造夫妻共同债务的行为，就属于对另一方财产的侵害。

有上述行为的，在分割夫妻共同财产时，对该方可以少分或者不分。需要说明的是，本条对少分的具体数额或者比例以及在何种情况下可以不分、少分，没有作出明确规定，只是规定了“可以”少分或者不分。法院在审判实践中，应当根据违法行为的情节和案件的具体情况作出处理。

本条还对离婚后，即离婚案件已审理终结，人民法院对离婚双方有关财产分割的调解书、判决书已发生法律效力后，又发现一方有隐藏、转移、变卖、毁损、挥霍夫妻共同财产或者伪造夫妻共同债务侵占另一方财产行为的处理做了规定。即离婚后，一方发现夫妻一方有上述违法行为的，可以向人民法院提起诉讼，请求再次分割夫妻共同财产。

一方擅自出卖婚内房屋

笔者审理的一些民事申诉审查案件中，经常会碰到这样的案例：夫妻一方背着另一方把原本属于夫妻共有的房产给出卖了，被隐瞒的一方经常以房屋买卖无效为由来起诉，想要追回出卖的房屋；一种案例是夫妻一方的确没有安好心，故意将房屋出卖，意图转移财产；更多见的案例就是卖房的时候房屋价格还没有涨，卖后因涨价而反悔了。在这疯涨的房价背后隐藏着许多不为人知的疯狂的举动，不得不说这是利益的驱使。

我面前的小陶是申诉案件的申请人，姣好的面容却难掩疲惫，她面带愁容对我说："肖法官，我丈夫背着我把属于我们继承父亲的遗产——房屋给出卖了，你说我丈夫小赵有多可恶！本来想能指着这套房屋的房租来支付我和儿子的生活费，谁知道他说卖就给卖了？"小赵到底是怎么样的人，为什么干出这种事情来，我想和他谈谈。

通知了一次又一次，小赵还是没有出现，作为被申请人的小王出现了。她对这个申诉案件充满疑虑和气愤。她和我解释："我买房时，小赵给我出示了户口本、房产证，户口本上记载小赵是离异，而房产证上又是他一个人的名字，我从来不知道也没有人告诉我小赵和小陶已经结婚的事实，现在房屋已经过户到我的名下，她不承认我们买卖合同有效，要求收回房屋，这不是骗我吗？"

听了小王的解释及递到我手中的证据，我才知道，小赵当初卖房时确实隐瞒了结婚的事实，因为小赵是离异后再婚，再婚后也没有到户籍机关做变更登记，因而出现了小陶不知道卖房的事实。户籍登记机关是不是也应该改进呢？若民政部门可以和公安户籍管理机关联网，登记结婚后户籍机关就能显示出结婚事实，这样一来，房子难卖不说，骗婚的不也能少了吗？让当事人去民政部门调查婚姻情况是不太可能的事情，普通老百姓不就是依据户口登记来确认婚姻情况的吗？

小陶见这个理由不管用，就又提出一个新的意见："卖房的时候，小赵属于低于市场价出卖房屋，他和小王恶意串通，就是想把房屋卖了，不落在我的手里。""你买房子时用了多少钱？"我向小王发问，因为法律有明确规定，如果是善意取得，支付合理对价并办理产权登记手续的房屋，另一方主张追回该房屋的，法院是不予支持的。

"您还真别提这个房价？当时我买房是每平方米1.5万元，市场价格是1.4万元，我已经多付了1000元，可为了解决孩子上学离家近的问题，我也就认了。可谁曾想，办理过户手续时，小赵是坐地涨价，非要我多给他5万元，本来房屋全款就是我东拼西凑来的，可小赵看出我着急想买的意思，就是要多挣些，我没办法，只能向我父亲又借了5万元，这才办了房屋过户手续。"小王边说边拿出了小赵写的收条，房款确实比房屋买卖合同中订立的房款多了5万元。小陶还是将信将疑："可我根本没有见到这笔钱啊！"

"你是见不着这笔钱，当时小赵说他有一个外国女友，刚刚分手。他又新交了一个女朋友，他告诉我，他打算用这笔钱再买一套离女友单位近的房子，再带女朋友去三亚旅游？我想，如果你那时已经和他登记结婚，他说的女友一定不是你，这些你都不知道吧！"小王一股脑儿地把当时情况说了出来，不但小陶震惊不已，我也有些惊讶，敢情小赵还有婚外情。

小陶眼圈明显红了："早知道就不应该找这个不靠谱的文艺青年，他整天告诉我在外面组建乐队，要到各处演出，我就没有查他的行踪，我也知道他不安稳，可谁让我婚前就怀孕了呢？若不是想让孩子有个名正言顺的爸爸，我才不会嫁给他！"眼前这个漂亮女子开始了哭诉，我也不知道这文艺男青年是不是个负责任的人，他既然娶了小陶，就应该对母子俩负责吧！可婚后又是这样的"精彩"，该骂不该骂呢？

无效处理婚内房屋的赔偿

小陶当然没有办法要求自己老公和小王的房屋买卖协议无效了，因为小王符合法律规定所述的"善意购买并支付合理对价、办理登记手续"，那小王就没有办法追回自己的房子了吗？

小陶还是有办法的，但这个办法要在离婚诉讼中才得以实现。夫妻一方擅自处分共同共有房屋造成另一方损失，离婚时另一方请求赔偿损失的，人民法院应予支持。

要求损害赔偿也要具备三个条件。(1)要求对方给予赔偿，必须以离婚为代价，不离婚就不能解决赔偿问题。(2)赔偿损失是以折现的方式实现也就是房屋卖了多少钱，以此为标准进行赔偿。(3)赔偿的前提是要证明对方属于擅自处分，如果卖房是经过双方商议的，还是无法得到赔偿的。

这只能说是个没有办法的办法了。谁都知道，房价飞涨的今天，即使补偿了房款，是否又能真的重新买得起房子呢？就北京来说，二年前能买到四环内三居室的房子，二年后可能也只能买到五环外的一个两居室。这年头，房子是保值的，一旦卖了，就不再好买了。

如果没有这样的法律规定，势必造成合同履行秩序的紊乱。房价在涨，本来夫妻协商一致交易后，很可能一方就会以不知情而反悔，如果法律支持这样的做法，房屋买卖合同就很难做到如约履行了。如果真的是一方私自卖房，另一方一是可以在离婚时要求赔偿，二是可以在婚姻存续期间要求分割夫妻共同财产。

共同财产登记双方名下最安全

你不得不开始小心你家的房子，因为一旦一方出卖，就很有可能难以追回。有些防范意识是必须的，比如，到房屋登记机关去更名，将属于夫妻共同财产但登记在一人名下的变为登记在双方名下，这样，对方出卖就会出现困难，房子就会保住。

我还遇到另外一种案例。那就是用夫妻共同财产出资购买以一方父母名义参加房改的房屋。例如，父母承租的是公房，在进行房屋改革后，可以出资购买变成私有房屋，可有的父母已退休，无力支付相应房款，有的是父母和子女一起居住，子女就代父母缴纳房款。往往，房款交了，房屋产权仍登记在父母名下。这是属于父母的财产？还是子女的财产？还是共有财产？

纠纷往往发生在父母再婚或死亡继承时，有时夫妻离婚也比较常见，因为对房屋产权有争议，大家就争执不休，离婚时，也有的夫妻要求分割这部分房产，法院对此怎么处理呢？

这种由子女出资购买的房改房，因为产权还登记在父母名下，因此不能转变成父母子女的共有财产，更不能转化成夫妻财产。法院对一方分割该房屋的主张是不予支持的。对于购房的出资，可以作为夫妻债权处理。谁收益，谁承担房屋价款的返还义务，也就是说，离婚时的夫妻可将此笔购房款作为债权进行分割，分割到债权的一方可起诉房屋产权登记人返还该房款。

为父母出资是件孝顺的事情，可别以为出资了就变成自己的了，打这种小算盘的人得不偿失，踏实过日子才是本分。

第五章

离婚中的

房屋分割

05

《民法典》第一千零八十一条 【军婚的保护】现役军人的配偶要求离婚，应当征得军人同意，但是军人一方有重大过错的除外。

《最高人民法院关于适用〈中华人民共和国民法典〉婚姻家庭编的解释（一）》第二十九条 当事人结婚前，父母为双方购置房屋出资的，该出资应当认定为对自己子女个人的赠与，但父母明确表示赠与双方的除外。当事人结婚后，父母为双方购置房屋出资的，依照约定处理；没有约定或者约定不明确的，按照民法典第一千零六十二条第一款第四项规定的原则处理。

一、离婚所涉婚前房产认定

由于经济发展速度较快，房屋价格持续上涨，房产成了夫妻共同财产中的一个大头，处理不好，极易引发当事人的矛盾，进而上诉、申诉、上访，也就无法达到息诉罢访的目的。法院经过多年的司法实践，也总结了一套对于婚前、婚后房屋各种出资、登记等情况的处理办法，给大家简单加以介绍。

一方出资的房产

先看看这种由一方出资的情况。第一种，一方在结婚前取得房屋产权，房屋落在自己名下，并还清个人贷款或是全款买房的，该房屋即为婚前个人财产。第二种，结婚前已经还清全部贷款，但婚后才取得房本的，房屋落在自己名下的，该房屋仍认定为夫妻一方财产，另一方无权要求分割。第三种，结婚前已经支付了房屋首付款，并向银行贷款，房屋落在自己名下，婚后用夫妻共同财产还贷的。司法实践中将房屋认定为个人财产，而夫妻还贷支付的款项以及房屋还款额相对应的财产增值部分由双方平分，而尚未还款部分则为产权登记一方的个人债务。第四种，房屋落在对方名下的，通常出资方不具备购房条件的，才以对方名义购房，这种按共同共有处理。如果没有特殊情形，多会视为以结婚为目的的赠与，按登记方个人财产处理。第五种，房屋落在双方名下，该房屋算夫妻共同财产，离婚时不考虑出资情况，一律平分。

在婚前已经由一方支付全款的房屋当然要算作一方的婚前财产，离婚后不应该作为共同财产来分配。只有当离婚后一方生活困难时，才可以让另一方对生活困难一方予以帮助，也就是出现这个情况时，婚前财产并非全部归个人所有。法律对生活困难的解释是“一方离婚后没有住处的，属于生活困难”。离婚时,一方以个人财产中的住房对生活困难者进行帮助的形式,既可以是房屋的居住权,也可以是房屋的所有权。因此,对个人财产,既可以判居住权也可以判所有权。

双方出资的房产

对于双方在婚前共同出资买房,离婚时的处理分两种情况。第一种,房屋落在夫妻二人名下的,房屋属于夫妻共同财产,离婚时不考虑出资状况,一律平分。第二种,房屋只落在一人名下,如果在同居期间,法院基本会按共同生活期间,以结婚后共同使用为目的,作为共同共有处理,通常不作为按份共有处理。如果不是同居期间购房,按共同财产处理还是按借款或是赠与处理,就不确定了,法官要综合考虑购房背景、出资数额,以公平角度来判定,并没有统一定论。

婚前双方共同购房但房本上只有一个人的名字的情况也有,如果在离婚时对方不承认,你又无法出示充足的证据证明共同购房的事实,法院也无法对此进行认定,那和吃“哑巴亏”是一样的。千万不能在婚前头脑冲动,以为一好百好,真有那么不好的一天,任何人也无回天之力。那时你就会发现婚前财产协议或公证的重要性了。

2002 年 10 月王某买了一套商品房,首付 40 万元,银行贷款 40 万元,并办理了产权证。一年后王某与张某结婚,当时王某的房产已升值至 100 万元,婚后双方共同偿还贷款。2003 年 11 月,夫妻双方因感情不和闹离婚,当时该房产的市值已经达到了 140 万元。双方谈及房屋的分割问题时,张某认为,该房屋目前的价值除去 40 万元首付款以及王某第一年支付的 5 万元还贷款之外,其他的部分属于夫妻共同财产,即 140 - 40 - 5 = 95 万元,要求对这部分共有财产进行分割。而王某则认为,该房产是自己的婚前个人财产. 结婚后仍然归自己所有,因此不同意分割。后双方将此纠纷诉至法院。

法院经审理后,一审判决该房产为王某个人财产,归其个人所有。而对于婚后夫妻双方共同偿还的银行贷款,王先生应将其中的一半偿还张某。张某不服,上诉到二审法院,二审法院维持原判。

现有的法律法规没有就婚前按揭房产的分割问题作出明确的规定,只是就一般的婚前财产的分割作出了规定,即除夫妻双方另有约定外,婚前个人财产属于夫妻一方所有,并且婚前个人财产并不因夫妻双方婚姻关系的延续而转化为个人财产。就这个问题处理存在两种情况。

第一种是协商解决。也就是说,婚前签订了购房合同,不动产登记在首付款支付方名下的,离婚时该不动产由双方协议处理。

第二种是诉讼解决。如果双方就上述情况达不成协议的,法院可以判决该不动产归产权登记一方,尚未归还的贷款为产权登记一方的个人债务。双方婚后共同还贷支付的款项及其相应财产增值部分,离婚时应根据照顾子女及女方原则,由取得房屋所有权的一方对另一方进行相应补偿。

增值补偿时,应依据房屋增值比例给付补偿款。比如,房屋价款为40万元,婚前首付20万元,贷款20万元。婚后还贷10万元后双方离婚,此时房屋现值为80万元,相当于翻了一番。还贷的10万元为夫妻共同财产,得到房屋产权一方应该给对方的折价款不是5万,考虑到房屋增值部分后为10万元,即5万元的2倍。

婚前财产公证

我见过这样一种人,不管她承认不承认,她找结婚对象、伴侣的目的是过上富人一般的生活,这就使爱情变得不那么纯粹。婚前有钱不等于婚后一直有钱。

每当我劝那些即将进入婚姻殿堂的人最好做个财产公证或签署个协议时,别人总认为我太多虑了,有时还不是很高兴,认为我把他们都看成了贪财的人。是的,婚姻是基于双方在相爱、信任之后产生一种亲情,对两个关系的一个界定。如果两个人一直保持着恋爱关系,感情也一直很稳定,一起经历了风风雨雨的变迁,彼此非常地尊重。浪漫的初恋、热恋到即将步入神圣的婚姻殿堂,都是两个人在这些年来感情的积累,现在却要为了财产非分清个你我,多少都有点儿伤害感情,婚姻也确实不需要靠办理婚前财产公证来保障。

随着现代社会的变化，很多新的事物走进了我们的生活，现代人的爱情也变得越来越现实。也许，婚前的财产公证可以为失败的爱情寻找一个庇护所，也可以为个人的利益寻求一种保障，可是，如果说婚前财产公证可以有效保障婚姻的话，那么爱情呢，爱情是否也需要婚前公证呢？因此，婚前财产公证面对着情与利的撞击，这在某种程度上也伤害着两个人的感情。我知道这些让人无法接受的道理。

每个人有其对婚姻的独特期望，有的人是因为相爱而结婚，有的人是因为家庭压力而结婚，也有的人是因为贪图对方的财产而结婚。婚前财产公证在某种程度上是给那些贪图财产的人制造了一个障碍，而不是为爱情提供保护。婚前财产公证使越来越多的人在有了保护自己权利思想的同时，也使本来爱情和婚姻关系变得更现实，它提醒人们，爱情并不是理想化的，它并不能排斥对现实生活的关注。现实婚姻并不是那么理想，它不会像我们所期望的那样。

从法律角度来看，婚前财产公证起到一个证据作用，以减少发生纠纷的可能。随着社会的发展，由于婚姻财产引起的法律纠纷问题日趋上升，也是婚姻纠纷中双方经常争议的焦点。我国婚前财产约定协议公证是近几年来开办的一项公证业务，它有助于明确婚前财产的数量、范围、价值和产权归属，是解决婚姻、财产纠纷的可靠的法律依据。

随着生活水平的提高，人们在生活中的财产类型、数量日益增加，但在法律社会中，用法律来界定财产的归属并没有什么“说不出口”“互不信任”的问题，反而是对法律的尊重，对对方的尊重。

二、离婚时共同财产中的房屋的评估

无论离婚当事人是有一处房产还是有多处房产，在房屋分割时都存在一个价格的评估认定问题，是不是所有房屋都要评估？评估价格是不是法院分割财产的唯一标准？你如果不知道，就有可能不理解法院的最终判决。

正确对待房屋估价

房屋价格评估是公开、公平、客观、公正的，但我们并不是一个房屋买卖的案件，要算个不差毫厘。这只是一个离婚案件，即使差个几厘也是有以前的夫妻情分在里面，当事人不会因为这一点而计较。而且双方都同意离婚的时候，大多希望能够尽快调解和判决，脱离这种痛苦。这是较长的鉴定周期所不能达到的。最主要的是这种方式还不用花一分钱。因此，评估绝对不是唯一一种方式。

小杨和小何年龄不大，都 30 出头，但是钱没有少挣。因为两个人开办了一个广告公司，每年收入颇丰。结婚 5 年，他俩把挣到的钱都用在买房上，一下子就有了 3 套属于自己的房产，城里 1 套公寓、城外 1 套三居室、远郊 1 套大别墅。按说他们可以踏踏实实享受生活了，但是问题却出在了要孩子上。

两个人都爱孩子，从结婚那天起就在积极造人，可小何的肚子依然没有起来，两口子跑到北京各大医院查了个遍儿也没有找出原因。小何的中药是四季没停，因为吃中药不能吃羊肉、辣椒，小何这么爱吃辣椒的人竟然就为了要孩子把这口给戒了。最后，见中药就想吐的小何已经放弃自己生一个孩子的希望了，就和小杨商量着收养一个孩子。

小杨坚决不干，说两个人还年轻，还没有到无法生育的年龄，为什么要白白替别人养一个，还威胁小何："你如果不想生，我就找一个替我生！"矛盾就这样产生了，从日日冷战，到感情逐渐淡漠，一直到最后分居，两个人面对的就是离婚了，无非是谁先提起而已。

小何见小杨嫌弃自己，一点儿没有继续在一起生活的意思，这样冷战下去，工作也干不好，干脆离婚。小何到法院起诉来了，小杨也认为是在孩子问题上双方产生矛盾，同意离婚。我是做完小何的工作，做小杨的工作，没有孩子的人多了，也不是都要离婚呀？没有太大的矛盾，守着这么多房子，衣食无忧的，没有两个人感情破裂的道理。

小何说两个人也不是只为要孩子，平日里在公司就常为琐事吵架，各不相让。最近分居一年多,两个人连谈都不想谈了。小杨说小何坚持领养孩子,如果不离婚,她早晚会领回家一个,与其这样,不如早散伙。我的苦口婆心并没有起多大效果,离婚是在所难免。

两个人对离婚没有争议,争议就在广告公司的财产分割和房屋分割上。尤其对房屋分割,双方争执不下,对房屋的现值说法不一。双方申请由法院委托进行房屋价值评估,根据评估的价值来分割。我和他们说:“做个价格评估的鉴定很容易,但先别忙着做鉴定,鉴定是比较客观,但是鉴定的周期长、成本高,就你们这三套房子,鉴定费就是一笔不小的开支。”他们对我的话不以为然,以为除了鉴定可以让他们心服口服,没有其他方法。我提醒他们:“你们可以多走几家房地产经纪公司,他们都能把你们房屋的价格说个八九不离十,报纸上的售房广告也可以做参考,同等地段的房屋可以估算出每平方米的价格。”两个人听从了我建议,都要回去问问房屋价格。

三天后,案子重新开庭,他俩把各自询问出来的价格都提交给法院,结果相差无几,两个人也就都认可了这个价格。按照这个价格,我就可以在判决中进行分割及折算价格。这个方法既省钱又省时,双方还没有意见。

评估单位的选定

根据最高人民法院关于证据规则的规定,对鉴定单位的选定有两种方式。第一种是在法院的有资质的鉴定单位名册中双方共同选定一家;第二种是由法院指定一家鉴定单位,就房屋进行价格评估。

鉴定费的交纳按鉴定单位的规定,有的是预交,有的是评估结论作出后交纳。在交纳鉴定费上面,也有两种情形,一个是谁要求做鉴定谁就先预交鉴定费,另一个是双方各交一半的鉴定费。如果是调解离婚,就鉴定费由谁负担也是调解内容之一。判决离婚的,法官一般也是判决各自负担一半的鉴定费,如果有一方生活困难或有其他情况,也可以少负担或不负担鉴定费。

房屋价格补偿款的计算

无论是按价格评估部门的结果也好,还是以双方认可的结果来计算也好，其最终目的就是要平均分割双方的财产，占有房屋的或占有房屋面积、价值大于对方的，应当给付相应的财产折价款，也就是补偿款。

房屋折价款的计算不是完全依靠评估结果，评估价格是法官的参照标准之一，具体分割时还要体现照顾子女、女方、无过错方原则，还要考虑对方的支付能力，以便日后得以实际履行判决的内容。

三、公房承租分割方式

在福利分房的时候，我们住的多是公房，在离婚时可以分割使用权。现在商品房越来越多，以前的公房也大都被大家以成本价等方式购买，但也有人没有购买，还是以承租方式租住房子。

双方都有承租权的条件

大家存在一个错误观念，认为只要这东西是谁的名字就该分给谁，房子的房屋租赁契约上同样也是，写谁的名字就是谁的，或者说谁的单位分的房子离婚后就当然没有对方的份。其实，最高人民法院对于公房的使用和承租问题有一个具体的解答，一来纠正大家的错误观念，二来提供了法院对此类问题的解决依据。

在承租公房的当事人中，开庭时经常有人振振有词地和我说："法官，这房子是我们单位分给我的，和对方一点关系也没有，离婚后我们单位也不允许把房子交给其他人承租，所以只有我才能继续租住。"按照最高人民法院的这个解答，我一一替他解释。只要满足下列条件之一的，离婚后，双方均可承租：

1. 婚前由一方承租的公房，婚姻关系存续 5 年以上的。也就是说，不是婚前承租的就应当为婚前"财产"，其中有条件限制，即使是一方婚前承租的，在结婚满 5 年后，另一方也有权在这里承租。有的当事人为什么明明知道感情确已破裂却想方设法不让法院判决离婚，就是想拖够 5 年婚龄，在离婚时可以参与房屋分配。我对此可以理解，对大部分中国老百姓讲，没有比房子更大的事情了，这时候，小不忍则乱大谋，宁可守着死亡的婚姻，也要分得个一间半间。在这里，再说什么应该为了保持尊严而视钱财为粪土好像有些苍白了。

2. 婚前一方承租的本单位的房屋，离婚时，双方均为本单位职工的。这是指房子虽然由一方婚前承租，双方可能在一个单位也可能在两个单位，但是在离婚时双方已经在同一个单位了，这样双方就都有承租权。

3. 一方婚前借款投资建房取得的公房承租权，婚后夫妻共同偿还借款的。有的福利分房是要给付单位部分建房款的，如果是以一方婚前的借款取得房屋承租权，婚后夫妻双方共同来偿还借款，无论借款有多少，双方偿还了多少，都可以有承租的权利。

4. 婚后一方或双方申请取得公房承租权的。也就是说，只要是婚后承租的房子，无论是以一方名义还是以双方名义，离婚时双方对房屋都有承租权。那种谁单位分的才有份的观点显然是错的。

5. 婚前一方承租的公房，婚后因该承租房屋拆迁而取得房屋承租权的。房子虽然是婚前一方承租，但在婚姻关系存续期间房子被拆迁又重新安置了另一处房屋，如果安置的房屋为承租性质的，双方对新安置的房屋都享有承租权。

6. 夫妻双方单位投资联建或联合购置的共有房屋的。如果双方承租的房屋系双方单位共建的，那双方都对房屋享有承租权，而无论共建是在婚前还是婚后。

7. 一方将其承租的本单位的房屋，交回本单位或交给另一方单位后，另一方单位另给调换房屋的。这和前面的情况相似，无论夫妻双方哪方的单位是房屋产权人，无论房屋的分配如何变化，双方都有承租的权利。

8. 婚前双方均租有公房，婚后合并调换房屋的。以前这种换房情形很多，可以把小间换大间，城外换城里等，双方用婚前的房屋共同在婚后换到一起的，就这一处房屋双方都有承租权。

除了上述这八种情形，其他应当认定为夫妻双方均可承租的情形法院也可以依公平原则进行分割。总的来说，就是要当事人在离婚后有一个安稳的住处。

公房分割原则

公房的分割也是有具体原则的,其中平均分割是基本原则,但是具有下列情况的,可以多分。多分的份额怎么理解?比如,一套两居室的,受照顾的一方就可以分到大间,另一方就分小间;两套两居室的,就看房屋面积和房屋位置等情况,面积大的、位置好的要优先分给受照顾的这一方。

原则一:照顾抚养子女的一方。这也就不难理解为什么离婚时都在争夺孩子的抚养权,有的是真心,有的就是假意,不要认为我说话不客气,这些都是因为确有其事我才这么说,我就见过这样的当事人,口口声声说要孩子,一旦财产没有达到她的要求,她就把孩子扔在法院不管,我看不出她有多爱孩子。

原则二:男女双方在同等条件下,照顾女方。这充分说明住房分割的平均原则,但女方还是要优于男方。如果拿未成年子女和女方来说,在照顾力度上,未成年子女要在先,优于女方。

原则三:照顾残疾或生活困难的一方。不用多解释,法律公平的体现就在这里,弱者是要受到特殊照顾的。

原则四:照顾无过错一方。这和财产分割原则是一样的,无过错方是可以多分到财产的,有过错方是要少分或不分财产的,这也不是必须为法律规定的可以得到精神损害赔偿的那几类,这里所说的无过错的范围较为宽泛,具体情形法官依具体案情而定。

公房分割方法

有了上面的基本原则,也要具体体现在房屋分割上,分割的并不是产权,而是房屋的承租权或居住使用权。法院在依法分割的情况下,还要考虑男女平等和保护妇女、儿童合法权益等原则,考虑双方的经济收入,实事求是、合情合理地分割。

一般来讲,还是要先主持双方的调解工作,最好能够协商解决,这样才能充分尊重当事人的意愿,并且可以使房屋能够得到最好的利用,方便生活。具体双方其他情况是不为法院所知的，常有当事人说她不缺房，她娘家房子多着呢。如果对方愿意放弃房屋的承租权固然好，因为她可以不为离婚后的住处发愁。但如果她不同意，那就不能随意剥夺她对房屋的承租权，即便是她娘家有金山银山，法院也无权把她判到娘家去居住。

双方无法协调时，法院就要进行判决。如果有一套以上的房屋，这最好分，一人一套就行。如果仅有一套房子，也是本着分得开、住得下的方式处理。一套两居室住房，双方都有承租权且都要求在此居住，法院往往会判决一人一间居住。有的人也问我，这样离婚后还在一起住很不现实，为什么要这样？因为当事人都不让步，法院也变不出其他房屋，只能这样，至于婚后如何居住，双方还得自行调解。值得注意的是，如果一方存在家庭暴力行为，法院就不宜再将双方判到一个房屋中去，不利于对受害方的保护。

对于一套一居室房屋，有的当事人愿意在客厅打隔断居住，如果双方都愿意可以考虑，但要分清谁来付打隔断的钱，也要使每个居住的房屋有独立的门可通行，里外间肯定是不具备打隔断条件的。不能打隔断的，只能采取一方承租，承租方给予另一方经济补偿的原则。具体补偿数额为多少，要具体案件具体分析，我掌握的情况一般是最高不超过同等地段 2 年的租金为标准，这毕竟不是商品房，不能和商品房画等号，它只是一个承租的权利。法院有时也会问产权单位，单位有条件的可以另调房屋让他们分别租住，但这种情况现在是不多见了。承租方有能力给另一方解决住房的，可予准许。

离婚时，一方对另一方婚前承租的公房无权承租的，法院可调解或判决其暂时居住，暂住期限一般不超过 2 年。暂住期间，暂住方应交纳与房屋租金等额的使用费及其他必要的费用。如果无法判决暂住，另一方在另行租房经济上确有困难的，如承租公房一方有负担能力，应给予一次性经济帮助。

温馨提示

1. 经法院调解或判决房屋承租权的，可以持法律文书到房屋产权单位办理房屋租赁合同的承租人变更手续。

2. 在进行承租房屋的调解或判决时，应提醒法官除了分割共同承租的房屋外，还要分清离婚后房屋租金、水电费、燃气费、供暖费的负担问题。

3. 对夫妻共同出资而取得"部分产权"的房屋,分得房屋"部分产权"的一方,一般应按所得房屋产权的比例,依照离婚时当地政府有关部门公布的同类住房标准价,给予对方一半价值的补偿。

4. 对夫妻双方均争房屋"部分产权"的,如双方同意或者双方经济、住房条件基本相同,可采取竞价方式解决,谁出的价格高由谁取得"部分产权"。

四、商品房分割方式

对一般百姓来讲,没有比房子更大的事情了,商品房逐渐增多也带来了离婚案件中的许多热点和难点问题,弄不懂很正常。

商品房的种类

这里,我们把所有需要用钱来购买的房屋统称为商品房,其实在实践中,房屋的种类还是不少的,看看你的房子属于哪一类。

1. 纯粹的商品房,已经交纳了全款并取得房屋所有权证书的房子,可这也分两种,一种是房屋产权人为个人的,还有一种是所谓的小产权,当事人只有使用权,该房屋无法上市交易。

2. 有贷款的商品房。房屋虽然取得房屋所有权证书,但该房屋因为有银行贷款,因此产权证并不在当事人手中,而在银行或担保部门存留。一般情况是房屋已经交付。

3. 期房,也就是只交了定金或购买"楼花"的房屋。房屋买卖合同已经签订,但未实际交付房屋,一般情况下购房款亦未交付。

4. 按成本价购买的福利房屋。该房屋性质为公房,根据国家房改房政策,用房屋成本价格购买的房屋,也能取得房屋所有权证书,但因为该房屋实际购买价格较低,与商品房有所不同,而且也存在小产权的问题。

婚后买房的出资与产权分配

婚后购房形式多种多样,产权登记方式也五花八门,离婚时如何认定房屋产权是法官办理离婚案件的一个难点。针对买房出资方式，主要采取以下几种认定。第一种，一人以婚前个人财产出资的，如果房屋落在自己名下，并已经支付了全部房款，该房屋应为个人财产的转化，属于个人财产；但如果房屋只是支付了全部首付款，房屋按个人财产处理，房屋尚未偿还部分以及房屋增值部分属于夫妻共同财产，应共同共有。如果房屋落在双方名下或是对方名下，房屋算是共同财产，出资部分视为一方对另一方的赠与，夫妻双方共同共有房屋产权。第二种，双方用共同财产买房的，房屋落在双方名下，这是典型的夫妻共同财产；房屋只落在一方名下，仍算是夫妻共同财产；落户在未成年子女名下的，一般视为未成年子女财产，离婚时不予分割，但可以由抚养监护一方暂时管理。

商品房的分割方法

因为存在多种形式的房屋，导致在实际审判中有不同的处理方式，相关法律对此规定得也不是很详尽，各个地区法院的处理方式也不太一致。

对于已经取得所有权证书的商品房，一般是双方协商，协商不一致的，法院一般采取以下三种方式处理。

1. 双方均主张房屋所有权并且同意竞价取得的，应当准许；这必须满足两个条件，一个是当事人都想要房屋，另一个是当事人都同意用竞价的方式。当然是谁出的价格高，谁就取得房屋所有权，取得所有权的一方给另一方相当于竞价的一半来补偿。这个是比较公平的，但前提是双方都能拿出竞价的钱来，一方拿不出就无法参加。这种方式比通过价格评估方式要快捷，还能省出评估费。实践中，这个方式取得房屋的并不多，既可能因为是竞价，谁也占不到便宜；也可能是夫妻之间财产比较公开，谁也无法拿出这么多钱来，除非有小金库或亲友帮助。

2. 一方主张房屋所有权的，由评估机构按市场价格对房屋作出评估，取得房屋所有权的一方应当给予另一方相应的补偿；这种方式也要满足两个条件，一个是双方都同意以这种方式分割房屋，如果都主张所有权，且都不愿意出钱的情况下，就只能实际判决房屋为共有状态，而分割房屋具体居室的使用权;另一个条件是一方同意按评估价格取得补偿。实践中有的当事人虽然不主张房屋产权,但也不同意做价格评估,而是要高于市场价格来折价,否则就不同意让出房屋所有权。如果双方无法达成一致,法官也只能把两个人判到一个房子里去。

3. 双方均不主张房屋所有权的,根据当事人的申请拍卖房屋,就所得价款进行分割。这个也好处理,但实际上并不常见。可能大家都觉得有房子比有票子要更保值,如果拍卖,也不见得就能够拍出一个最高价来。如果当事人有多处房屋,愿意卖个一两套的,这也是一个可以采用的好方法。

期房也是好处理的,如果你愿意取得房屋产权,那可以就交纳的定金按共同财产予以分配,主张所有权的一方交纳房屋交付时的后续费用。如果双方都不主张的,就采取退款后分割房款的方式,因为退款是开发商来掌握的,是否能退全部就不好预测了,必须等到退完后来办理。有的人还主张按商品房的价格评估,虽然考虑了房屋增值的因素,但由于没有具体房屋能做评估,这种方式也不被采纳。

以成本价购买的房屋在评估时也与商品房价格是一样的,当事人常对此不理解,认为这样分不合理。比如,当初 2 万元购买的房屋,而现在评估时可能是 100 万元,价格是原来的 50 倍。但是,如果一方取得,给另一方按 2 万元的一半来补偿的话,同样也不是公平啊。

小产权的房屋和尚未取得所有权的房屋,如果双方同意可以采取竞价、评估方式分割,但因为无法实际过户,无法采用拍卖的方法。如果双方不同意,且无法协商一致。法院在实际处理时一般不宜判决房屋所有权的归属,而应根据实际情况判决由当事人使用。例如,一套两居室房屋只取得了小产权,即房屋的永久使用权,双方当事人离婚时又都要求该房屋的所有权,因为该房屋的大产权一般归单位所有,法院就不具体判产权,而判决使用权。即实际分割该房屋的哪间居室由谁使用,其余卫生间、厨房、门庭部分一般都是判共同使用,这和公房承租的分割方式相似。一旦当事人就上述房屋取得完全所有权后,当事人可以协商解决,对于有争议的,可以另行向法院提起诉讼。

未还清贷款的商品房分割

对于有贷款的房屋,双方当事人同意的,也可以采取竞价、评估、拍卖的方法来分割,一般谁取得房屋,谁交纳今后的房屋贷款,这种贷款也是夫妻共同债务的一部分。如果不能用上面形式分割的,法院也会判决该房屋归双方共有,分配具体居室的使用权,按使用面积分摊贷款数额,待贷款交完后,各自使用的居室归各自所有。一般要把使用期间的水电、燃气、物业费等一并判上。有的房屋管理部门,还可以就共有的房屋办理共有产权证,以防该房屋未经另一共有人同意而被变卖。双方当事人可以持生效的判决到房管局办理共有登记手续。

小曹和小国婚后高高兴兴贷款 50 万元买了房子,当时房屋总价款是 100 万元。但两人还贷款未满 2 年的时间,就因为经济问题闹了矛盾。两个人都是年轻人,以为还贷款的方式很轻松,当初选房的时候就没有多想,买了一个让人羡慕的大房子。谁知每月 5000 元的贷款占用了双方收入的一半。

小曹是个爱打扮的姑娘,结婚后还和婚前一样,花钱大手大脚,已经成了习惯。可小国过日子仔细,他的贷款压力比小曹大,一开始只是提醒小曹节约开支,可小曹觉得真要这样过上十几年,自己非被逼疯不可。一边是掰着手指头过日子,一边是衣服、化妆品照买不误,矛盾不可能没有。

天天因为花钱吵架把两个人吵烦了,两个人想得开,过不到一块就离。到法院来离婚倒也干脆,吵来吵去的还是这套房子。小国想要房子,认为自己辛辛苦苦一直还着贷款不容易。小曹没有争房子,却认为房屋的价格早已不是当初的 100 万元,现在都能到 200 万元了,小国要房子可以,但是需要给她最少折款 100 万元才可以。

征求双方同意后,对房屋进行了价格评估。该房屋现在价值为 180 万元,可怎么分割才可行呢?因为毕竟贷款只交了 10 万元,还有 40 万元的贷款呢,这 40 万元的贷款也应算双方的债务。如果只考虑房屋的增值部分,而不考虑债务的增值也不是很合理。

按公平原则及照顾女方原则下，权衡该房屋的现实情况，我判决房屋归小国所有，小国给付小曹的房屋折价款是 70 万元，房屋贷款 40 万元的债务全部由小国负担。这样既可以方便贷款，也算是合理分配。小国取得了价值 180 万的房屋，他要付出的代价就是给付 70 万元的折价款并负担 40 万元的债务。当然，小国如何给付小曹这笔钱就是执行的问题了。

如果不考虑房屋价格上涨因素，就会导致分割的不公平。房屋也有下降的可能，但我认为都应该以离婚诉讼时间点为标准，如果不考虑现值而仅依据购买价格进行分割，就无法达到双方满意的效果。

几种特殊情况的商品房分割

1. 小产权房的分割

对于已被有权机关认定为违法建筑的小产权房，法院不予处理；但违法建筑已经行政程序合法化的，法院可以对其所有权归属作出处理。

对于虽未经行政准建，但长期存在且未受到行政处罚的房屋，可以对其使用权作出处理。在处理使用权时，人民法院应向当事人释明变更相关诉讼请求。在处理相关房屋的使用权归属时，能分割的进行分割，不能分割的可采用协商、竞价、询价等方式给予适当补偿。

在涉小产权房分割案件中，应在判决论理部分中明确使用权处理的判决内容不代表对小产权房合法性的认定，不能以此对抗行政处罚、不能作为产权归属证明或拆迁依据等。

2. 经济适用房、两限房的分割

限售期内的经济适用房、两限房在离婚诉讼中可以酌情进行分割。

经济适用房、两限房由一方在婚前申请，以个人财产支付房屋价款，婚后取得房产证的，应认定为一方个人财产；婚后以夫妻双方名义申请，以夫妻共同财产支付房屋价款，离婚后取得房产证的，应认定为夫妻共同财产。

3. 标准价购买公房的分割

婚姻关系存续期间以夫妻共同财产出资以标准价购买公有住房而获得的“部分产权”，该“部分产权”应认定为夫妻共同财产，可以在综合考虑房产来源、工龄折算等因素，并征求原产权单位意见确定产权单位权利比例后，予以公平分割。

4. 约定服务条件房产的分割

夫妻一方在婚后通过与用人单位约定服务条件取得的房产为夫妻共同财产，但离婚时服务条件尚未实现的一般应判归约定服务条件的一方。

5. 优惠购房权性质与折算

农村拆迁补偿中按所涉人口数取得的优惠购房权系基于特定身份获得的优惠安置利益，但并非优惠取得的物权本身。

离婚时优惠购房权价值折算可考虑优惠取得的房产性质、能否上市交易、能否取得产权证等因素，在不高于市场价格与优惠价格的差价范围之内予以确定。

温馨提示

1. 经过司法鉴定评估的房屋价格要略低于市场交易价格。

2. 如果房本上有第三人的名字，法院在离婚案件中不会将其主动追加为第三人，而是采取如下措施：

(1)根据当事人的申请，对房屋部分的财产分割不予审理，由当事人另案起诉；

(2)根据当事人的申请，将案件中止审理，告诉当事人另行提起析产之诉，后根据析产之诉的判决结果，对夫妻共有部分的房屋进行分割。

3. 房屋增值计算公式：

夫妻共同还贷部分÷房屋总价款×离婚时房屋的市场价值－夫妻共同还贷部分(房屋总价款就是当初购买房屋的费用，包括购买价格和贷款总利息，用夫妻还贷部分除去房屋总价款，就可以计算出共同还贷所占房产价格的比例)

4. 办理财产公证的程序是：当事人应当共同到有管辖权的公证处提出申请，填写公证申请表。

5. 公证应当提交下列材料：

(1)申请人的身份证明；

(2)协议书草稿(当事人书写协议有困难的,公证机关可以代为书写);

(3)有关的产权证明,如个人所有房产的房产证;

(4)其他有关的证明材料,如已婚夫妻的结婚证书等。

五、军产房的分割

我一直认为和军人结婚是件挺光荣的事情,军人的政治过硬,又有军人的正直、豪爽等气质,找个军队干部最实惠的是结婚后不会为房子发愁。可你想到没有,一旦你想离婚,就不那么乐观了。

和军人离婚不容易

《民法典》规定,与军人离婚,要征得军人同意。但并不是说,军人不同意离婚就永远离不了,如果符合有关条件,还是可以离婚的。比如,非军人一方反复起诉,双方因感情不和、分居时间较长等能证明感情确已破裂的,之所以有这样的规定是对军人这个特殊职业的保护,当军人守卫边疆时,有了家庭的稳定才能让军人心安。所以选军人做另一半也要谨慎,不想白头到老就离军人远一点。

小黄在大学毕业时就想在首都施展自己的才能,小黄学习好,从没有想到自己会在北京都留不下,找不到工作。可事实让她失望了,眼看人家一个个都找到单位,她还没有着落,敢情人家有留京指标的单位要的都是男生,哪怕学习不如她。直到毕业,她还没有单位接受,生性好强的她准备做北漂,因为她已经不适应老家那种小城市的生活了。

在北京的日子也不像想象得那么顺利,工作也不是很稳定,就这样晃荡了二三年,见到昔日的同学有的都结婚了,自己还为生计奔波很不服气。很凑巧的是,房东给她提了门亲,是部队的一个营职干部,别的条件不讲,最吸引小黄的是这个邵营长可以把小黄的户口带入北京,这样她就可以做个梦寐以求的北京人了。

更让小黄惊喜的是这个邵营长一表人才,和自己心目中的白马王子一模一样，小黄对他是一见钟情。邵营长军校毕业，比小黄只大两岁，见到小黄高挑的身材，姣好的面容立刻就产生了好感。两个人没谈3个月的恋爱就结了婚。

小黄就像中了大奖一样，先是住进邵营长新分的营职房，后是户口很快就进了京。小黄觉得自己和官太太一样，她向丈夫提出了要求："我看见咱们部队门诊所好多都是部队家属，你也找找所长，给我安排个工作，这样离家近，工资也不比外面少多少。"邵营长说："人家有多少人都想去门诊所，一般没有关系的进不去，你就别想了。"小黄为此好几天都不理邵营长，说邵营长不关心自己，没本事，邵营长也被说急了，只能红着脸给所长送礼去，好说歹说，门诊所所长终于同意小黄到门诊所干会计工作。

小黄觉得自己是门诊所中除了大夫之外少有的几个大学生，就有些看不起别的军属，今天和这个闹别扭，明天和那个闹意见。邵营长没少给她做工作，小黄又开始给邵营长提要求："你去找找熟人给我调一个轻松点儿的活儿，我不想和那些土包子们在一起！"把邵营长搞得很烦，他说："也不知道你嫁我是不是在图什么，我可是农民出身，在单位也没后台，我也不会送礼，你就别让我丢人了！"

小黄认为她嫁给了邵营长，邵营长当然要处处为自己着想，可是却一点不顾自己的感受。时间一长，小黄就与邵营长为此发生了矛盾。小黄在单位也没闲着，几乎和单位里的每个人都吵了架，所长找她谈，她比所长话都多，所长只好找邵营长，所长想把小黄给辞退，邵营长是苦苦哀求，并保证回家后做好小黄的工作。

邵营长给小黄做工作，让小黄与单位同事的关系处好一些，否则工作都有困难。小黄不以为然，她觉得丈夫没有向着自己说话，反让她很伤心。小黄的工作保住了，但被所长调换成保洁员的工作，工资也降了不少。这下小黄更是没有好气儿了，天天吵吵要到外面找工作去。

一天，小黄和另外一个保洁员大吵一架，甩手就走了，当着单位的人就宣布："这活我不干了！"单位人劝了半天都不行，小黄还是换下工作服就走了。所里人怕出意外就给邵营长打电话，邵营长知道小黄的倔脾气，也怕事情闹大，放下手中活就往家赶。小黄在家里是又哭又闹，说全所的人都和她作对，埋怨邵营长没本事，连给自己安排个像样的工作都不行。邵营长也是一边劝小黄，一边给所长打电话，生怕这个工作也让小黄给搅黄了。

就为这个事情，小黄不听丈夫的意见，不但没有去给所长道歉，索性不上班了，还和丈夫发生了冷战。甚至对丈夫说："如果给我找不到个好工作，咱俩就离婚！"邵营长也不是滋味儿地说："敢情你找我，就是为了找工作！"这一吵就是半年，小黄还到法院起诉离婚来了。

我听了两个人在法庭上的陈述后，也觉得这是小黄的不是，邵营长也不同意离婚，我劝小黄："好好坐下谈谈，不就是一个工作的事情吗？为了这个影响感情多不值当！"小黄听不进去，我只能告诉她："和军人离婚，要征得军人同意才行，现在你丈夫不同意离婚，法院也不能判啊！"小黄很不理解："那我一辈子还不能离了？""只有军人那方有过错才可以判决离婚！"我严肃地告诉小黄。小黄只得撤诉了。

军人个人财产也特殊

夫妻一方或双方为军人的，在财产上面的规定和其他老百姓是一样的，但有一些特殊规定。法律规定，军人的伤亡保险金、伤残补助金、医药生活补助费属于个人财产。这三项费用不能在离婚时按共同财产予以分割，应将这些费用从共同财产分离出来。

那对于在婚姻关系存续期间复员、转业的军人，他们的复员费、转业费算不算共同财产呢？以前处理时并没有考虑周全，也是有不同的意见，有的法院将此认定为个人财产，有的认定为共同财产。相关司法解释发布后，统一规定：发放到军人名下的复员费、自主择业费等一次性费用的，以夫妻婚姻关系存续年限乘以年平均值，所得数额为夫妻共同财产。

这里的年平均值是怎么回事呢？是指将发放到军人名下的复员费或转业时自主择业费的总额按具体年限均分得出的数额。其具体年限为人均寿命70岁与军人入伍时实际年龄的差额。比如，王某入伍时22岁，结婚时28岁，转业时40岁，转业时单位给付的自主择业费为24万元，45岁时王某离婚，那么平均值就是70－22＝48（年），用24÷48＝5000（元），平均值就为

5000 元。王某离婚时能认定的共同财产为 5000 × 17 = 85, 000(元)。也就是说,这 24 万元中的 85, 000 元可以作为夫妻共同财产。

军产房不是绝对不能住

有的军人很有自信,他们在离婚时对房屋问题很不以为然,认为他们军人的房子是单位分配的,属于军队产权,法院无权分配军队产权,因此和他们离婚就得自己卷铺盖卷走人。有的军队也给自己的干部撑腰,给法院开具的证明也是很明显,写道:"×××系我部干部,我单位于×年按照其级别分配其三居室住房一套,该房屋产权系军队产权,我单位可随时收回该房屋。"言外之意就是我们部队的房子是谁也碰不了的,单位的房子只是给军人提供的,外人根本就不能使用,离婚后就更别想了。这点我很不认同。

军队的房屋大多是两种形式,一个是公房租赁形式,军队按军人级别分配住房后,军人以按月交纳租金的形式租住,军人提升职级后,再重新按级别分配房屋。另一种是小产权房,也就是军队内部的经济适用房,军人以经济适用房价格购买住房,房屋产权仍为军队,军人享有对房屋的长期使用权,该房屋不得进行交易、转让等。

咱们可以参照法律规定来对比。公房租赁的相关规定我们有,军人住房同样是交纳房屋租金,和公房没有什么特殊区别,当然可以按相关法律规定来处理离婚后的承租问题。经济适用房也如此,军人有长期使用权,作为配偶这方也同样享有长期使用权,法院要分割的并不是产权,只是居住使用权,这有什么不妥吗? 因此,我认为,如果军人离婚时,属于上述两种住房的,在另一方没有其他可居住的房屋时,可以判决中对军产房的实际居住使用权或暂住权作出说明。在分割该房屋时也要和军队产权部门交换一下意见,如果部队内部同意调换房屋也是最好的一种解决方法,那就不会将两个人判到一套房子中了。当然,如果双方居住的房屋系部队营房,在部队内部的军事要地,那就另当别论了,毕竟军队内部还有保密的问题,离了婚就是外人了。

六、父母赠与房产的分割

父母对子女婚前赠与的房产

根据《最高人民法院关于适用〈中华人民共和国民法典〉婚姻家庭编的解释(一)》第29条的规定,“当事人结婚前,父母为双方购置房屋出资的,该出资应当认定为对自己子女个人的赠与,但父母明确表示赠与双方的除外。当事人结婚后,父母为双方购置房屋出资的,依照约定处理;没有约定或者约定不明确的,按照民法典第一千零六十二条第一款第四项规定的原则处理”。但现实中的情况往往比这个要复杂。因为房价的高涨,仅凭年轻夫妻的能力是无法购置房产这种高额财产的,基本上都是一方或双方父母赞助,但赞助的形式多种多样,有的是付首付,有的是付全款,有的是写一方名字,有的是写对方名字,还有的是写双方名字的,这在司法实践中都是一个难题。

一方父母出资

结婚前一方父母出资的情况有两种情况,一是出全资,房屋产权登记在出资方子女名下,该房屋属于出资夫妻一方婚前的个人财产。二是一方父母支付了房屋首付款,如果房屋登记在出资方子女名下,婚后由夫妻二人共同还贷的,离婚时则一般会将房子判归登记方所有,由其继续支付剩余房贷,而婚内共同还贷部分(包括本金和利息)及其产生的增值,则由分得房屋的一方对另一方作出补偿;如果房屋登记在另一方名下,一般情况下认定为夫妻共同财产,而非登记方的个人财产,非登记方有权要求分割房屋,父母明确表示赠与登记方或者双方有其他相反约定的除外;如果房屋登记在双方名下的,也应认定为双方的共同财产,如果双方约定了共有方式(共同共有或按份共有),并进一步约定了各自份额,则按约定享有产权,如果双方对共有方式没有进行约定,则视为等份共有。

双方父母出资

结婚前购房时由双方父母出资的，也分两种情况，一种是房子登记在双方子女名下的，该房屋属于夫妻共有财产，应当认定父母的出资是对各自子女的赠与，而不能因为产权登记在双方名下就理解为对双方的赠与；另一种情况是房子登记在一方子女名下，该房屋应属于夫妻共有财产，应当认定为对各自子女的赠与，而不能简单地理解为双方父母对一方的赠与。如果没有其他约定，应认定为双方按份共有。

继母与继子财产纠纷

结婚前千好百好也抵不过离婚时的锱铢必较，这种撕破脸的情况看的多了也就麻木了。“人为财死，鸟为食亡”是真理。可以相信美好的爱情存在，可那是没有到离婚的地步，真到离婚时，可就不管对与错、黑与白了。

老王和老赵都是二婚，老王是个医生，自己开私立医院，经济实力了得，只是老伴死得早，没有好好享受生活。老赵其实也不算老，四十出头的年纪遇到老王，经济条件可比自己当公务员的前夫厉害许多。老王看上了老赵税务局工作的稳定，以及年轻貌美；老赵看上老王儒雅风趣，还很多金。相识没有半年，两个人就谈婚论嫁了。

老王提前和老赵说，自己儿子不争气，学习不好，准备去当兵，而且对自己再婚很是不理解，不太接受老赵。老赵给老王吃定心丸：“他有什么好担心的，你婚前财产全部给他都可以，我又不和他争财产。”老王听后也和儿子讲，现有的别墅等儿子满 18 岁就过户给他，还把儿子以后的婚房提前买好，解决孩子的顾虑。

老王和老赵两个人没有签协议，一切都是君子协定，基于相互的信任，很快就办理了结婚手续，一切看来都是顺顺当当的。婚后，老王忙着挣钱，老赵对老王照顾得也不错，儿子也就慢慢接受了这个继母。眼看老王的春天来了，天天笑得合不拢嘴，总是带着年轻漂亮的媳妇参加各种聚会，处处炫耀，生怕别人不知道自己再婚了。老赵也心安理得地过上“阔太”生活，住着别墅，享受富足的生活。

结婚没有1个月，老王看上了附近新开盘的房子，立刻想到当初对儿子的承诺，提前买好房子，儿子也安心。老王和老赵说明，买房子的事情，老赵非但没有反对，还是相当地支持。两人来到售楼处一问，因为老王的孩子没有年满18岁，还不能独立购房，只能以老王和儿子共同的名义来买，老王一合计，把共有份额写清楚，自己占1%的份额，儿子占99%的份额，这样既买了房，还排除了后患，毕竟1%的份额实在不算啥，而且能写在房本上的比例也只能是这么多了。老王和儿子签署了一个房屋共有协议，交给了开发商，因为要办理房屋贷款，协议还要给贷款机关和房产部门留存，老赵作为老王的配偶，也做了声明，这份协议在相关部门备了案。

这个房子算是买下来了，交定金那天，老王恰好没有带银行卡，老赵马上用自己的银行卡交足了6万元。很快，房子就下来了。因为是新房，儿子在外地当兵，一时也住不上，老王为了图个新鲜，就和老赵搬了进去。

贷款交了大半年，老王觉得月月还贷实在是费劲，自己又不是缺钱，就决定一次性把贷款还上。老王用自己婚前的存款还了贷，房本也就拿回来了，上面注明老王份额1%，儿子份额99%。老王也趁热把别墅的房产变更到了儿子名下，所有似乎都安排明白了。

时间过得很快，老王和老赵在这个楼房住了快4年，两人除了日常的吵吵闹闹，也没有什么大矛盾，日子过得平平淡淡。不久，儿子退役归来，虽然没有和他们一起住，但是儿子和继母的关系不好，导致老王和老赵二人产生了矛盾。

原来，儿子处处把继母和自己的母亲对比，认为继母对自己的父亲并不是那么的上心，每天的朋友圈就是晒吃喝玩乐，享受生活，他想那些钱都是父母给自己留的，怎么就让一个陌生人挥霍了呢？老赵却认为老王对这个儿子太上心，本来儿子都已经工作了，老王还在想着怎么贴补他，根本没有把自己当成家里的一员，越看自己越像个外人。

老王和老赵为此除了冷战就是吵架，最后竟然到了分居的地步，老赵搬回自己婚前的房子住，老王请了几次，回来没几天就走，当初结婚时的风光和甜蜜一扫而空。老王也很郁闷，自己用钱都哄不好人，要走就走吧，不行就只能离婚。

果不其然，不久老赵就向法院申请了离婚，除了分钱，还要分房。老王说离婚可以，但房子是我和儿子的共同房产，是我婚前财产，你哪有权利分呢，立刻将共有协议拿了出来。法官一看，那里面有老王1%的份额，这个共有财产分不出来，离婚房产也不好分呀，你们另诉吧。老王的儿子也面临结婚，老王把这个就当作给儿子的婚房了，如果不能把儿子的财产析出来，以后给儿子、儿媳也找麻烦。

不出所料，让老王担心的事情发生了。老赵又把老王和儿子告上法院，要诉共有协议无效，这个声明完全是在自己不知情的情况下伪造的。这可把老王给整蒙了"共有协议不是当初留在银行和房产部门了吗？留存的时候，你老赵是签字认可的啊，这怎么就说是伪造的呢？"老赵一口咬定不知情，还把6万元定金的凭证拿了出来，向法院证明这就是共同财产无疑。

一审、二审法院核查后，也认为房屋是婚后购买的，共有协议上并没有老赵的签字，可以认定她是不知情的，判决共有协议无效。老王气得直跺脚："这人要到了离婚的地步，怎么就可以随意颠倒黑白呢？"老王和儿子都不服判，又到高院申诉。

老王拿出的证据是共有财产协议当初在银行、房产登记部门备案登记时老赵的声明，即老赵知道这个共有协议的存在；老王交纳的购房款和贷款的票据，证明老王是用婚前财产给儿子的购房，属于对子女的赠与，不是用婚后共同存款交纳的房款，与老赵无关。

法庭上，老赵不慌不忙地拿出为这个房子交纳物业费、供暖费的票据，说明这是他们居住时正常交纳的费用。老王气愤地说："这个票据既然买房时就存在，你没看见票据上写的是我和儿子的名字吗？当初你也没有提异议啊？"问得老赵也是哑口无言。

案子是发回重审了，因为毕竟这些证据表明老赵在买房当初并不是不知情的，老赵也不理解："那我当初交的定金又算什么呢？"因为共有财产协议中，表明老王占1%的份额，这1%应当就是夫妻共同财产，可以分割。

案子后续情况我并不掌握，最后谁赢谁输，两个人离没离婚我也不清楚，这可能都不重要了。为了这个房产已经打了将近2年的官司，相信双方都已经筋疲力尽了。当初的君子协议还真没按“君子”行事，看来还是“纸上谈兵”更符合再婚人士。当然，如果认定老王儿子的份额成立，那就是老王对儿子的赠与，属于其子的个人财产无疑。

父母对子女婚后赠与的房产

婚前当事人结婚前，父母为双方购置房屋出资的，该出资应当认定为对自己子女的个人赠与，这是我们现在最常见的一种情况，父母攒了半辈子的钱，就为了子女在结婚时能有一个住处，而且多以男方的父母居多。也有的父母为了儿子的幸福，为了稳定儿女的婚姻稳定，明确表示这是给双方的赠与。在离婚时，这样有明确表示的，就应视为对双方的赠与，按夫妻共同财产加以分割。

结婚后父母对子女的房产赠与分三种情况。其一，一种是房子落在出资方儿女名下的，房屋属于个人财产；婚后由一方父母出资为子女购买的不动产，产权登记在出资人子女名下的，视为只对自己子女一方的赠与，该不动产应认定为夫妻一方的个人财产。另一种是房子落在对方名下（或双方）名下，房屋属于夫妻共同财产；除非有父母出资时的书面约定或声明，证明此出资是赠与自己子女一方的，否则一般会认定为对双方的赠与，离婚时按夫妻共同财产进行分割。其二，一方父母部分出资（或付首付款）婚后双方共同还贷，房子落在出资方子女名下或双方子女名下的，房屋应认定为夫妻共同财产，父母出资部分视为对双方的赠与，但父母明确表示赠与一方的除外。离婚分割时，父母出资的一方可适当多分。其三，双方父母出资，房子落在一个人名下。这种情形较为常见，而且争议颇多，司法实践多按夫妻共同财产处理。根据《最高人民法院关于适用〈中华人民共和国婚姻法〉若干问题的解释（三）》[①]第7条的规定，该不动产可认定为双方按照各自父母的出资份额按份共有，但当事人另有约定的除外。另一种是房子落在双方名下，那房屋当然属于夫妻共同财产。

小王的夫妇结婚后一直是租房生活，眼看小王的媳妇要生孩子了，再这

---

① 该司法解释虽已废止，但在没有新的规定出台之前，实践中均参照适用以往规定。

样没有一个属于自己的家好像有点儿对不起孩子。小王决定用积蓄加上贷款买套房子,哪怕小一点。小王的父母听说后当即就决定给小王20万元赞助,这回小王都不用贷款了。

又买房又添丁,日子应该是不错,但是小王的妈妈来给小王看孩子后,和小王媳妇就是无法相处,小王在中间也受气。婆媳矛盾上升成了夫妻矛盾。小王媳妇不但回了娘家,还把小王告上法院,要求离婚。

小王是个大孝子,看到媳妇不听婆婆的话,不领婆婆的情,这种媳妇要不得,也就同意离婚。小王媳妇要求分割这套房屋,小王说虽然这是父母为双方购置房屋出的资,但他父母明确表示赠与小王,不是对双方的赠与。因为根据相关规定,婚后由一方父母出资为子女购买的不动产,不动产登记在出资人子女名下的,视为只对自己子女一方的赠与,该不动产应认定为夫妻一方的个人财产。本案中的小王媳妇当然没有权利分割这套房屋。但父母出资也要有相应的证明,最便利的方法就是以后父母为子女买房就别交现金了,直接从自己的账户中汇款到卖房处是最稳妥的办法。

夫妻离婚后对离婚前赠与子女财产的撤销

老于的女儿要出嫁了,但是结婚总要有房子啊,可是自己的女儿找了个婆家是个远郊区县的人,女儿看了未来婆家安排的房子很是不满意,是一套普通的平房,自己从小就住楼房,这冬天冻人的小平房,实在是住不惯。

老于夫妻俩一合计,还是把自己家两套房子中的一套给女儿吧,一来做嫁妆,二来让孩子别受委屈。两人决定在婚礼上就把钥匙给女儿,让女儿惊喜一下,自己也露把脸,让亲朋看看老两口对女儿是多大方、多疼爱,同时女婿家也不能小看咱闺女,这可是北京的一套二居室啊。

婚礼在喜庆中度过,老于也在父母致辞后,当着全场嘉宾的面郑重地将装着钥匙的精美盒子递到了女儿手中,人群一下子沸腾起来。“这娘家真豪气!”“这父母太有面子啦!”“这也太爱孩子啦!”女儿、女婿也激动得闪出泪光,此刻的老于感到无比荣光,好像这辈子的赞誉都在此时收到了,夫妻俩相视而笑,老于得到了大大的满足,高兴得婚礼上顿时多喝了几杯。

女儿婚礼没有多久，老于竟然向妻子提出了离婚，这让妻子大吃一惊，谁想到都到了要抱孙子的年龄，老于还想结婚呢？妻子当然不能同意，非要老于讲清楚结婚理由才可以。

几轮谈话后，老于终于向妻子坦白了一切，原来他早和别人暗度陈仓，非但同居在一起，人家还怀了自己的孩子，还向老于放言：如果不结婚，就要到单位闹。这可把老于吓坏了，自己在国家机关上班，没几年就退休了，这出现生活作风问题，单位迟早要给自己处分并开除的。老于和妻子表示，家里的一切都不要，自己净身出户，房子、存款都给妻子留下，因为毕竟是自己做错了。

老于的妻子打心眼里就不想离婚，平日里夫妻虽然不是那么恩爱，但也不曾红脸，现在自己退休了，就想等着老于退休一起到处玩玩，没想到老于老了老了给自己搞这么一出，让自己的颜面尽失，刚结婚的女儿肯定也受影响啊。但是听老于一说，对方要到单位折腾，这老于不能连退休金都拿不到吧。

老于的妻子老实、怕事，最主要的是善良，念在几十年夫妻的分上，最终还是选择了放手，老于把房子给妻子留下，妻子把别人欠自己家几十万元的借条给了老于，并没有让老于净身出户，而是把债权全部给了老于。

离婚后的老于很快和孩子妈妈结了婚，有了个小儿子，老于想象中的美好生活并没开始。原本老于认为自己的工资和自己在外面的小买卖应付一个家庭没问题，谁知道自己的生意越做越不顺，还被单位查了出来，公务员哪能做生意呢？老于只能收手。公务员的工资也就够租个房子，养个孩子，日子并不宽裕。

更艰难的日子在后面。没几年老于退休了，工资少了一半多，房租在涨、孩子学费在涨，孩子妈妈没有工作，一家三口靠自己那点微薄的退休费简直到了入不敷出的地步，老于过上了借钱度日的生活。

再说那几十万元的债权，老于根本讨要不回来，官司打了几个，诉讼费、律师费搭进去不少，要回来的没到1/4。而自己借钱的债主们倒是时常来捣乱，甚至退休金都被法院执行庭给扣了一大半。老于真是悔不当初啊。

老于到了穷困潦倒的地步，自己心情也糟透了，原来离婚后女儿记恨父亲的背叛，与父亲选择不见面、不交流。老于的前妻也因为离婚想不开，患上了抑郁症，总有不想活的念头，女儿不但平时要照顾孩子，还得时时刻刻关注着自己的亲妈。原本想让自己父母搭把手，这下让父亲全搞砸了，心理能不怨恨吗？

老于得知女婿家平房拆迁了，不但女儿分了套楼房，还得到不少拆迁款。老于想：既然当初给女儿的房子没有过户，那赠与就是不成立啊，现在生活陷入困境，我完全可以撤销赠与，这样我回我房子住，起码把租金钱省下来了。

老于和女儿一说，女儿当然反对："你怎么出尔反尔呢？房子明明是你俩赠与我的，我也一直在这里住，怎么可能再还给你？当初你搞外遇和我妈离婚，我妈没有给你出难题，是你自己要求净身出户的，你现在看看我妈都快病得不行了，你好意思再回来要房？我妈也不同意啊。"

老于与女儿谈不通，只能把女儿、女婿告上法院，要求撤销房屋赠与。法院认为，老于赠与房屋时是在众亲友在场的情况下发生的，老于得到了道德上的赞誉，心理上的满足。现在要求撤销赠与理由不充足，因为老于还有足够生活的退休金，老于也没有拿出充足证据证明他目前的经济状况不佳。

老于对这样的判决很是不满，明明法律规定房屋的赠与要以变更登记为准，现在女儿并没有变更产权人，这是原来单位分的福利房，自己当然可以享受这个房屋所有权。

不死心的老于提出上诉、申请再审，法院依旧驳回了他的诉讼请求。法院告诉老于，当初赠与女儿是你们夫妻共同决定，现在撤销赠与并没有得到前妻的同意，而且你们有父女这样的身份关系，这和普通的房屋赠与变更产权人并不一样，还是要看当初的赠与意思表示，形式要件并不是重点。

老于只得开始继续为钱奔波的日子，我想他会后悔这一切吗？假如不离婚、假如不出轨、假如……只可惜，生活没有这么多的假如，我想老于也一定向往这样的生活：带着妻女、外孙在公园漫步、在各地旅游……只可惜，都是一时的贪念，使他无福享受这幸福生活。平平淡淡不好吗？为什么偏要这些新鲜刺激？我只能摇头、苦笑、无解。

第六章

离婚案件中的证据

06

《反家庭暴力法》第二十三条　当事人因遭受家庭暴力或者面临家庭暴力的现实危险，向人民法院申请人身安全保护令的，人民法院应当受理。

当事人是无民事行为能力人、限制民事行为能力人，或者因受到强制、威吓等原因无法申请人身安全保护令的，其近亲属、公安机关、妇女联合会、居民委员会、村民委员会、救助管理机构可以代为申请。

《反家庭暴力法》第二十五条　人身安全保护令案件由申请人或者被申请人居住地、家庭暴力发生地的基层人民法院管辖。

《反家庭暴力法》第二十九条　人身安全保护令可以包括下列措施：

（一）禁止被申请人实施家庭暴力；

（二）禁止被申请人骚扰、跟踪、接触申请人及其相关近亲属；

（三）责令被申请人迁出申请人住所；

（四）保护申请人人身安全的其他措施。

《反家庭暴力法》第三十二条　人民法院作出人身安全保护令后，应当送达申请人、被申请人、公安机关以及居民委员会、村民委员会等有关组织。人身安全保护令由人民法院执行，公安机关以及居民委员会、村民委员会等应当协助执行。

一、保存证据

知己知彼乃兵家常胜之道。我认为，在感情方面是没有胜负之分的，离婚时两个人都是婚姻中的“失败者”。但是在财产、子女抚养、房屋分割、损害赔偿等方面，能够达到“双赢”的并不多见。要想达到胜诉的目的，不做到知己知彼恐怕这个仗就难打了，因为知道对方目的，就可以有针对性地准备自己的证据材料。

了解对方的真实意图，做好准备

对方是否真心想离婚、是否有和好的表示，你应该最清楚，所以，即便你不同意离婚，当过着这种名存实亡的婚姻时，还是不要再欺骗自己了，赶快做离婚的打算和准备；否则，财产等证据材料就会在你与对方不断的感情纠葛中逐渐消失，你给对方时间越充裕，对方转移财产的时间就越长，也就越会对你不利。你如果不那么看重财产，而就是要对方的感情，你当然可以做各种努力，但真是到你人财两空的时候，那就为时已晚了。

这个时候，你可以自己去分析，也可以找个明白人替你分析，当事者迷就是这个道理。听从别人善意的劝告有时会达到一个良好的效果。你放心，你的朋友是不会骗你的，他们只会为你争取更多合法的利益。我周围的几个朋友在离婚时也征询过我的意见，我也出了不少的主意，但是他们很少能理智采纳。最后后悔的居多，真是想帮忙都帮不上，能怪谁呢？

在离婚方面如此，在与离婚有关的其他权益上面也要如此，如果你有离婚的打算，你就要想尽一切办法知道对方的底线，收集有用的信息。你既可以在对方的言谈话语中找到关键内容，也可以通过短信、邮件来彼此试探，还可以让共同的朋友做“传话筒”。否则，争吵、谩骂、冷战、暴力，都解决不了根本性的分歧，只会在不冷静当中作出错误的判断。

其实，在正常的婚姻过程中，双方婚姻事实及财产应该是公开透明的，即使有些小金库也算在正常范围内。如果你已经对此产生疑问了，或已经不在你自己所掌控的范围内，那双方也就快离离婚不远了。

在离婚案件中，我认为还是尽早发现问题好，若是你认为对方有离婚打算，已经开始隐瞒了，那就处处留心吧。银行卡、税单等都是你的留心之处，不能太过大意，或对对方过于信任及放任，因为等人家做好手脚后，一切都已经太晚了。

我们就有因为时间太久，银行账户清户导致银行记录无法查询的情况。也有费了很大力气查出来，但都已经是过去时了，对方早已消费或取出来了。即使法院判决对方应该给你钱，但是钱早已不在账上，根本无法得到执行，这不就等于打了张白条一样吗？

"知己知彼"就是要知道对方的真实意图，在协商过程中也好，在诉讼过程中也好，知道对方的目的你才能打赢这场有准备的"战争"。在诉讼过程中，法官有时就像一个收藏家、鉴定师，不断地进行真伪的判断，对事实、对证据；有时也像心理医生，及时洞穿当事人真实的内心，这样才能在不断的甄别过程中去伪存真，尽量使法律真实还原到事实真相中。对法官都有这样的要求，更不用说身在其中的你了，你是事件的当事者，只有你才能去还原。

我们法院专门对无争议案件的简易审判程序设置了专门的主审法官，也是法官们争相承担的一项任务，因为无争议嘛，都是调解结案，案件多以离婚纠纷、变更子女抚养关系纠纷为多。双方和和气气地解决纠纷，我们也是乐得审结完一件案子。这可比三番五次送达、开庭、外出调查、写判决、校对判决等才能结一件案件省事多了。最后，庭长看大家这么踊跃，就用了值班的制度，每个法官轮流值班一天专门办理此类案件，这也是为了寻求公平。

有一次轮到我值班，进来了一对要离婚的夫妇。我询问完他们的基本情况，就按照程序让他们填表，手续也会在 10 分钟之内办完。也就是说，也许 10 分钟你苦心经营的 5 年、10 年、20 年的婚姻就会瓦解掉。那个时候我就理解了，为什么好离好散的当事人也都是这么悲哀、这么不舍，现实确实是如此残酷。

因为他们刚进入法庭时我没有端详他们，而当原告签了字起身要走时，我才发现她的肚子已经挺得老高了，根据我的经验，肯定是怀孕6个月以上了，我有些惊讶。再看这边的被告，迟迟不肯在离婚表上签字，我就知道他们有问题了。我问原告："你是不是快生了？这个时候你最需要的是别人的照顾，离婚也会影响你孕期的情绪，万一对未出生的孩子造成不良影响可怎么办？你可要考虑清楚。"原告坚定地对我说："放心吧，法官，我们早已经协商好了，我不想我孩子有这样一个不负责任的爸爸，还是尽早了断。"

而被告的眼神明显是在犹豫，在反悔，我对他说："你们有什么调解不了的矛盾，我也可以给你们做做工作，马上就要当父亲了，别在这个节骨眼儿上出问题啊。"被告没有回答我的问题，而是对原告说："老婆，咱们再商量商量行不行，先别离了。"原告怒气冲冲地说："就冲你对我不闻不问的份儿上，我们也没有商量的余地，赶快签字，我没时间跟你耗！"也许是真的没有挽回的余地，也许是小伙子认为对方在法庭上不给他面子，他飞快地在离婚登记表上签上了自己的名字。

这时，我的民事调解书也制作好了，就剩下打印和盖章了。我还抱有一线希望，我说："你们在外面也再沟通一下，书记员去打印和盖章。你们要知道，5分钟后，只要这个调解书一盖上我们法院的大红章，你们可就要各走各的路了！"原告、被告听了我的话后，都有些发愣，最后还是被告搀扶着原告走出了法庭。

为了让他们好好沟通，我特意让书记员放慢节奏，我在等着他们推开门对我说："法官，我们不离了！"等了将近15分钟，我依然没有看到他们的身影，我只好让书记员去盖章。当书记员把印油未干的离婚调解书送到我手中时，我还是有些不情愿发给他们，虽然他们在协议上签了字。

当我再把他们传入法庭时，我发现两个人的眼睛已经哭红了，我心里却高兴了，有戏！原告哭着说："法官，我同意不离婚了，刚才被告在外面都给我跪下了，我就相信他最后一次！我也不想让孩子生下来就没有爸爸啊！"被告拉着她的手，使劲点着头："谢谢，老婆！"随后就失声痛哭起来，警报一解除，我和他的心情一样，如释重负。手里的调解书已经成了废纸，这点浪费，值！

我分析，原告并不像她所说的那样坚决，只不过被告的话没到、行动没到，两个人是堵着气来的。如果被告事先能够知晓原告的意图，及时采取措施补救，这趟法院不就不折腾了吗？我也庆幸自己能够多问几句，没有草率地把手续发了，否则，他们复合，也要重新办理登记手续。

证据的有效形式

有的当事人能在一个离婚案件中提交超过 200 页的材料作为证据，而其中真正对他有用的证据并没有多少。一旦我不收取，当事人就会对我产生意见，认为我在偏向对方，没有公正执法等。其实，他只是不知道什么样的证据才能成为有效的证据，他只有用这种方式来让法官替他选择。这样一来，不但加大法官的工作量，他同样也是费力不讨好。那什么才是证据，什么样的证据是有效的呢？

证据根据其载体，可分为书证、物证、证人证言、视听资料、当事人的陈述、鉴定意见、勘验笔录等几种，这也是我国《民事诉讼法》对证据形式的具体划分。《民事诉讼法》不但对具体的表现形式有一定的要求，还要求有客观性、关联性及证据力的。

书证是指以文字、符号、图画所记载或表现的内容、含义来证明案件事实真相的书面材料。这些材料必须具有客观性，即能表明的案件事实不是你自己的叙述、判断，而来自对方或第三方的。比如，对方的给你写的书信中有离婚的意思表示，这就是书证。而你将你对该书信中某些句子的理解整理出来的书面材料就不是书证，因为它是你自己的主观判断，不具有客观性。我们收到最多的就是这种书面材料，它并不能称为证据。

物证是指以特定物质存在并能证明客观事实的材料，如照片等。离婚案件中，最多的物证是照片，受到家庭暴力的当事人，将打折的棍子、血衣也拿到法庭上来，虽然它是物证，但不太好证明有关事实。因为这毕竟是民事案件，法院也没有侦查权，无法就棍子上的指纹、血衣中的 DNA 进行鉴定。

对方不承认事实时,只用这种间接证据,而没有其他证据相互印证,法院就很难从这些物证中判断家庭暴力的存在。有的当事人还为了证明对方有第三者,而提交毛发、避孕套等,这些更无从考证。

视听资料是以录音、录像等反映图像、声音的,证明客观事实的一种证据形式。其中用录音机、录音笔、MP3、手机等多种形式记录下来的录音资料多被当事人提交,证明婚姻中一些对方认可或存在的事实情况。也有提交录像资料的,如"捉奸在床"的全部影像,要比拍电视剧真实;也有提供与第三者共同出入各种场所的录像。当事人真是下功夫啊!但如今科技手段越来越高明,一方认为录音、录像材料是剪接、伪造的,也可以向法院申请就声纹等进行鉴定,该项鉴定因为有一定的难度,故鉴定单位此项鉴定费的收费较高。

证人证言是指能证明案件相关事实而向法院所做的陈述。可以写成书面材料,如果另一方对书面材料有异议的,需要证人到法庭上来陈述,接受双方当事人的质证。证人的身份有要求,即与举证的当事人之间无亲属关系,无其他利害关系。只有这样,他们所做的证据才有证据力。离婚案件中,证人也不是很好找。其一,婚姻案件很多涉及当事人双方之间的私密性质,第三者并不好掌握;其二,证人也通常认识另一方,为了不得罪双方,不愿意为当事人作证;其三,一般人都抱有多一事不如少一事的态度,可能愿意给你写书面证据,若你让他到法庭上来,他就未必愿意出庭了,人家也考虑,万一遭对方报复怎么办?而当事人最多的是找自己的父母、兄弟姐妹来作证,因为容易导致带有主观性倾向意见的出现,这样的证据缺乏证据效力,法院也不会采纳,只能耽误庭审时间。好多当事人对此不理解,你想想,如果对方也把自己的七大姑八大姨找来,你能认可对方的陈述吗?

当事人陈述是指当事人在庭审过程中的口头陈述、答辩及开庭前后提交的书面补充意见。这里可以算作是你对离婚中各种问题的一种表述和态度。如果对方认可你的表述,这种证据也是有效的。但提交书面补充意见时要注意有的放矢,把你想说明的问题及意见写清楚就行,有的当事人为了描述其不幸生活,可以写上万字以上的血泪史,这些只能作为法官的一种参考,它还不如一张普通的诊断证明有用。

鉴定意见是第三方有资质的鉴定部门作出的能证明与婚姻事实相关的结论性意见。它必须由专业人员依据当事人提交的材料作出分析、得出结论。鉴定可以是单方委托,也可以是双方委托。一般来说,双方委托的鉴定机关所做的鉴定意见证明力要高。比如,亲子鉴定、笔迹鉴定、诉讼行为能力鉴定、房屋及装修价格评估等。

勘验笔录是在双方当事人到场的情况下,对有关现场情况进行勘查后,法院制作的笔录。离婚案件中常用在房屋的勘验上,如测量房屋面积、勘验房屋打隔断、重开门等情况,一般平房居多。勘验笔录由书记员现场制作,既可以是文字记载,也可以是图表等方式,应有双方当事人、在场人及法官、书记员的签字。

只有了解各种有效的证据形式,才能少走弯路,节省诉讼时间及精力,才更能体现出你的法律水平。更能在这场“战役”中做到胸有成竹、有备而来,胜算比率才能提高。

温馨提示

1. 书面证据、证人证言应尽量提交A4纸手写或打印的原件。

2. 不便于携带的物证等可以先提交物品的照片,如房屋内部结构照片等。

3. 提交证据应在举证期内提交,需要延期举证的应在举证期来临之前向法院提出申请,否则过举证期的证据将有不被采纳的风险。

4. 视听资料应提交母带,即最初录音、录像的工具或光盘、磁带等,这样才能避免对方提出视听资料可能是剪接的问题。

5. 录音证据应将录音光盘及录音内容以书面方式提交,即要将录音内容整理成书面文字。

二、证据收集的方法

西方有个谚语叫魔鬼怕细节,没错,离婚诉讼中也是要注意细节的,尤其在收集证据过程中,千万不能小看这些细节,有的时候它甚至能起到关键的作用，那就让我们做个有心人吧。

录音

离婚过程中，当事人的言谈举止要合时宜，我讲的言谈举止并不是单单在法庭上的一些诉讼礼仪，而是让你在准备与对方离婚、或对方起诉你离婚前后的言谈举止问题，因为稍不留神就会被对方录音、录像，作为法庭上有效的证据。这和伪装、虚假无关，而是提醒你在此期间不要说不负责任的话，不要做不负责任的事情，否则后果自负。

小孙是个民警，妻子小宋是个护士，两个人都在单位是个先进人物，可就是处理不好家庭生活。因为工作关系，两个人常常会有值夜班、加班、备勤等问题，孩子谁照顾、家务活谁干就成了经常引发战争的问题。战争的结果就是不断升级，直到打到法院来。

双方都认为矛盾无法调和，都在诉说对方的过错，一致同意离婚，但都要抚养9岁的女儿。小孙说，女儿和他亲，只有他才能给孩子找到好学校，让孩子顺利完成学业。小宋说，小孙脾气暴躁，对孩子和她经常骂骂咧咧地说脏话，根本无法教育好一个孩子。看到小孙彬彬有礼的样子，我不相信小宋的说法。小宋拿出了手机，对我说："法官，我只在平时录了几次音，还不是故意去录的，你看看他平时怎么和我们娘俩说话的。"

在我的准许下，小宋放出了手机中的录音，那录音中的声音的确是小孙的，可那不堪入耳的话语是怎么从眼前这个老实的警察口中说出呢？里面除了骂老婆就是骂孩子，听得我都脸红。没过5分钟，我就让小宋关掉了录音。我向小孙投去询问的目光，他低下了头。没说的，在双方抚养条件一致的情况下，法官肯定也要考虑父母的道德修养问题，这样对孩子都出言不逊的人怎么能当好父亲呢？

小孙根本没有想到自己平时的言语会成为对自己争夺孩子抚养权中不利的因素。小宋正是注意平时收集证据，才能在诉讼中提供有效的证据。这不是细节又是什么呢？当然，在法庭上的一个动作、一个眼神也会透露一些信息，那些当着法官面就大打出手的当事人，怎么能让法官相信你们有和好可能吗？注意了细节，才能不让对方抓住你的薄弱环节进而作为攻击你的工具，也许是你情急之下说的话，就被对方录了音。不注意哪行呢？

保存短信、微信、QQ、电子邮件

我认为，在没有到法院诉讼前双方的表现最为真实，也最容易流露出真实的想法。因此，千万不要小看你们在发生矛盾时，或者探讨离婚过程中手机短信、电子邮件的交流，你既可以掌握对方的想法，也能作为日后庭审当中的证据，有些细节也不能忽视。

有的人手机内存量不高，可能双方只互发了几个短信，无法全部留下，这就需要你换一个大点儿的储存卡或者对存有关键信息的短信到公证部门办理公证，以公证的形式保存短信证据，具体公证如何办理，公证机关会告诉你。你可以向法院提交的证据有你的手机、对方的常用电话，以对方身份证购买的电话号码是最有效的，如果是不记名电话卡，也注意一定要能证明是对方使用的号码，也可以由证人证明为对方使用的号码。

短信、微信记录可以留在手机上在法庭上出示，但也应提交相应的书面材料，把所有有证明意义的短信誊写到 A4 纸上，打印更好。如果能证明该短信确为对方发出，就可以作为证据使用，这在法院是有先例的，也不违反相关证据规则。有的当事人依赖法院去电信部门调取，这就有一定的难度。因为电信部门与客户都有保密义务，一般不涉及刑事犯罪，是不允许法院部门查询的。而且电信部门对短信的留存也有时间限制，一般是 3 个月，超过这个时间就无法查到了。

电子邮件作为证据被法院的认定程度不是很高，如果对方不认可该邮件是从自己邮箱发出的，就需要借助一定的科技手段，但它可以结合其他证据以证明案件事实；也可以和手机短信的留存一样，到公证部门办理电子邮件的证据保全公证，以证明该邮件无人为删改等情况，庭审时将该保全的证据以光盘、公证书形式向法院出示。因为存在邮箱地址的非实名制等问题，电子邮件单独作为证据使用的情况并不多见，多是和其他证据一起。但我们也不能小瞧它，如果对方认可邮件是自己发出的，就不用费这么大的劲了,如果你不注意给删除了,那也就无法帮到你了。

离婚诉讼中准备证据的方法

诉讼成败的关键是看谁的证据充实,谁的证据有力,因此证据是打赢官司的关键,证据的准备也是诉讼中一个关键的细节。

首先,要知道离婚诉讼中应准备的基本证据。其一,结婚证,要有原件,没有原件的要到档案管理部门开具夫妻关系证明信。其二,有未成年子女的应该开具工资收入证明,也应是单位开具的原件,有单位财务章或管理工资关系的劳动关系章或人事部门章才有效;工资收入证明是指每月的总收入,不是工资条上的数额,包含每月的工资、奖金及各种福利等,法院判决子女抚养费不是单依据工资收入,如果奖金不固定的,应开具月平均奖金额。其三,存款、股票、债券等证据,可以是存折、存单、股金账户明细等。其四,房屋证明,公房的,为房屋租赁合同;商品房的,提供房屋买卖合同、产权证,贷款购买的提供贷款合同。其五,有保险的,提交保险合同。这些证据中结婚证是最基本的,原告、被告都应提交的,其他的证据有则提交,没有则不必提交。

其次,是要提交证明婚姻事实的相关证据。属于书证的,应提交原件,比如,诊断证明可证明家庭暴力、对方写的承认第三者事实或家庭暴力的保证书等。录音证据要整理出书面文字材料,也是A4纸书写或打印,把录音中哪个人的哪句话都要一一记录,而不是拣有用的摘录,且录音也不宜过长,应把最能证明事实的那部分播放出来。录音证据除提交母带外,最好刻录成光盘,既可以直接入法院卷宗,又便于与对方交换证据。证人除了书写证言外,需要到庭作证的,要带好身份证并提交身份证复印件。居委会等相关单位证明要有单位公章。当事人提交的补充材料也要注意材料要用蓝黑或黑色钢笔、碳素笔书写,有的法院不收圆珠笔和纯蓝色笔书写的材料,如果收取,也要再附上相应的复印件,否则无法入卷归档。

所有的证据都应该是一份原件,两份复印件。法院一般留存原件,不能留存的要提交复印件。如果证据数量超过三份的,最好提交证据目录。当然,法院在收取证据时也会开具清单。但是我所说的证据,是你自行提交的。把证据按顺序编好号,写明提交该证据要证明的事实是什么。这样一来,法官看着一目了然,便于在庭审中交换证据、质证、认证,也能让对方在答辩和提交反证时有针对性。这也是一个细节,既能整理你自己的思路,也可以让法官清楚你的想法。

温馨提示

1. 证据目录样式:

证据目录

编号:证据名称	证明内容
证据1:结婚证(原件)	夫妻关系证明
证据2:工资收入证明(原件)	有抚养子女的能力
证据3:照片(原件)	对方有第三者,为过错方
证据4:录音证据(磁带)	对方承认有外遇(附文字整理书面材料)
证据5:房产证(复印件)	房屋为夫妻共同财产

提交人:李小妹

日期:×年×月×日

2. 录音证据文字整理材料:

时间:×年×月×日

地点:北京市海淀区×号家中

整理人:原告李小妹

注:下面李为李小妹,王为王大毛

李:咱们今天谈谈离婚的事。

王:谈就谈呗。

李:你说离婚是不是因为你在外面有人了,咱把责任说清楚。

王:是又怎么了,反正你也不想跟我过了。

李:……

注:你在写的时候一定要把提交录音资料的全部内容写上去,否则会不完整,有剪接的嫌疑。

三、“私人侦探”的作用

既然离婚案件的证据这么难找，私人侦探应运而生，报纸上常能看到这样的广告，什么调查所呀，私人侦探呀，许多当事人在“走投无路”时也就投奔了他们。

私人侦探不合法

私人侦探曾经出现在若干影视剧中，在很多国家，个人开办的调查事务所是合法的，而在我们国家，已经出台过相关规定，将私人侦探列入不合法的地位中，禁止开办私人侦探所、调查所，这样一来，你还敢找吗？私人侦探通过合法手段取得的证据是合法的，如果他们拿照片四处宣扬就触犯了法律，也侵犯了第三者的隐私权。在捉奸情况下，逼着过错方签订所谓认罪书、协议等行为也是无效的，因为过错方属于在被威胁、胁迫的情况下作出的民事行为，这样的行为是没有法律效力的。

首先，他们没有合法的营业执照，都是个人行为。一旦出了问题，你找不到监管部门，也无法查到他们的来龙去脉，而他们也常属于一个游击状态，有今天没明天地生存着。你的好与坏不是他们要关注的问题，他们想的实质是能否在你那里拿更多的钱。

其次，他们的收费不合法。既然没有允许他们执业，他们收取的各种费用显然是不合法的。但是他们的收费一般都很高。他们会把调查的事项形容得很复杂、很艰难，这样才能找你要更多的钱。而且不是一次性收费，常常是今天收了钱，明天告诉你还需活动经费，否则就不给你“劳动成果”。

最后，他们的人员素质参差不齐。我不否认，他们中间有的接受过专业培训，具备一定的调查水平，有的也是神通广大，能打听到不为你知道的事情。但更多的人员并不是你想象中的“波罗”侦探，有的甚至是讨债公司雇佣的打手。这样的人你能相信吗？我就听说过，侦探拿两边钱的事情。你这边刚委托完，他就到那边要封口费去了，谁给钱多就给谁办事，最后成了个反托怎么办？

当然，通过他们，有的当事人也确实得到了许多自己无法知道的信息，我只是提醒大家要谨慎，如果真是通过非法手续取得的证据是不为法院认可的，或者在这个过程中发生了什么闪失，那就得不偿失了。

依靠“私人侦探”找人

我们有的当事人经常离家出走，另一方根本就找不到人，离婚案件想送达个传票都困难。如果通过私人侦探找到下落，也是一个节省时间的便捷方法。此外，我们常说第三者的证据很难找，但是，如果你对配偶不信任，你也不妨采取这个手段来证明一下。或者至少知道他的下落。

李某和林某的离婚诉讼中，我知道了私人侦探都是干些什么。李某在法庭上和我陈述：“一般林某在外面的事情我是不主动问的，有了一些变化我也认为是正常的，过了新鲜日子最后他还是要回家的，但没有想到回家的却是两个人。那年的冬天特别冷，已经是单位放寒假的时间，马上就要过年了，可他差不多一个星期没有回家，儿子找他也找不到，我就预感到要有什么事情发生。那天中午，他突然回来，后面还跟着一个年轻的女孩子。我诧异地问他怎么回事，他把我单独叫到一个房间，开口就说对不起我。我当时真有些蒙了，女孩子领家里来是什么意思？有什么对不起我的，是要离婚吗？他吞吞吐吐地告诉我，他的一个招待所里的服务员和他好上了，没想到怀孕了，今天刚做了流产，非要到家里来坐月子。他实在是劝不住，就让她来了。我似遭了晴天霹雳一般，惊呆了，哪有这种道理？他在外面风流完了，搞下这种事，难道让我伺候她月子吗？我是一万个不答应，他当场就给我跪下了，他不但承认错误，还用他的前程开导我。他说这个女孩一直不依不饶，如果她没有养好身体，不给她钱，她就要到学校闹去，那样他的前程就毁了，我肯定也没有脸面了。”

我看了看眼前的被告，他没有一丝愧疚，显得很自然的样子，我对李某说：“你这就同意了？”“我不同意又怎么办？他妈妈也过来做我的工作，同样认为如果我不答应，后果会很严重。可看着面前痛哭流涕又悔恨不已的他，我也心软了。我还要家庭，如果闹开了，这日子也就没法过了，我答应了他的要求。”我一直认为这样的荒唐场景也就是影视剧里能见到，但它就是活生生地在现实里，女人在这个时刻就是软弱的，为了保住家庭还要为丈夫的风流“买单”，真有些可悲了。“我对他这个恨呀，可我和这个女孩接触后，我也觉得她怪可怜的，她可不是一般的流产，而是引产，怪不得她要坐月子。她原本想以此作为要挟，要求我丈夫离婚，但看到我们家里关系很好，我对她也尽心就打消了念头。最后我给她五千块钱让她回家了。我们夫妻俩的关系还真是好了一阵子，也许是他真的愧疚，也许是他在装样子。”李某分析得没有错误，男方一旦有所亏心，处处表现体贴一面往往就是做贼心虚。

“原告陈述的是事实吗？”我问林某，林某点了点头，没有说话，我知道他也说不出什么，我也能想象出李某当时是怎样的一番挣扎，说着轻松，但一般人又能有几个能做到呢？中国女性的坚韧在这里又是深深体现了一番，为了家庭和孩子可以作出任何牺牲，而将自己的屈辱放在一边。对李某的软弱，我又是可悲又是可怜。

林某这样的过错都能被李某原谅，林某还有什么做不出呢？本性难移，夫妻二人没有“恩爱”多久，林某的心又开始活分了，今天聚会，明天应酬，林某的每一个说辞在李某看来都是他不回家的借口。为了维持两人在学校的好夫妻口碑，李某对林某的意见虽多但从没有向同事、朋友提起过，自己默默承担着家庭的责任，时间一长，就都成了习惯了，直到儿子上大学，直到一年前的一天。李某继续向我陈述：“唉，我想忍到我俩都退休，他若是动不了我就养他一辈子吧。但他总是在惹事。那天我接到一个女子打来的电话，电话里直接问我为什么不离婚，她说他们已经同居一段时间了，我和他的婚姻是早已死亡的婚姻，我应该和他快点离婚。我当时脑子一下子就懵了，我只是告诉她我们很好，不可能离婚。谁知这个女子的电话总打过来，到最后甚至开始骂我。我质问林某，他说并不认识这个人，我这才醒悟，我的忍耐只能换来别人的欺负。正好我也快退休了，孩子也大了，懂事了，我丈夫不是不承认吗？我不能白白被别人骂，我一定要把他俩给挖出来。”

于是，李某展开了长期“侦察”活动，她通过报纸上的小广告找到一家调查事务所，和事务所的人讲清自己的目的，并提供了相关资料，如丈夫照片等。事务所的人收取她1万元,并且是先收5000元的活动经费,事成之后再收5000元。为了搞清楚林某的行为,李某花了大价钱。

钱没有白花,时间不长,侦探们就把调查结果告诉了李某。李某终于知道她丈夫现在和一个女子在一起租房,还给他们拍了照片。李某在法庭上,提交给我的照片有两个人清晨从小区楼门口一起出来的、林某用自行车带着她出门的、女子在自行车后面揽住林某的腰的、两人一起手拉手逛街的……几张照片在一起,就像讲述一个故事的幻灯片一样,但谁知故事是这样的见不得人。

我当然清楚这样的照片根本不可能证明"有配偶者与他人同居"的事实,我正要向李某说明证据力不足的情况,李某已经猜到我的话,又忙不迭地拿出另外一沓照片。"我有捉奸在床的证据。"天哪,侦探公司真是为她下大功夫了,要知道这样的照片很难拍到,一是要掌握住所,二是要掌握时机。因为等你知道在哪,敲开门后往往是衣着整齐的。

李某对我说,那天她和几个侦探就一直躲在林某在外租房的小区门口,晚上10点钟我们就把房门砸开冲了进去,果然姓林的就和那个女的在床上,两个人一丝不挂,我们就把照片拍了下来。那几张照片不堪入目,我都不好意思看,因为照片上的裸体男人就坐在我的对面。林某在证据面前承认了同居的事实,李某的钱也没有白花,功夫也没有白费。

依靠"私人侦探"查财产

除此之外,鉴于私人侦探还是有一定的"内幕"信息,在离婚案件中,有时他们会帮你查到你所不知道的对方财产情况,包括对方隐匿的存款、购买的房屋、开办的公司等,这都是你个人无法及时掌握的信息。他们有的和银行内部有关系,让他们透露信息,当然是不合法的,但是透露的信息却是真实的。有的和房地产部门有关系,可以查到房产情况甚至购房款的资金来源情况。有的和工商部门关系熟,工商档案都能看到。因此,有时财产问题的调查找他们也不是不可以,但也有风险,比如,当你得知信息虚假后,再找他们可就难了,他们赚到钱早散了。

调查财产我认为比调查第三者更有用。我们知道同居的证据不好找，许多花大功夫、大价钱得来的证据无法被法院采信，空折腾一场。可如果能调查出财产情况，你们家的夫妻共同财产就不会落到别人手里。虽然人离开你，但是你还能分到钱，总比你人财两空要强。否则，你全部被蒙在鼓里，那非气出个好歹来。

在找私人侦探时，你也要考虑自己的婚姻实情。最好在你的猜测是准确的时候再出手，否则出了钱又没有调查出什么来，你的情绪只会更低落。而且私人侦探的手法也没有什么高明之处，除了拍照就是跟踪，但价钱却要得很高，因为人家也要吃饭。你看到底值不值得这样大动干戈。当然，如果你不在乎钱，只为出一口气，给对方难堪，这也就无所谓了。

四、居、村委会与派出所的作用

因为婚姻生活的特殊性，可以管到你的、较近的地方就是居委会和派出所了，因此离婚案件中，他们的作用也是相当大的。

别小瞧居、村委会与派出所

千万不能小看居委会和派出所的作用，他们可以以单位名义作证，尤其在婚姻中遇到家庭暴力、虐待遗弃家庭成员的，甚至在重婚案件中还可以作为证人，他们的顾虑也要比一般证人小，因为他们代表的是单位行为，并不害怕什么打击报复。

我一直佩服《不要和陌生人说话》那部电视剧的编剧，只有对家庭暴力有深入了解的人才能透彻而真实地把它体现在屏幕上，在和其他人探讨时，经常会有这样的疑问："故事有些离奇吧，好像暴力渲染得过火了？"其实，现实生活中，这非但没有过火，只能说火候还差呢。因为家庭暴力的普遍性使我们在修改相关的婚姻法律时明确提出禁止暴力的相关规定，法学专家也在致力于相关法律研究，推动反家庭暴力若干法律、法规的及时出台。而在第一线的我们，遇到的形形色色家庭暴力案件与这部电视剧相比只能说是有过之而无不及。

谭某就是家庭暴力的受害者,她也不知道为什么当初父母给她挑了这么个丈夫。几乎是三天一小打,五天一大打,她身上就没有完好的时候。最轻的,是丈夫踹她一脚,打她一巴掌。年轻时,她认为丈夫气盛不懂事,有了孩子会好些。可有了孩子照样是如此,她早有离婚念头,孩子太小,她怕孩子受委屈。等孩子大了,她又觉得这把岁数再离婚就更丢人了。丈夫对她是肆无忌惮,张嘴就骂,举手就打,连儿子都看不过去,劝她赶快和爸爸离婚算了,不好这么受气了,否则自己早晚得把爸爸给揍一顿。

然而谭某就是这么天天挨打,外人并不知晓。因为谭某对外面绝对不提自己的事情,他们当然不知道这样的事情就发生在他们周围。谭某没有起诉离婚,她的丈夫倒是先起诉了,谭某为了维持这个家没有同意离,法官也没有判离婚。可谁知丈夫变本加厉,好像非要把她打走似的。

她找了个律师,律师给她出主意,告诉她这样下去还会遭受暴力,不如先把有关证据收集到,下次离婚时也好向法庭陈述。律师说暴力问题一定要被外人知道,否则对方不承认就一点都没办法,一再告诫她,再有暴力时,就要报警、找居委会。

谭某每日在家里战战兢兢,她已经被打怕了,更怕自己报警后,丈夫会下手更狠。这次,因为她做饭晚了点,丈夫又开始找碴,一把就把她推倒在桌子上,头上立刻撞出了血,丈夫还要下手,她先拨打了“110”,后又到居委会找人。可丈夫说:“谁来都没用,就没有说打老婆还犯法的!”居委会的主任来了,了解完情况,把丈夫批评了一番。后来,警察到了现场后,对二人做了劝解工作,也做了相关记录,并建议谭某赶快去医院。谭某让儿子陪着去了医院,她不敢回家,儿子说:“有我呢,怕什么!”谭某回家后,让她没想到,丈夫第一次没有冲着她大骂。

她也想通了,这样的打骂没有什么可留恋的了,儿子也理解自己,还不如离婚后单过,躲开这个魔鬼般的丈夫。这回她来起诉了,我看了她手里的证据,居委会给开出了她被丈夫殴打的证明,也有医院的诊断证明,她还告诉我曾经处理过问题的派出所警官的姓名。她的丈夫再不承认,就这些证据也足以认定家庭暴力。

与居、村委员会处好关系、做好工作

现在人的生活条件是提高了,可是人际关系没有以前好了,尤其是邻里之间,关上房门谁都不认识谁,楼里碰上都不知道这个人是不是这个楼的。家里出了什么问题,想指望邻居去法庭上给你做证明那就是天方夜谭了,这个时候你要找的就是离你最近的居委会、村委会。

如果等出了问题再找,似乎有点晚,人家愿意不愿意管都说不准。所以如果家里发生了矛盾,自己处理不了,不妨找找居委会的人,一是他们可以给你做调解工作,二是对你家庭情况有所了解,三是多走动也就容易有感情,真是到了到法庭作证的时候,他们也大多愿意帮你。

现在的人民调解制度开展得红红火火,好多社区都有调解委员会,他们也是一个好的选择。不是出了问题的家庭都靠离婚来解决,调解和好的家庭也占不少的数量。因此,打听打听自己的小区有没有调解组织也是你要做的事情,除了家庭纠纷的调解,对邻里之间的矛盾、经济纠纷等,人家都会受理。

有了家丑也不怕外扬,如果真是把你打个好歹到了法院却无法认定,你不是更倒霉吗?及时将你的遭遇告诉有关单位,他们就是不能帮助你解决什么问题,起码也能做个证明。所以,还是要处理好和居委会等有关部门的关系,别大家都不知道你住哪,有了问题,人家想管都找不到门。

也并非所有的居委会、单位都愿意给你出证明,甚至于上法庭,这就要你来做他们的工作,找律师做工作也行。作证是公民的法律义务,不愿意出证明无非是怕另一方来找事。因此要做通他们的思想工作,让他们承担起伸张正义的责任来。

关键时候还是政府管用

我国《民法典》婚姻家庭编明确规定,实施家庭暴力或虐待家庭成员,受害人有权提出请求,居民委员会、村民委员会以及所在单位应当予以劝阻、调解。对正在实施的家庭暴力,受害人有权提出请求,居民委员会、村民委员会应当予以劝阻；公安机关应当予以制止。实施家庭暴力或虐待家庭成员，受害人提出请求的，公安机关应当依据治安管理处罚的法律规定予以行政处罚。对遗弃家庭成员，受害人有权提出请求，居民委员会、村民委员会以及所在单位同样应当予以劝阻、调解。在出了问题的时候，还是应该找找这些部门，而不是让事态扩大，让后果变严重。

既然有了相关法律规定，那么相关单位就要负起责任来。我了解到，河北省石家庄市的“110”大队就做得比较好。他们让民警在社区内向居民发放一张卡片，上面有管片民警的电话等。一旦发生家庭暴力，社区居民就可以拨打求助电话，以便民警及时赶到现场。这样，受害人有了可以求助的主体，对施暴者也起到震慑的作用，不要让他们认为打老婆、打孩子是天经地义的事情。我看到过那张卡片，是红色的，既温馨又醒目，那的确是给受害人的红色希望。

我知道目前许多公安部门也都出台了一些规定，转变民警的思想，让他们对家庭内部纠纷有了重新的认识，杜绝简单处理或不理不睬的行为发生。而居委会等相关单位除了证明家庭暴力、遗弃虐待家庭成员外，他们还可以就其他事实加以证明，因为他们离你最近，也就离真相越近，只有这样才能客观反映事实真相。

居委会、村委会等还可以就子女抚养问题作证。比如，谁的孩子是在哪里长期生活的、谁带大的，父母谁更有时间教育子女等；还可以做同居的证明，谁在那里租房、房客又是谁，对以夫妻名义同居的还可以就此查明重婚的事实；也可以做分居的证明，如当事人未在此长期居住，或只见到当事人一个人居住，从未见到配偶等。所以说，他们的法律作用还是比较大的，你不和他们做好沟通，他们怎么能更好地发挥作用呢？

居委会等单位的证明应加盖公章，若另一方当事人要求质证，作为证人出庭时，要记得带好介绍信及工作证。一般，单位出庭作证的比率不是很高，因为他们作证的效力大，一般当事人也不会很较真，在有力的证据面前只能认可。对方当事人也可以到居委会等部门开出相反的证据来驳斥另一方，只要法院查明单位作伪证，也会依照相关法律规定对作伪证单位实施罚款等处罚。但单位就同一事实开出两份不同的证明的可能性不大。

五、律师在婚姻案件中的作用

有的当事人不知道律师和法官的关系,有时法官也被他们称为律师,有时还让我们帮助他们请律师,如果法官给他们请了,那么离下岗的日子也就不远了。

不是所有案件都要请律师

当事人的影视剧看多了以后,常常被那里情节所影响,认为只要打官司就要请律师,没有律师就没有他在法院说话的份儿,法官也根本不可能听他说话,总认为律师出口成章,他们能把法条倒背如流,而自己一点法律常识都没有,不得上法院的当吗?如果见到对方请了律师,而自己没请,更是着急,常常让法官休庭,给他请律师的时间。以为有了律师就有胜算的把握,就能不吃亏,起码符合“法律”规定。

有时候当事人也拿不准,常常问我们:“法官,我是不是得请个律师呀?”这个问题实在不好回答,你不让他请吧,他不相信法官的话,认为法官是为了让对方胜诉才这么说的。你让他请吧,如果官司输了,他也会把责任归结为法官,让他花了冤枉钱还输了官司。

在离婚案件中,应该掌握一般规律,要清楚你请律师做什么?什么时候该请?而不应急着往外掏钱。如果你确实有钱,根本不在乎钱,只在乎脸面上好看就另当别论了。但是,如果你认为胜诉都是因为有律师就大错特错了,胜诉靠的是事实清楚,证据充分,与有无律师关系不大。

刘老太太的遭遇让我非常同情。她丈夫起诉离婚,因为双方是再婚离婚情况,而刘老太太的儿女本来是反对她再婚的,所以儿女根本就不帮她。她不想离婚,离了婚自己也没有住的地方。她总爱看电视上的法律节目,电视里一个女律师可出名了,她觉得自己找她代理离婚准没错。

刘老太太找到这个女律师,女律师同意为她代理,就是代理费要收 3 万元。这钱对一般人家来讲还算支付得起,但对靠退休金生活的老太太来说就有点贵了。为了能打赢官司，刘老太太就拿出自己多年积攒的钱交了代理费。

开庭那天，女律师和刘老太太一起出的庭。因为刘老太太不同意离婚，对方的离婚理由也不充分，我给原告做了做工作，原告撤诉了。女律师在法庭上总共说话不到 5 句，但这也算是胜诉吧。

没到半年，刘老太太来法院找我，我很纳闷儿，我问她有什么事情吗？老太太一下子哭了。她说："我知道过半年对方还得起诉，我就找到以前女律师，可女律师说她的收费又涨了 1 万元，因为第一次是她代理的，她这回可以给我打 7 折优惠。可我上次打官司已经把我的钱都花了，我这次也没钱请律师了。我想来起诉，否则对方也得再起诉我，我不离也不行了。"看着因为交纳不起代理费而不得不同意离婚的刘老太太，我告诉她："打官司不是非要找律师，也不是第二次起诉就一定会判离婚。你来起诉也要花诉讼费，你干脆等对方起诉再说吧。"刘老太太这才走，我想，这有名的女律师就不能为这些贫困老人提供法律援助，免费代理吗？

我认为有以下情形的可以找律师：一是离婚案件中有大量的调查事项的，包括离婚原因及财产不明的，因为有关机关只接受律师身份的调查，而不接受个人调查。二是双方当事人矛盾激化，没有直接对话可能，需要通过律师来沟通的。三是不想到法院解决，希望律师给双方做调解工作而争取协议离婚的。四是因为工作忙而无暇处理诉讼等事务，希望由律师代为诉讼的，当然第一次正式开庭还要当事人本人出庭。

对于不知道相关法律的，可以找本《民法典》法条来，法官也会阐明你的权利。对于不知道如何起诉、应诉的，直接找律师咨询即可，只需要支付咨询费，该费用比代理费少多了。其他情况就无须律师帮助了。离婚案件中，有时候律师介入反而效果不好，当事人与对方律师经常在法庭上发生争执，他们认为两口子过日子情况自己最清楚，别人在这里指指点点让他们觉得不舒服。他们认为对方之所以要离婚，就是律师在一旁撺掇，把责任、怨气都撒到律师身上去了。

律师在离婚案件中的工作内容

聘请律师需要花钱,那律师收了钱都能帮你做些什么呢?

1. 调解工作。因为律师法律知识要比你丰厚,大多有实践经验。你是第一次离婚,人家差不多天天都代理离婚案件,肯定比你有经验。他和你定下调解方案,去找对方去做调解时,会把握调解的方向和合理运用调解技巧。所以第三方调解的效果会比夫妻双方争吵不休强。

2. 调查工作。律师有合法和适宜的身份和时间,可以为你做调查。不论是管辖中的居住地问题、家庭暴力取证问题、对方与第三者同居问题、房屋登记问题等都能替你去调查。他们也有权到法院申请调查令,而这是你自己办不到、不会办的。

3. 提出法律意见。因为他们专业,所以可以为你提供法律上的服务,为你作出法律上的判断,给你提出有关问题的法律意见,让你知道诉讼的风险是什么,胜算到底有几成,使你自己心里有底。

4. 代为出庭。离婚案件你出一次庭后,没有特殊原因可以不再出庭了,所有问题都交给律师,由律师为你出庭、辩论、调解乃至签收法律文书、上诉等。你不必每次和对方见面、受刺激。

上面几项都是最重要的工作,其他工作包括撰写诉状、各种调查申请、财产保全申请、鉴定申请等,都可以由律师完成,但也不能把事情都推给律师,大主意还得你拿,你离了婚可就是一个人了,律师该挣钱还是要挣钱去的,千万别留后遗症。

和律师打交道的门道

由于目前律师队伍的人员素质也是参差不齐,他们可是一批懂法的“人精”,和他们打交道也是一门学问,稍不注意就容易把自己搁进去,挑选律师也好、给付代理费也好,还是多留神吧。

首先是怎么找律师,找什么样的律师。就离婚案件来说,我建议你要找已婚或者年龄大一些的律师,他们有生活的阅历,比没有结过婚的人更能理解你，彼此之间好沟通。朋友介绍也好、报纸广告也好，只要是正规律师事务所就行，律师事务所的名气大小不重要，重要的是律师本人能否有责任心，对业务是否娴熟，办事是否认真，踏踏实实的律师比给你说得天花乱坠，好像没有他办不到的事情的人要可靠。也不要忘了查他的律师证，有很多没有拿到执业资格而混在律师队伍中挣钱的人，所以，眼见为实，还是亲自查查他们的证件吧，否则出了问题，司法局都不能帮你。我也发现我们法院门口好多拉生意的人，声称提供免费法律咨询等，你想想，如果真是做得好的正规律师会整天没事到法院门口招揽生意吗？这些人很多都是打着免费咨询的名义等你上钩，目的就是挣钱而已。

其次是签好代理合同。律师事务所与当事人之间签订代理协议，这个协议有很多是有固定格式的，无非是约定双方的权利义务，代理的事项是什么，你对律师的授权是什么，代理的期限有多久。值得注意的是，代理事项中大多是一般代理，参加调解、领取法律文书等要特别注明。当事人对律师应当如实陈述事实，如果做虚假陈述，或委托事项违反法律规定，律师有权终止代理，代理费是不予退还的。代理期限一般从委托之日起到一审或二审案件的判决作出生效日止，如果除诉讼代理外有执行阶段的代理要另行约定。也就是说，如果没有约定，律师不是对一个案件负责代理到底的，一般只到案件审理终结时止，即拿到判决书为止，如果要上诉、申诉、执行等还要重新签订新的代理协议。你也可以要求律师必须履行出庭等义务，否则有不负责任的律师借口工作忙连开庭都不来。

最后是代理费的约定。代理费的多少没有统一标准，基本是双方议价，婚姻案件是不允许风险代理的。律师代理离婚案件的诉讼费一般都有政府指导价格，你们可以参照此价格来商议。除了代理费之外，律师出差调查的差旅费，出庭等的交通费、邮寄材料费、复印资料费、查询费也都是要额外支付的。别忘了要正规的代理费发票、其他费用票据等。值得注意的是，如果律师找你要除了合同外的其他费用，那你要小心了。有的律师专门就赚这笔钱，向你吹嘘他认识法院的某法官、某领导，也可以托关系走后门，只是需要你支付好处费、公关费等，律师说的是否属实你又无从查证，要不要给这些钱，你自己要做决定。其实，法院的廉政建设力度很大，法官是不会为了这几个钱砸自己饭碗的。

一旦发现律师在执业过程中有违反合同的行为,可以通过法院诉讼解决,也可以到司法局、律师协会进行投诉,调查属实时,有关单位都会给予相关处罚的。

六、有关人身安全保护令的申请

我国《反家庭暴力法》自 2016 年 3 月 1 日起实施。家庭暴力问题是严重的社会问题,实施人身安全保护裁定的目的是有效预防和制止家庭暴力,切实维护家庭成员的人身权利,确保民事诉讼活动顺利进行。作为一种民事强制措施,是人民法院进行司法改革的重要举措,也是推进社会管理创新的有效手段。《反家庭暴力法》第 23 条规定当事人因遭受家庭暴力或者面临家庭暴力的现实危险,向人民法院申请人身安全保护令的,人民法院应当受理。当事人是无民事行为能力人、限制民事行为能力人,或者因受到强制、威吓等原因无法申请人身安全保护令的,其近亲属、公安机关、妇女联合会、居民委员会、村民委员会、救助管理机构可以代为申请。该条文就人身安全保护令的申请标准进行了说明,其主要目的是预防家庭暴力,保护受害人不再受到暴力伤害。

家庭暴力的定义及类型

《反家庭暴力法》所称家庭暴力,是指家庭成员之间以殴打、捆绑、残害、限制人身自由以及经常性谩骂、恐吓等方式实施的身体、精神等侵害行为。这里面包含了身体暴力、精神暴力以及性暴力,既有肢体冲突也有语言暴力。2019 年我曾经对北京市法院受理的人身安全保护令案件做了一个调查统计,在收集到的 234 件案件中,申请人自诉遭受肢体暴力的案件占比最大,共 217 件,约占 93%;申请人自诉遭受精神暴力的案件次之,共 10 件;申请人自诉遭受限制人身自由的案件共 4 件;而申请人自诉遭受经济控制的案件最少,仅 3 件。可见,受暴者几乎都曾遭受肢体暴力。大部分被申请人过往均有施暴历史,且施暴对象不仅限于申请人。在234件案件中,163个案件的申请人诉称被申请人有家暴史,约占70%。其中,73%的申请人诉称被申请人仅对其本人施加暴力;而27%的申请人诉称被申请人不仅对其本人、亦对他人主要包括父母、子女等亲属施加过暴力。

在234件案件中,申请人与被申请人以70后、80后为主,其中申请人中80后最多,共75件,约占32%,而被申请人中70后最多,共84件,约占36%。因此可以看出受暴者80后最多,施暴者70后最多。申请人最小的是6岁,最大的是90岁;被申请人最大的是80岁,最小的22岁。这个数字也代表了家暴案件普遍存在于中年人群中。

家庭暴力的证据

家暴案件基本发生在夫妻间,且大多涉及离婚纠纷,具有家暴史的施暴者日后继续施暴的可能性较高。仅就获悉的数据分析发现,北京市人身安全保护裁定的当事人双方主要为夫妻,且涉及离婚纠纷的案件数量较多。往往发生在离婚诉讼前、离婚诉讼中及被判决离(不离)婚过程中。既然家庭暴力较多地发生在离婚诉讼中,那就有必要告知家暴受害者如何留存证据。

家庭暴力因为极具隐蔽性,又通常被认为是“家丑”,受暴女性往往采取隐忍、不发声,甚至被发现后也羞于承认,因此一旦到法院,由于证据的缺乏,就无法得到合理的保护。

证明家庭暴力的证据一般有几种:一是当事人自认,即双方当事人对事实不否认,当然这个是极少数的;二是书证,包括诊断证明、保证书、派出所报警记录等,这就要求暴力发生后要及时报警,及时就诊,及时在对方认错时要求其写下保证书,便于法官的认定;三是证人,在暴力发生时要打开房门大力呼救,这样不但可以有效制止施暴人的行为,更能让邻居等知晓,日后便于找到相关证人;四是视听资料,如监控摄像、对语言暴力威胁进行录音、受伤后及时拍照等。

通过对234件案件调研,人身安全保护令申请人向法院举证对方存在家庭暴力的案件仅占36%，申请人更倾向于提交向公安求助的材料、就医材料以及伤情照片。法院对于证据的采纳情况也有明显特征，对于施暴者的自认材料以及妇联求助材料法院的采纳比例是100%，对于就医材料以及报警材料的采纳比例高于50%。

人身安全保护令的申请

《反家庭暴力法》第23条规定："当事人因遭受家庭暴力或者面临家庭暴力的现实危险，向人民法院申请人身安全保护令的，人民法院应当受理。当事人是无民事行为能力人、限制民事行为能力人，或者因受到强制、威吓等原因无法申请人身安全保护令的，其近亲属、公安机关、妇女联合会、居民委员会、村民委员会、救助管理机构可以代为申请。"根据本条规定，在遇到家庭暴力时可以向法院申请人身安全保护令，法院根据遭受暴力的情况进行认定，支持或驳回申请人的请求。具体人身安全保护令保护方式根据该法第29条的规定，"人身安全保护令可以包括下列措施：(一)禁止被申请人实施家庭暴力；(二)禁止被申请人骚扰、跟踪、接触申请人及其相关近亲属；(三)责令被申请人迁出申请人住所；(四)保护申请人人身安全的其他措施"。法官依据案件不同情况，在保护令中裁定几种保护措施，尽可能地使当事人得到较为全面的保护。

人身安全保护令的执行

《反家庭暴力法》第28条规定："人民法院受理申请后，应当在七十二小时内作出人身安全保护令或者驳回申请；情况紧急的，应当在二十四小时内作出。"也就是说，当当事人面临家暴或即将受到家暴后，可以向法院申请保护令，法院应在3天内作出答复，遇到紧急情况的在24小时作出，比如，家暴情节严重，人身安全受到重大威胁等，法院会第一时间发出保护令。

保护令发出后，根据《反家庭暴力法》第32条的规定："人民法院作出人身安全保护令后，应当送达申请人、被申请人、公安机关以及居民委员会、村民委员会等有关组织。人身安全保护令由人民法院执行，公安机关及居民委员会、村民委员会等应当协助执行。”由此看到，对于保护令的实施，法院是执行单位，公安机关及居、村民委会为协助单位。但现实中，保护令发出后，当事人不知道如何真正地得到保护令的保护。往往成了一道对付胆小当事人的“令箭”，对那些不怕法律规定，继续实施暴力的施暴者并不能起到真正的震慑和制止作用。这既有法院与公安机关相互“失联”，沟通不足的问题，也有当事人在拿到裁定后又遇到暴力不知如何应对的问题。有的裁定就专门在下方注明：“遭遇暴力时，请于第一时间拨打‘110’报警或者向所在单位、居(村)民委员会等单位投诉、反映或求助并注意保留相关证据。”这样的裁定就可以使受害人在再次遭遇暴力时知道相应的救济途径，有效保护自己的人身安全。

但也有的当事人通过提人身安全保护令来为今后的离婚案件做准备，认为既可以成为家暴的证据，也可以在分割财产、争夺抚养权上占上风。因此法官还要分清当事人的目的，谨慎判断是否存在家庭暴力的情形。曾经有一个案件，申请人在离婚案件开庭后连续6次报警，自己拍摄了手部受伤的照片，法官调取了报警记录，仅显示两人有纠纷，没有人身伤害，这种申请就可以驳回。

在审理案件时，存在法官将家庭暴力和家庭纠纷混在一起的情形，有的法官认为家庭纠纷就是家庭暴力的最终表现，比如，在分割财产时，为了抢夺财产造成了伤害，不一定是以实施家庭暴力为目的的行为。是否认定需要出具人身安全保护令，应综合考虑暴力程度，不能仅仅考虑身体伤害，更多应当考虑受害人身心和精神上的损害程度。真正令人害怕的是内心的恐惧，认定家庭暴力更多应考量施暴人是否通过相关行为导致被施暴人内心的恐惧。

多方协作，加大保护力度

人身安全保护令的发出需要多方协作，这里既需要法院予以执行，也需要公安机关和居(村)委会予以协助，各方共同监督保护令的执行。但实际工作中，会出现推诿、扯皮的现象，公安机关认为既然找到法院，法院就应当予以执行。法院则认为无力进行24小时的监督，暴力事件发生时，公安应该在第一时间出现。公安与法院“失联”、互不配合，这样一来，不利于人身安全保护令得以全面执行，发挥其应有的作用。比如，人身安全保护令作出后，法院可以要求公安人员护送受害人到医疗机构；护送其返回事发地点、住所等，以便取回物品；护送其到社会服务设施等。因此，人身安全保护令作出后，还需要法院和其他法律赋予的相关责任主体一并做好人身安全保护令的监督和执行工作，使受害人得到真正、切实的保护，而不是一纸空文。

我国《反家庭暴力法》第18条规定，县级或者设区的市级人民政府可以单独或者依托救助管理机构设立临时庇护场所，为家庭暴力受害人提供临时生活帮助。但在有关统计的数据中，家暴受害者接受庇护场所、救助管理机构或福利机构的帮助的案件微乎其微。没有发现案件中的申请人被送至救助站/安全场所生活的事例。而有的省市均设有庇护所，在妇女儿童受到暴力侵害而无家可归时，庇护所成为可以临时居住的地方。一旦案件中的当事人有相应需要时，法官可以为其联系相关部门，给妇女儿童一个暂时的栖身之地，不受加害人的骚扰。

此外，应与社区矫正衔接。在给予受害人保护的同时，也要对施暴人进行心理矫正、行为矫治，对受害人进行心理疏导等。这些干预、救济手段对于纠正施暴者的失范行为、疏解受暴者的心理困境、预防暴力的复发和升级具有积极的意义。

据我了解，北京市西城区人民法院在《反家庭暴力法》出台后，就建立了与妇联、公安机关的联动机制，在框架内实行部门联动，帮助求助妇联和公安机关或来法院立案的当事人进行各部门间的沟通和协调，建立绿色通道，使当事人可以在第一时间举证；法院也可以及时作出裁定，并送达到本人以及当地社区和公安机关，在执行过程中相互沟通，使案件能够顺利办理。这是一个值得推广的好经验。

银川市中级人民法院、银川市公安局、市民政局、市妇联联合制定了《关于推行人身安全保护令制度的实施办法（试行）》，对人身安全保护令的实践操作进行细化和规范，对人身安全保护令的管辖、申请核发、举证责任、审查执行、法律惩戒等作出明确规定。该办法规定，被申请人违反人身安全保护令，构成犯罪的，依法追究其刑事责任；尚不构成犯罪的，人民法院应当依照《民事诉讼法》关于妨害民事诉讼的强制措施的规定，采取训诫、罚款、拘留等强制措施。

被申请人违反人身安全保护令,情节严重的,人民法院可以将其列入失信联合惩戒对象名单。该办法就给不执行人身安全保护令的当事人一个很好的惩戒措施,即纳入失信联合惩戒对象名单,使保护令裁定得以更好地执行。

根据全国妇联数字统计:全世界每18秒就有一名妇女受到虐待;全国2.7亿个家庭中遭受过家庭暴力的妇女高达30%;全国24.7%的女性都遭受过不同形式的家暴。[①] 因此对家庭暴力中妇女、儿童的保护,以及对老人等弱势群体的保护已经迫在眉睫,应引起司法工作者的高度重视,也应是每一位法官的职责所在。

温馨提示

涉家暴证据清单

1. 申请人与被申请人的身份信息(身份证、户籍或者调取的公民信息)。

2. 结婚证、户籍本等(证明存在婚姻关系、亲子关系、亲属关系、同居关系、抚养关系等)。

3. 报警记录、询问笔录等。

4. 照片[打砸现场、身体伤痕(特写和整体),最好要能体现出时间地点,证明身体的损伤和财产的损失]。

5. 病例资料(第一次门诊记录:要明确说出受伤的时间和地点,受伤的过程及加害者的名字,与加害者的关系);法医鉴定(由派出所或是妇联委托,证明伤情)。

6. 打砸或是威胁的录音、录像、短信、微信和QQ聊天记录等(证明家庭暴力的发生或者面临家庭暴力的现实危险)。

7. 证人证言(同住亲人、周围邻居等知情人)。

8. 妇联、社区、反家暴社会组织的接访求助记录(如遭受家庭暴力未报警,但曾经向妇联上访求助过)。

9. 自述家暴史材料。

① 参见第三期中国妇女社会地位调查课题组:《第三期中国妇女社会地位调查主要数据报告》,载《妇女研究论丛》2011年第6期。

第七章

离婚诉讼中的开庭与执行

07

《民法典》第一百八十八条 向人民法院请求保护民事权利的诉讼时效期间为三年。法律另有规定的，依照其规定。

诉讼时效期间自权利人知道或者应当知道权利受到损害以及义务人之日起计算。法律另有规定的，依照其规定。但是，自权利受到损害之日起超过二十年的，人民法院不予保护，有特殊情况的，人民法院可以根据权利人的申请决定延长。

一、开庭准备

当事人对到法院来多少有些抗拒心理，不知道要和法官说些什么，真到了法院就更紧张，生怕哪句说不好就会败诉。对从没有打过官司的人来说，这很正常。

紧张也得出庭

有人在电话里就和我说："法官，您就随便判吧，我同意离婚，但我就是不想到法院来。"问他为什么，他也说不出个所以然，反正就是不想出庭。我想，一定是看影视剧看多了，对法庭的严肃气氛有些发怵，也怕到了法院都被当成罪犯对待。可法律有明确规定，离婚案件的当事人无特殊情况的本人必须到庭应诉，这些特殊情况是指长期卧床不起的，或长期在国外生活不能回国的等。一般当事人是没有这些情况的。

有时候，紧张情绪也是由法官带出来的。如果不是在调解阶段，一般当事人很难看到法官的笑容，不是法官不会笑，而是笑了之后效果不好。法官常被当事人怀疑是否存在人情关系等情况，所以有经验的法官在正常开庭时会很注重自己的面部表情的，因为稍不注意，对哪方多看了几眼，或对谁笑了一下，就会被对方怀疑法官不廉洁。有一次，开完庭，一个当事人上前和我握手道别，我刚想伸手，余光就看到对方当事人有些异样，我只好缩回手说："不必了，再见。"然后转身就走了。我不想给自己惹麻烦，只能让他想我这是不懂礼貌吧。后来，我还细想过这个问题，也许要和我握手的当事人也会怀疑，我是不是和对方有关系，否则为什么都不敢和他握手呢？你说，法官都这样谨慎，能不紧张吗？

因此，大部分时间你看到的法官都是表情严肃，眼神冰冷的，这就需要大家多理解。法官的好坏不能单以表情是否生动来衡量,还应该看过程、看水平、看结果。再和蔼可亲的法官给你判个糊涂案,你肯定也不觉得他好。但是,法官对当事人应当是尊重的,这也是对每个法官的要求,不大声训斥当事人,不对当事人有“生、冷、硬”的态度是法官的职业道德的要求。所以,你大可放心,法官不是黑脸的包公,不那么可怕的。

我见过紧张的当事人,一种是涨红了脸说不出话的,一种是说话都结巴了,还有一种说了半天不知所云的,更有一种人刚说话就和吵架一样,这些都是没有把神经放轻松的当事人。其实,民事案件本身就属于个体之间的矛盾,没有什么深仇大恨,不必搞得这么吓人。我的一个离婚案件当事人,当我问他:“你是初婚吗?”他憋了半天告诉我:“我重婚。”搞得对方当事人哈哈大笑,指着他就说:“什么,你是重婚?”我也都快忍不住笑了,其实他想说:“我是再婚。”一紧张,就成了罪犯了。

抓住重点,简化细节

到法院要说些什么,其实最简单的办法是,法官问什么就说什么。根据一般庭审程序,第一步是原告陈述,主要讲起诉的事实和理由。离婚案件需要陈述的基本事实是双方是如何认识的(自己认识还是别人介绍)、何时结婚(登记时间而非举行结婚仪式日期)、何时生育子女(子女姓名、性别、出生年月)、婚后夫妻关系如何、近两年有什么矛盾、要求离婚的主要理由。如果不知从何说起,直接宣读起诉书就行。

第二步是被告答辩,主要针对原告的诉讼请求提出承认或反驳的意见和理由。被告的答辩也是陈述事实,是陈述被告认为的事实。对原告陈述的事实对的部分直接表示认可就行,而对有异议的部分千万不要一一驳斥,那样就会把你的节奏打乱,被原告带着走。只需讲述不同意离婚的理由是什么,你认为你们婚后关系如何,有什么事实表明你们感情没有破裂等。同意离婚的要说同意的理由,也许原告的理由你并不认可。主要是按你自己的思路来陈述。

第三步是交换证据、质证、认证程序。对对方出示的证据发表意见,或自己出示证据说明要证明的内容。这个阶段要对证据的真实性、客观性、关联性发表意见,切记不要进行评论性表述,这要留在法庭辩论中发表。交换证据阶段是调查事实的一个阶段,法官也可就具体事实进行核实。

第四步是法庭辩论。法庭辩论不是就事实的重复表述或者事实补充的,而是讲支持你的(反驳对方)请求的理由或者法律依据。有代理人的可以宣读代理词。

第五步是最后陈述。对原告来讲,最后陈述是对诉讼请求的一个表态,是否还坚持自己的诉讼请求;对被告来讲,是对答辩意见的总结陈词。

第六步是调解阶段,有时是面对面调解,有时是背靠背调解,双方可以拿出一个调解方案,法官也可以拿出一个调解方案供双方参考。最怕的是同意调解但就是不说具体的调解意见,这样既浪费时间又无诚意。

调解是可以贯穿始终的。有时离婚案件也在事实调查部分由法官对离婚意见、子女抚养、抚养费、婚前财产、婚后财产、存款、债权债务、房屋等基本内容进行询问。

法官最怕的当事人有两种,一种是不按庭审的程序走,而是按照自己的路子来,想说什么就说什么,想起什么就要求说什么,杂乱无章,让法官不知道你要表达什么。另一种是说话没有重点,拉拉杂杂,其实法官想知道的是主要矛盾,可他非要把不相干的事情一股脑儿说出来。其实法官想听的是主要事实,可他非要描述事实的过程,非要把细节一并陈述出来。比如,形容一件简单的事情时,他就非要表达成当时你说什么,他说什么,甚至连表情都要表演出来。要知道,庭审时间很短暂,你一定要抓住有限的时间清楚地表述你最想表述的内容,否则就达不到一个好的庭审效果。

遵守法庭纪律很重要

这样说好像在和学生们说要遵守课堂纪律一样,其实法庭纪律可能比课堂纪律还重要,学生一次不好好上课还有下次,当事人庭没开好,法官可不会再重新安排一次开庭的。遵守法庭纪律表现在以下几点:

1. 遵守庭审程序。就是按法官主持的庭审顺序来发言,即开口说话要得到法庭的允许。这不单单是尊重法官和对方当事人的问题,还关乎你所说的话能否被书记员全部记录。如果没有发言顺序,想说就说或随便打断对方的话,随便发话,抢法官的话,你是痛快了,要知道,没有被庭审笔录记录的话是没有法律效力的,说了等于白说。

2. 与证人的关系。证人既可能是你带来的,也可能是对方带来的。你带来的证人在发言时,你千万不能提醒、插话,否则影响证人作证的效力。对方带来的证人在发言时,你也不要对证人有谩骂、恐吓等语言,否则严重的要受到相应处罚。也不要当着证人的面,对证人的陈述做评价,可留在辩论阶段发表对证人证言的意见。

3. 在发言时禁止使用侮辱性语言。当对方在说谎时,谁都会生气,但一定要有风度,就事论事,而不能张嘴大骂,甚至大打出手,显得素质低下。被法官制止会更难看。

4. 控制好个人情绪。离婚当事人没有几个心情好的,庭审时说到伤心处未免落泪,有时泣不成声,法官虽然能理解当事人的心情,但不是很喜欢这种表达方式,因为这样必定会影响庭审进程,打乱庭审节奏,只能给法官添乱。法官在庭审时高度集中且头脑在不停地转动,这样的情绪和言语会扰乱法官的思维,对庭审也会产生不好的效果。所以,一定要控制好自己的情绪,要知道哭泣不能解决任何问题,眼泪也不能换取法官的同情。因为法官判案依据的是事实、证据,你的眼泪不流法官也照样明白孰是孰非的。

5. 不得擅自退庭。除了按传唤时间准时出庭外,还应该按法官的指挥退庭。迟到、早退都要承担法律责任。按惯例,如果原告无故迟到半个小时以上,法官可以按其自动撤诉处理;如果被告无故迟到半小时一样,法官可以缺席审理、缺席判决。如果原告未经允许擅自退庭的,按自动撤诉处理。有的当事人无时间观念,以为法院一上午只通知他们一拨儿当事人,其实法官后面还有其他庭。所以一个人迟到就会引起后面庭无法按时开始。当事人有意见时法官还要去解释,不理解的当事人还以为是法官故意拖延呢。

6. 把法庭当成自己家,想说什么说什么,更有的当事人还对对方当事人甚至是法官破口大骂,与对方当事人大打出手。出现这种情况时,法官除了制止,很少和当事人计较的,也不是全因为法官素质高,而是法官有审判权利。如果你是法官遇到了这种当事人，你能作出什么样的判决？对骂你的人能更关照吗？判决中说不定就有法官的情绪在里面，法官有自由裁量权，法官自由了，你不就亏了吗？我觉得这样不理智的当事人很傻，光是图个嘴舒服，其实受损失的是自己，根本没有必要把你和对方当事人的矛盾转移到法官那里去。

另外，再说说笔录、文书等签字问题。开庭笔录、询问笔录等需要双方当事人签字，阅读后签字是正确的，切忌和书记员就笔录的每一个字掰扯，其实书记员对当事人的陈述做记录时，不可能每个字都能记下，记的都是当事人的主要意思，只要没有给你表达错就可以了。对于没有记下的，如果认为很重要，可以向法官另要张笔录纸进行补充，也可在庭后提交书面材料补充。任何笔录都是不允许当事人直接涂改的，如果你把笔录改得乱七八糟，法官不批评你才怪。千万记住，看笔录只需要看自己的话，不用看对方的话是否记录，法庭上常因为此发生当事人和书记员的不愉快。

对不遵守法庭纪律的人，可以有不同的惩罚措施，但这些都是不应该发生的，起码在国外是很少听说的，因此，一个良好的审判秩序需要法官和当事人的共同努力，法官依靠的是良好的驾驭庭审能力，当事人依靠的是一个良好的参与诉讼行为和对法律的尊重。

温馨提示

人民法院可以根据情节轻重予以罚款、拘留；构成犯罪的，依法追究刑事责任：

1. 伪造、毁灭重要证据，妨碍人民法院审理案件的；

2. 以暴力、威胁、贿买方法阻止证人作证或者指使、贿买、胁迫他人作伪证的；

3. 隐藏、转移、变卖、毁损已被查封、扣押的财产，或者已被清点并责令其保管的财产，转移已被冻结的财产的；

4. 对司法工作人员、诉讼参加人、证人、翻译人员、鉴定人、勘验人、协助执行的人，进行侮辱、诽谤、诬陷、殴打或者打击报复的；

5. 以暴力、威胁或者其他方法阻碍司法工作人员执行职务的；

6. 拒不履行人民法院已经发生法律效力的判决、裁定的。

人民法院对有前款规定的行为之一的单位，可以对其主要负责人或者直接责任人员予以罚款、拘留；构成犯罪的，依法追究刑事责任。

二、提交证据材料的方式方法

打官司也不全是在法庭上，其实，有一个被当事人忽略的问题，起码我认为提交书面材料还是很重要的。

庭审时间很短暂

别的法院是什么情况我不是特别了解，但是在北京市海淀区人民法院工作近20年的我是知道我们法院的节奏的。就拿我来说，每天8:30一上班穿上法袍就坐在法台后面了，准时开第一庭。然后就是9:30、10:30各一个庭，12:00前结束上午的庭审活动。下午从1:00开始，也要进行两个庭，但下午的庭差不多都是交换证据庭或者是第二次开庭，开庭时间比较短。这个节奏每年12个月里有11个月都是这样的。我相信别的法院情况和我们也不会差太多，少也少不了多少。

这种情况不是法官本身造成的，而是案件数量太多造成的，案件的压力使法官不能有大量的时间去开一个庭。到底案件有多少呢，已经有4年的时间我每年都是结案在600件以上。有时我和同行报这个数字时，同行都不相信。其实他们是不了解海淀法院，为什么是全国先进法院，我想结案数也应该是全国一流吧。

这样下来，每个案件的庭审时间就是一个小时。这还要加上核对双方当事人自然情况的时间，当事人迟到的时间等，实际法官能倾听你们的时间有多少呢？你又能在法庭上说多少话呢？对没有多少庭审经验的当事人来说，他就不知道怎么去支配属于自己的时间。往往刚开了一个头，庭审就结束了。有的当事人对此非常不理解，认为法官处理案件为什么这么草率，为什么不想听他们细说。庭审时间短，确实对当事人不大公平，离婚案件的当事人有可能是结婚三四十年的人，你让他几句话就把这么多年的生活全部说尽是不可能的。

对于这种情况，我就常和当事人讲，开庭时就围着矛盾的焦点来谈，主要谈双方争议的焦点问题，至于细节以及来龙去脉最好提供书面材料，把庭审中没能说到、说透的事情以书面形式补充。一来你可以避免庭上的紧张情绪，慢慢来思考，详细表述；二来书面文字东西条理要比说话清楚，就事实部分的讲述也会比开庭时详尽。

有的当事人不知道，总要求和法官单独见个面、聊一聊，或者是打个电话没完没了，一天能打个三四个电话。当事人的心情我理解，无非是想让法官详细了解案情，增强法官的责任心。其实，不是法官不想聊，也不是只因为时间少不能聊，而是法官也在遵守法律，法律规定法官不能单独约见一方当事人，这是为了法官公平办案，不先入为主，不主观办案。所以和当事人接触的时候，一定是要有双方当事人在场。而打更多的电话也起不了太多作用，因为只言片语法官也不可能全部听明白你的意思，不会记录在案的。

这种情况下，又要依据提交书面补充意见了。法官再忙也会有时间去看材料的，如果能把事实用书面形式详细描述，法官也能对整个事实有个初步概念，而且补充材料也能把你对诉讼的理由等写得更充实，法官也能看得更清楚。你交纳的材料是要收入卷宗的，你在庭审时未能充分表达的，能在补充材料上明确自己的意见。

书面材料别太长

前面章节我就曾经谈过，起诉书和答辩状都不宜太长，要简单扼要，写明主要问题就行。而提交的书面材料也一样，虽然是补充材料，但也不要写得和小说一样。

我曾经收到过像一本书那样厚的补充材料，写得和小说一样，我真是有心想看完，但我实在没有时间看完它。只能看个大概，这也就失去了作为补充材料的意义。

补充材料还是要针对争议的焦点写，说明自己的理由和自己认为的事实，而不要纠缠在细节部分。更不要用一些侮辱性语言谩骂对方，发表评论性语言，这就很难让法官看进去，法官也不会重视此类材料。

书面材料可以打印可以手写，还是使用 A4 纸，如果手写就用蓝黑或黑色墨水写。递交时可以送到法官、书记员那里，或者邮寄过去，挂号信更好，以免丢失。

上诉、申诉材料的写法

打官司，难免会得到一个不太如愿的判决结果，上诉也是当事人行使诉讼权利的重要形式。上诉状都写什么关乎你的上诉请求能否得到支持。

上诉状主要写明的是针对一审判决书在事实认定、证据采用、法律适用、法律程序等方面存在的问题。一是要有条理，把每个问题说明白。二是要有依据，不能凭主观想法推断事实，尤其针对法官的不廉洁行为，一定有依据，否则最好不写。因为这属于向法院纪检部门反映问题，不是二审法官对案件的审查问题。三是不要重复书写案件事实。因为案件事实已经在起诉、答辩、补充材料等过程中表述过，在上诉状上重新再写一遍没有太大必要。

如果对二审判决仍有异议的，在判决生效后 2 年内，还可以到二审法院的上级法院申诉，就离婚案件而言，就是到高级法院提起申诉。高级法院在申诉审查中裁定判决是否合法，是否应该提起再审程序。申诉状也要提交书面材料，比照我国《民事诉讼法》的规定来表述自己的请求是否符合再审立案的标准。申诉理由也要明确表明再审依据，而不用再次陈述事实，或者把一审、二审法官全部骂一通，这都解决不了什么问题。需要注意的是，申诉只能针对离婚中的子女抚养、财产分割等提出意见，对离婚本身是不能再审的。

温馨提示

1. 上诉状格式样式:

民事上诉状

上诉人(原审被告)王小毛,男,40岁,汉族,北京某贸易公司总经理,住北京市海淀区×号院×号楼×号。

被上诉人(原审原告)李大梅,女,37岁,汉族,北京芳芳幼儿园教师,住同王小毛。

上诉请求:撤销北京市海淀区人民法院×年×月×日作出的(×)海民初字第×号民事判决书。判决24万元为夫妻共同债务,重新分割夫妻共同财产。

上诉理由:

1. 判决认定事实错误。我和李大梅婚后仍有24万元共同债务,但一审法院认为该债务应为我个人债务,缺乏依据。

2. 判决适用法律错误。李大梅系造成夫妻感情破裂的过错方,根据相关法律规定,应少分得财产,但一审判决未适用夫妻财产分割照顾无过错方原则,属于适用法律错误。

综上所述,一审判决事实不清、法律适用不当,二审法院应予改判,支持我的上诉请求。

此致

北京市第一中级人民法院

上诉人:王大毛

×年×月×日

2. 申诉状格式样式:

申 诉 状

再审申请人(一审被告、二审上诉人):王小毛,男,40岁,汉族,北京某贸易公司总经理,住北京市海淀区×号院×号楼×号。

再审被申请人(一审原告、二审被上诉人)李大梅,女,37岁,汉族,北京芳芳幼儿园教师,住同王小毛。

申诉请求:撤销北京市第一中级人民法院×年×月×日作出的(×)一终民终字第×号民事判决书。

申诉理由:

1. 二审判决认定事实错误,缺乏重要证据。我和李大梅婚后仍有24万元共同债务,但二审法院认为该债务应为我个人债务,缺乏依据。

2. 我有新证据证明李大梅为过错方。现我有新证据证明李大梅系造成夫妻感情破裂的过错方,根据相关法律规定,应少分得财产。

综上所述,二审判决事实不清,我有新的证据,故本案应依法重新予以审理。

此致

北京市高级人民法院

申诉人:王大毛

×年×月×日

3. 所有提交的书面材料签名均应由本人签署。

4. 一审判决不准离婚的案件,上诉后,二审法院认为应当判决离婚的,可以根据当事人自愿的原则,与子女抚养、财产问题一并调解,调解不成的,发回重审。

三、缺席审理与缺席判决

离婚案件中,我还碰到过被告当事人拒绝出庭的,他们认为不出庭就不可能判离婚,和法院做着“藏猫猫”的游戏,输的那方绝对是自己。

逃避法庭不是办法

正确看待婚姻、看待诉讼也许就不会有这么多当事人躲着法院了,“躲得过初一,躲不过十五”,说的就是这个道理,拒绝到法院应诉的主要有这几类人:

1. 坚决不同意离婚者。这类当事人都是有错误观念的人,认为不来法院,法官根本就没有判决离婚的理由。他们采取各种方式拒绝到庭应诉。有的拒绝签收传票,有的不接法院电话,有的干脆到外地、出国,有的搬离原住所,有的打电话明着告诉我们,“我就不来,法院爱怎么判怎么判”,和法官摆出一副对抗到底的姿态。其实他们的内心都是不同意离婚的,但他们又没有其他方法挽回,而且错误地认为他来应诉,法院肯定是要判决离婚的。这类人群占大部分。

2. 借机拖延时间的人。这类当事人肯定是别人给出主意了,他们就想让法院通过各种方式反复找他,这样才可以有机会拖延时间。时间拖得越长,越能达到他的目的。有的是要用拖延战术使对方不能尽快达到离婚的目的,往往法院在发布的公告期满前,他出现了,还会提出管辖异议,一来二去就能搭上半年的功夫。他也得到了平衡:“想和我离婚,没门儿!想快离,更是做梦!”有的则是采取这样的方式争取到调查离婚有关事项的时间,有了充足的时间,他才能抓住第三者、调查出对方存款和房产,更有甚者是转移财产,如变卖房产,转移股份等。

3. 因为害怕来法院而有抗拒心理的人。很多当事人不愿意来法院解决离婚问题,他们怕法院这个环境,怕与法官对话。对这类当事人我们要做大量的思想工作,让他打消顾虑。也有的和原告做工作,因为有时被告是同意离婚的,但就是不愿意到法院来办理。

这是具有代表性的三类人群,还有其他一些原因不来法院的。其实,逃避并不是个好办法,而问题总要解决,法院也不会因为他们躲着就束手无策,肯定会有解决的办法,否则法院还能因为他们不来就不办案了?这是不可能的事。

缺席也能判离

不来法院应诉,吃亏的是当事人自己。因为你已经放弃了答辩的权利,也没有机会看原告提交的证据,法官更不可能了解你婚姻的事实以及你的真实想法。取而代之的就是听原告单方陈述,那可就是他说什么就是什么了。你不想想,这样判下来能对你有利吗?

我遇到这样的当事人,书记员通知了许多次,他终于来法庭了,因为没有到开庭时间,我上一个庭审还没有结束,我让他在外面等候,他出去了。可到了开庭时间,我再找他时,他已经离开法院了。我赶快电话联系,那头说:“我可不是没到庭,我属于到庭了,但你不接待我,我只好走了。”我怎么解释他也不回来。等我向原告一了解,才知道,这已经是原告第三次起诉离婚了,以前两次也是如此,要不不来,要不来了就走。

鉴于此,他应该属于无正当理由拒绝到庭应诉的,因为到庭审时间时他并未出现。我在等了他半个小时之后,依法缺席审判,并缺席判决双方离婚。被告收到判决书后,提出了上诉,二审他又是故技重演,最后二审维持了一审的判决。

对于当事人拒绝应诉的离婚案件是否能够缺席判决在审判实践中是有争议的,我认为,只要依法履行送达传票的程序,能够证明被告拒绝签收传票或无故不到庭应诉的,应当缺席审理,审理时如果原告有证据证明双方感情确已破裂就应当判决离婚。

法律规定,无民事行为能力人的离婚诉讼,当事人的法定代理人应当到庭;法定代理人不能到庭的,人民法院应当在查清事实的基础上,依法作出判决。这说的也是缺席判决问题。有的当事人长期患有精神疾病,根本无民事行为能力,其法定代理人就是不配合法院,不到庭应诉。他们的想法是,现在当事人患病,对方还能尽扶养义务,一旦离婚,这担子就落在自己头上,肯定要增加负担的,不来法院不判离婚才是最好的解决办法。因此,法定代理人就是不来法院,但法院也不会因为他们的不到庭而判决原告不准离婚,符合条件的,还是照样要判离的。

一方下落不明要有证据才能离婚

夫妻一方下落不明的,也不是到法院起诉离婚就能离婚的,不但要有相应下落不明的证据,还要有证明夫妻感情破裂的证据。对下落不明的也不是先要到法院申请宣告失踪或宣告死亡,但应有派出所开具下落不明的证据。

有的当事人明知道对方已经一年以上都不回家了,他也知道是因为夫妻关系不好才不回家的,但是就不知道要和当地的派出所反映情况。这可是一个大活人没有了,你就能保证他在外面没有遭遇不测吗?找不到人时不要消极等待,也不是让你非要把他找到不可,除非你就想这么等下去,没有离婚的念头,你可以不去告知相关部门,否则,还是去和派出所报个案,哪怕和居委会打声招呼也行。一旦你要离婚,法院让你拿出对方下落不明的证据,你一时半刻未必拿得出来。

有的当事人就不理解,反而和法官起争执,认为是法官在为难他,法官在拖延时间,法官故意不给他判离婚。你不仔细想想,法官怎么知道对方是否真的下落不明呢。实践当中确实有过这样的失误,一方趁配偶长期出差或出国的时候,就到法院起诉离婚,还不提供对方联系的电话,法院找不到人时刚想判决离婚,对方出现了,人家压根就没有下落不明。

当对方离家出走时,不管你想不想离婚,你也要和有关部门反映一下,可能你一年不想离,但两三年以后呢?有的当事人就是因为没有对方下落不明的证据而不得不撤回起诉,再重新去报案,等半年后再起诉。因为你不报案,派出所也不会轻易给你开这种证明的,所以一定要经过一段时间后才可以。这因没证据而反复起诉浪费的时间能怨谁呢?肯定怨不了法院。

离家出走的那一方也应该为对方想想,不管你出于什么原因出走,还是要向家人有所交代,婚姻看重的是责任,这个责任你都负不起,你又能干出什么大事业来呢?想想家里那个等你的人,给他一个真实的想法,传递一个准确的信息,对他人负责,自己也能心安,在婚姻没有解除之前,他可还是你的家人呢。

四、申请法院调查种类

离婚案件当事人申请法院调查是当事人的一项诉讼权利,但并不是所有问题都能申请法院调查,全部依赖法院的调查弄清事实,结果可能会让你失望。

离婚案件调查范围

当事人最爱说的一句话是:"不信,法官可以去调查,人家说了,只要法院去就给出证明。"这句话一点都没错,法院为了查明事实,确实需要调查,以前确实是这么做的,只要当事人给法官指一个方向,法官就会蹬着自行车满城跑。

我所说的这种审判方式,是21世纪以前的事情了,那时案子少,法官办得也细,当事人要求法官去调查的,我们大多可以满足。那时法官可是全才,看到房子就可以计算出面积,看到院落,就可以知道砌个隔断需要多少砖头、多少沙石,我当时还是书记员,我对师傅佩服得是五体投地,我想我什么时候才能学成师傅的本事啊。当事人提出第三者的,我们跑完单位跑居委会,跑完领导跑邻居,调查个一溜够不说,有时还会把有第三者嫌疑的人叫到法庭上来询问。实际上,很多当事人啥事没有,可被我们这么一折腾,还折腾出绯闻来了。

随着法院对审判方式的改革,审判方式逐步改变为"坐堂问案",强调当事人的举证责任,而不是法官替当事人寻找证据了。当事人提出什么样的事实,就应该提交相应且充足的证据,法官的工作就是组织双方质证,最后来认证。这也是实现公平审判的重要内容。

不是说法官就没有调查的义务了,在下列情形中,法官应该调查收集证据:

1. 当事人及其诉讼代理人因客观原因不能自行收集的。很多情况下,当事人不能自行收集到的证据。但律师可以收集到,律师有公函,他们也可以到法院要求法院出具调查令。当事人总找法院的原因也和律师消极办案有关,对于房管局、车管所等部门,律师持调查令均可进行查证。

2. 人民法院认为需要鉴定、勘验的。这是在当事人未提出鉴定等申请情况下,法院认为不鉴定就无法查明事实的情况,实践中很少出现。

3. 当事人提供的证据互相有矛盾、无法认定的。有时原告、被告提交的证据存在矛盾之处,有时出自一个单位,法官一般就会前往该单位进行核实。

4. 人民法院认为应当由自己收集的其他证据。这是法院主动行使调查权利的一种,现在也极少有这种情况出现,尤其在离婚案件中。

除了法院自己主动调查外,新的证据规则又规定以下几种情况当事人及其诉讼代理人可以申请人民法院调查收集证据:

第一,申请调查收集的证据属于国家有关部门保存并须人民法院依职权调取的档案材料;如在公安部门、档案管理部门的材料。

第二,涉及国家秘密、商业秘密、个人隐私的材料;如涉及存款、股票账户、保险等金融项目的调查。

第三,当事人及其诉讼代理人确因客观原因不能自行收集的其他材料。这是法官根据具体案件酌定的情况。

当事人知道了这些规定,也许就不会让法官再为对方的第三者情况、对子女不履行抚养义务等情况进行调查了,也许就少了对法官的责难,我还听到过当事人出言不逊:“你们法官是干什么吃的?我们白交了诉讼费,你们什么不管?”其实,现在一个离婚案件基本上收取的费用为 75 元,这个钱还不够法院的水电、纸张等办公费用,这和交不交费用根本扯不到一起去,可这个道理能和他们说清吗?我只有沉默不语。

调查的程序和时间

当事人申请法院调查,也应履行一定的程序。应当提交书面申请。申请书应当载明被调查人的姓名或者单位名称、住所地等基本情况、所要调查收集的证据内容、需要由法院调查收集证据的原因及其要证明的事实。通常申请的时间不得迟于举证期限届满前 7 日。

法院在收到当事人的申请后,对该申请是否为法院调查范围进行审查。对当事人及其诉讼代理人的申请不予准许的,应当向当事人或其诉讼代理人送达“驳回申请法院调查”通知书。当事人及其诉讼代理人可以在收到通知书的次日起 3 日内向受理申请的法院书面申请复议一次。法院应当在收到复议申请之日起 5 日内作出答复。现在有的法院的法官在这个问题上做得很不到位，当事人意见也是不少。当事人申请调查后，书面申请也交了，但是否准予调查法院就不给答复，有时给答复也常为口头答复，当事人的复议权利也得不到保障。我想，全面保证当事人诉讼权利的实现，这需要一个过程，结果也只能是越来越规范。

法院在收集调查证据时，也要依法调取。一是应由两人以上共同进行。二是调查材料要由调查人、被调查人、记录人签名或盖章。三是调查人员调查收集的书证既可以是原件，也可以是经核对无误的副本或者复印件。是副本或者复印件的应当在调查笔录中说明来源和取证情况。四是调查人员调查收集的物证应当是原物。被调查人提供原物确有困难的可以提供复制品或者照片。提供复制品或者照片的应当在调查笔录中说明取证情况。五是调查人员调查收集计算机数据或者录音、录像等视听资料的应当要求被调查人提供有关资料的原始载体。提供原始载体确有困难的，可以提供复制品。提供复制品的，调查人员应当在调查笔录中说明其来源和制作经过。只有符合上述程序的证据，这才能算是一份有效的证据，当事人对法院调取证据的审查也是看符合不符合调查程序。

证据应当在法庭上出示，并经过庭审辩论、质证。依法应当保密的证据，法院可视具体情况决定是否在开庭时出示，需要出示的，也不得在公开开庭时出示。证据未经出示、质证的，一般不能当作有证明效力的证据加以使用，否则就是错案。

五、离婚案件中的诉讼保全

怎么才能让夫妻共同财产不致被对方变卖、转移与藏匿？这就要求当事人提出诉讼保全的申请，法院采取相应措施来保护你的权利。

莫让财产蒸发

总能遇到这样的当事人，开庭时还肯定地说家里有钱来又有房，可等法院一调查，不是没有就是被对方变卖或转移掉，自己只能吃个“哑巴亏”。

小郑和小琴不仅是生活上的伴侣,还是工作上的搭档。两个人经营的房地产经纪公司生意红火。由于对房屋买卖的业务比较熟,两个人也愿意把多余的钱投资在房产上。遇到合适的房子,两个人就买下,等待好时机就卖掉。前后八年间,两个人就置办了五处房产,不愧是做经纪人的,近水楼台先得月啊。

都说男人有钱就变坏,小郑就中了这个邪,竟然和自己的一个客户在一起了。小郑明着就和小琴说:"你想好了,我就是玩几年,你能忍就忍,忍不了就和我离婚。"小琴开始没当回事,她爱小郑,认为小郑新鲜一阵子就会回家。

这一等就是两年,小琴见小郑根本没有收手的意思,连儿子都不再管了,小琴也不想再忍了,心想:还是离婚吧,反正我是受害方,还能多分几套房也够我养老的了,离开小郑,我也照样能活。她先和小郑商量离婚,小郑还是让她再等等,说他保证回家。

小琴一等又是一年,眼看儿子都快小学毕业了,她也不想总让这件事纠缠着,自己就到法院起诉离婚了。她的诉讼请求不复杂——离婚、抚养儿子、分到三套房子。我原以为小琴的条件并不苛刻,小郑会同意,谁知小郑告诉我:"根本没有五套房屋了,除了小琴自己住的那套,其余都已经卖给别人了。"小琴一听都傻了,就和律师到房屋管理部门查询。

查询的结果是,就在这最近一年里,小郑把这四套房屋全部出手了。小郑本人也提供了全部的买卖手续、合同和票据,我看了看买卖房屋的价格,不是恶意的低价,但也绝不是最高价卖出的。根据法律的规定,第三者买卖房屋行为是有效的。小郑只需给付小琴一半购房款就行了。

小郑说:"购房款都投入到公司业务中了,我一次性给付有困难,我可以分期给付。"小琴气得不行,她没想到自己苦苦忍耐换来的竟是这个结果。她后悔没有早起诉离婚,没有早听律师的话做诉讼保全工作,否则她也不至于有这样的损失,因为房价的飞涨,小郑折给她的钱,远远不能再买到同样地段的两套房屋了。

我能给予小琴的帮助就是给她多判一些钱,因为执行工作由执行员完成,我也不知道,小琴能否顺利拿到这笔钱,而对于小郑,我也只能背后骂两句了。

保全程序不复杂

如果小郑在诉讼期间变卖，而小琴也提交了财产保全申请，那可能就不会有这样的结果了。法律规定，当事人提出财产保全申请的，法院可以对财产进行查封、扣押或禁止交易。

申请的程序：1. 既可以在起诉离婚时，一并提出诉讼保全的书面申请；也可以在诉讼过程中提出申请，但后者不如前者效果好，更易打草惊蛇。

2. 法院进行审查，如果认为案件中可能因当事人一方的行为或者其他原因，使判决不能执行或者难以执行，就会作出财产保全的裁定；当事人没有提出申请的，人民法院在必要时也可以裁定采取财产保全措施。

3. 交纳保全费及担保费。人民法院采取财产保全措施，可以责令申请人提供担保；申请人不提供担保的，驳回申请。保全费是手续费，由离婚案件财产保全申请人预交，离婚调解或判决中由双方分担；担保费是一种担保性质的费用，应该为全额费用。即保全标的为 50 万元的，应将 50 万元现金留存在法院。因为担保费用较高，有时当事人全额提交困难，各个法院有不同的变通方式。有的是以担保人的房屋作为担保，有的是交纳保全标的的部分金额作为担保费，有的是将第三人的房屋或汽车等财产作为担保。案件审结后进入执行程序时，担保费用返还申请人。

4. 人民法院接受申请后，对情况紧急的，必须在 48 小时内作出裁定；裁定采取财产保全措施的，应当立即开始执行。

5. 财产保全限于请求的范围，或者与本案有关的财物，且应为夫妻共同财产，而不能是涉及第三人的财产。

财产保全措施有：查封、扣押、冻结或者法律规定的其他方法。法院冻结财产后，会立即通知被冻结财产的人。因此，当事人所做的工作就是提交书面申请，交纳部分费用，其他都由法院来完成。这样一来，夫妻财产就不会被另一方转走，判决中的义务也好履行，打消当事人的后顾之忧。

先予执行有依据

财产保全只是用查封等措施,使财产不能再转移给他人。离婚案件除可以申请财产保全外,还可以在条件满足后申请法院先予执行。

在离婚案件中,对案件中涉及的扶养费、抚养费部分可以由当事人申请先予执行,法院依法作出裁定。先予执行在实际审理中并不常见,但也不是没有。

有的离婚一方当事人患有疾病,而另一方当事人不履行扶养义务,使病人处于生命垂危状态,诉讼中,患病当事人或其代理人就可以向法院递交申请,要求法院强令对方履行扶养义务,支付医疗费用。

法律规定,人民法院裁定先予执行的,应当符合下列条件:

1. 当事人之间权利义务关系明确,不先予执行将严重影响申请人的生活或者生产经营的。

2. 被申请人有履行能力。

人民法院还可以责令先予执行的申请人提供担保,申请人不提供担保的,驳回申请。申请人败诉的,应当赔偿被申请人因先予执行遭受的财产损失。

先予执行也是法院保护当事人合法权益的重要措施,但一定要符合上述条件,在离婚案件中一般用于夫妻间扶助义务及子女抚养费方面。

温馨提示

1. 当事人对财产保全或者先予执行的裁定不服的,可以申请复议一次。复议期间不停止裁定的执行。

2. 对当事人不服一审判决提出上诉的案件,在二审法院接到报送的案件之前,当事人有转移、隐匿、出卖或者毁损财产等行为,必须采取财产保全措施的,由一审法院依当事人申请或依职权采取。一审法院制作的财产保全裁定,应及时报送二审法院。

3. 财产已被查封、冻结的,不得重复查封、冻结。

4. 被申请人提供担保的,人民法院应当解除财产保全。

5. 申请有错误的,申请人应当赔偿被申请人因财产保全所遭受的损失。

6. 诉讼保全费计算办法:财产数额不超过1000元或者不涉及财产数额的,每件交纳30元;超过1000元至10万元的部分,按照1%交纳;超过10万元的部分,按照0.5%交纳。但是,当事人申请保全措施交纳的费用最多不超过5000元。

六、申请执行的方法

一个公正的判决如果当事人没能履行判决的义务,判决也就成了一纸空文,之前你的一切努力也就枉费。

判决生效莫忘执行

有的当事人到法院拿来了生效的判决书向我诉苦:“法官,你看,5年前法院就判决他给孩子每月800元抚养费,可是从离婚到现在,他一分钱也没有给过!”我看了离婚判决,这的确是5年前的判决,我就不明白了,问道:“那你没有到法院申请执行吗?”“我哪知道找谁去执行,我根本不知道有人管执行,我以为法院负责要呢。”法院负责是不假,但是你要先申请执行才行呀。

我国《民事诉讼法》未修订前,当事人为自然人的,申请执行的期限为1年,2007年10月28日修订后已经变为2年。申请执行时效的中止、中断,适用法律有关诉讼时效中止、中断的规定。2年的计算不是从调解书或判决书生效之日起计算,而是从调解书或判决书中规定履行期间的最后一日起计算;法律文书规定分期履行的,从规定的每次履行期间的最后一日起计算;法律文书未规定履行期间的,从法律文书生效之日起计算。

申请执行时,你要拿着身份证明原件、复印件以及法律文书的原件、复印件到一审法院或者与一审法院同级的被执行的财产所在地的法院提交执行申请。一般法院会以表格形式让你填写执行案件的立案申请。也就是说,你既可以到原案件审理的一审法院去申请,也可以到被执行的财产所在地的法院申请，且该法院应与一审法院同级。

执行手段

离婚案件的执行和其他类型案件中的财产执行并没有什么特殊之处，主要还是要求当事人履行财产给付义务。被执行人的惯用手段就是拖延时间、躲避法院、藏匿财产、装傻装穷。随着执行工作力度的加大，法院已经找出了许多有效的方法以督促被执行人履行执行义务。

1. 送达执行通知书，要求被执行人按期限履行判决书中的义务。也有一部分当事人，在收到通知书后自动履行了执行义务。还有的被执行人主动与申请人协商，做和解工作，最后达成执行和解协议。但如果被执行人未按照执行和解协议履行义务的，申请人仍可以申请法院按原生效法律文书执行。

2. 查封、扣押被执行人财产，冻结或者划拨被执行人在银行中的存款。这也是法院的主要执行方式之一，根据申请人提供的执行线索，法院可以去金融机构等查询，一旦发现可供执行的财产，就可以冻结或划拨。

3. 搜查。对被执行人不履行法律文书确定的义务，且隐匿财产的，法院有权发出由院长签发的搜查令，对被执行人及其住所或者财产隐匿地进行搜查。搜查时应有被执行人或其成年家属在场。

4. 扣留收入。若被执行人拒绝履行执行义务，法院有权扣留、提取被执行人应当履行义务部分的收入。比如，被执行人有固定收入，每月3000元，法院就将被执行人及其所扶养家属的生活必需费用留下后，生活费一般以当地最低生活费的为参照标准，其余扣留后给付申请人，直到履行完毕。

5. 罚款和拘留。若被执行人有执行能力但拒绝协助执行的，法院有权对其采取罚款或拘留措施。被拘留的人，由法院交公安机关看管。在拘留期间，被拘留人承认并改正错误的，法院可以决定提前解除拘留。

6. 向媒体公布。执行法院可以依职权或者依申请执行人的申请，将被执行人不履行法律文书确定义务的信息，通过报纸、广播、电视、互联网等媒体公布。媒体公布的有关费用，由被执行人负担；申请执行人申请在媒体公布的，应当垫付有关费用。

7. 定罪量刑。被执行人拒不履行法院生效裁判文书且具有一定犯罪情节时，可依法对其予以刑事制裁。

除此之外，被执行人未按执行通知履行法律文书确定的义务，应当报告当前以及收到执行通知之日前一年的财产情况。被执行人还应就收入、银行存款、现金、有价证券；土地使用权、房屋等不动产；交通运输工具、机器设备、产品、原材料等动产；债权、股权、投资权益、基金、知识产权等财产性权利等应当报告的财产向执行法官报告。法官进行审查，禁止被执行人进行虚假性报告。被执行人拒绝报告或者虚假报告的，法院可以根据情节轻重对被执行人予以罚款、拘留。法院也有权在被执行人履行执行义务期间采取限制被执行人出境等措施以敦促其履行义务。

被执行人未按判决、裁定和其他法律文书指定的期间履行给付金钱义务的，还要承担迟延履行的责任，即应当加倍支付迟延履行期间的债务利息及迟延履行金。

不是所有问题都能执行

法律不是万能的，法院更不是万能的，也不是所有的问题都能到法院申请执行。能执行的只有生效法律文书确定的财产部分，而对于人身部分，法院是不负责执行的。

在离婚案件中，对探视权的执行就存在许多问题。有的调解或判决中写明，探视时间是一周一次，对方不履行时，申请人到法院申请，执行法官不得不每周都陪同申请人前往探视。拒绝履行探视权的人本身就是未成年子女的抚养人，如果采取拘留等措施，子女就得不到很好的照顾，也损害了子女的利益。因此，此类案件，执行法官常给双方做思想工作，以促成当事人达成和解协议。

离婚判决中，如判决子女随一方生活，但实际子女与另一方生活，当事人也有到法院申请执行的，这就涉及人身权利的执行，法院不可能担当“抢夺”孩子的角色，此类案件肯定不能依靠法院执行，还是要当事人自觉履行或自己想办法。

离婚后的户口迁移问题也经常产生矛盾,有的法院负责执行,有的法院不予执行,各地做法不太统一,申请人应主动找派出所协助,不是很复杂。

离婚后腾退房屋也是令法官头疼的问题,一是当事人之间矛盾激烈,二是苦于无腾退地点。但是一般的做法是,法官可以强制迁出房屋中的财物,并派人运至指定处所,交给被执行人或交给他的成年家属。因拒绝接收而造成的损失,由被执行人承担。

执行难的问题正在逐步解决,当事人对履行法律文书的义务的意识也在逐步增强,相信随着执法环境的日趋良好,执行难题也会一一破解。不过,对于离婚案件的当事人来说,好歹是夫妻一场,都给对方留下点好印象,别太较真了。

温馨提示

1. 当事人、利害关系人认为执行行为违反法律规定的,可以向负责执行的人民法院提出书面异议。当事人、利害关系人提出书面异议的,人民法院应当自收到书面异议之日起15日内审查,理由成立的,裁定撤销或者改正;理由不成立的,裁定驳回。当事人、利害关系人对裁定不服的,可以自裁定送达之日起10日内向上一级人民法院申请复议。

2. 被执行人或者被执行的财产在外地的,可以委托当地人民法院代为执行。

3. 在执行中,被执行人向人民法院提供担保,并经申请执行人同意的,人民法院可以决定暂缓执行及暂缓执行的期限。被执行人逾期仍不履行的,人民法院有权执行被执行人的担保财产或者担保人的财产。

4. 执行费交纳办法。申请执行人立案时不交纳费用,由被执行人交纳执行费。(1)没有执行金额或者价额的,每件交纳50~500元。(2)执行金额或者价额不超过1万元的,每件交纳50元;1万~50万元的部分,按照1.5%交纳;50万~500万元的部分,按照1%交纳;500万~1000万元的部分,按照0.5%交纳;超过1000万元的部分,按照0.1%交纳。

第八章

涉外及

涉港澳台离婚

08

《涉外民事法律关系适用法》第二十六条 协议离婚，当事人可以协议选择适用一方当事人经常居所地法律或者国籍国法律。当事人没有选择的，适用共同经常居所地法律；没有共同经常居所地的，适用共同国籍国法律；没有共同国籍的，适用办理离婚手续机构所在地法律。

《涉外民事法律关系适用法》第二十七条 诉讼离婚，适用法院地法律。

一、涉外婚姻有风险

涉外离婚中,很苦恼的一点就是对在外国居住的一方的判决执行问题,如果判决涉及财产问题,大多无法执行,但也不是完全的束手无策。

境外财产执行难度大，程序多

根据我国《民事诉讼法》的规定,根据中华人民共和国缔结或者参加的国际条约,或者按照互惠原则,人民法院和外国法院可以相互请求,代为送达文书、调查取证以及进行其他诉讼行为。其中包括判决的执行,主要是通过司法协助来完成,我国法院和外国法院间的配合。既可以由人民法院依照中华人民共和国缔结或者参加的国际条约的规定,或者按照互惠原则,请求外国法院承认和执行;也可以由当事人个人请求,当事人请求执行的,由当事人直接向有管辖权的外国法院申请承认和执行。

因为不能直接到国外去执行判决内容,所以即使判决中要求对方履行相应义务,但由于程序复杂,难度大,相应义务也无法得到实际履行。这对在涉外婚姻之中的人可以是个提醒,即使对方是千万富翁,在离婚时,法院也很难执行到他的财产。

限制出境的程序

对于在我国在诉讼中的涉外因素当事人,我国有相应的出入境管理办法,法院可以在一定条件下,要求当事人不能离境。这是为了离婚诉讼的顺利进行而规定的。限制离境应由当事人申请,法院决定。

1. 限制出境的条件:(1)申请人对案件具有胜诉的可能性;(2)限制出境的被申请人在境内无其他可供执行的财产;(3)必须在紧急情况下适用,即如不采取该措施,其本人出境可能造成案件无法审理;(4)申请人应提供全额有效的担保,该措施属于行为保全。

2.限制出境的申请程序:(1)向限制出境人员作出口头或书面通知,告知其在案件未了结前不得离境;(2)根据具体情况,可在限制出境人提交财产担保或交纳保证金后准予出境;(3)扣留当事人护照或其他有效出入境证件;(4)法院到口岸办理边防检查交控手续。

办理了不少涉外离婚的案件,感觉最后受伤的总是国内的人,不是国外的人没了,就是知道对方有钱但不知道在哪儿。

异国婚姻收获的不全是浪漫

原告小齐在上午一上班的时候找到我,她起诉阿吉穆离婚,她慌忙地对我说阿吉穆要离境。被告阿吉穆是一个来自非洲国家的人。“你确定他要离境吗?”我问她,“没错,我从他朋友那里打听到的消息,他们昨天一起去机场办理的手续,他这几天就走。”这个情况我还是第一次碰到,限制离境能否在民事案件中使用?行李能否保全?我没了主意,但我知道这是大事,便向领导汇报,因为涉外案件相关送达手续要经过高院、最高院相关部门协调,我打了一上午电话,终于有了答复:可以办理限制离境、财产保全。

裁定作出后,我马不停蹄地到相关部门做审批,通过海关、机场等部门办理了相关手续,终于查到了阿吉穆的行李,整整十大箱,如果再晚一点,行李就坐飞机走了。我松了一口气儿,这一天没白跑,我回到单位就和小齐通了电话,告诉她保全的事情,电话那端她也和我一样松了口气儿,我通知她开庭的时间,她说:“阿吉穆一定不会出庭,我们快两年没见了!”也许是小齐的孩子听到了爸爸的名字,我隐约听到一个稚嫩的声音:爸爸!

阿吉穆接到我们的通知,来法院领取起诉书、传票和裁定,他是个典型非洲人,个子高高,身材瘦瘦,皮肤黝黑,只有牙齿和衬衫雪白。他的中文很流利,阅读也没有问题,但对我们扣押行李表示很愤怒,我向他讲解中国的法律,并告诉他可以聘请翻译和律师,他不住地点头,我告诉他:“你应该按时出庭,否则会缺席审理。”他点头表示明白,但依旧询问什么时候能把行李运走,我告诉他,如果调解解决会很快,他若有所思地离开了。也许没有走出过国门,或许是受传统文化影响太深,我一直不看好这种涉外婚姻,它有太多不确定性,但不得不承认的是,混血儿还是相当好看的。

小齐这次开庭仍旧把洋娃娃带来了,洋娃娃记性不错,一见我的面就笑,显然她认出了我,我情不自禁地摸了摸她的卷发,小齐告诉我,她叫亮亮,果然是眼睛亮亮、牙齿亮亮、皮肤黑又亮,好像遗传阿吉穆较多。我说:"孩子太小,总来法院不好,你不怕她有不好的记忆?"小齐说:"她也两年没看见爸爸了,我怕她忘了他,等她长大了,万一问我是怎么回事,我也好对她解释。"等了半个小时,阿吉穆没有到庭,他真不想看这母女俩吗?还是因为扣行李对她们不满意?我只得缺席审理。我还是问起了这段涉外姻缘的开始。

小齐讲,他们的结合非常不容易。别看小齐现在无业,原来却是语言学院的教师,阿吉穆是她的学生。阿吉穆在班里是比较好学的那种,对中文兴趣极大,大家都是从零开始,但阿吉穆学得比谁都快。小齐也是刚刚毕业的大学生,和班上的人差不了几岁,大家都很喜欢这个小老师。课余时间,阿吉穆经常让小齐给他开小灶,一来二去,两个人越来越熟。小齐发现,外国学生自学能力比中国学生强,一般都是上课来,下课走,课上活跃,但课下好像就很少扎堆聊天、讨论问题,同学之间关系比较冷漠。小齐准备给他们组织一次郊游,一来可以和陌生人说中文,二来增进下同学之间的友谊。大家非常开心,一同约着登长城。小齐带大家刚要登到长城最高烽火台时,突然被绊倒,脚腕一下子肿得老高。同学们都在不知所措时,阿吉穆就蹲在小齐面前,示意小齐要背她,小齐执意不肯,阿吉穆不由分说就背上了小齐。一路上山、下山,靠在阿吉穆的背上,小齐突然感觉自己是这么温暖,但她也看到路人的目光并不友善,有的对他们指指点点,她想他们一定误解她和阿吉穆是情侣了。

长城归来,小齐与阿吉穆之间的陌生感荡然无存,显然从师生关系变为朋友关系,经常一起进进出出,学校里开始有了流言蜚语,根据学校规定,与外国学生之间谈恋爱是被禁止的,小齐不理睬,她也从没有想过和阿吉穆谈恋爱,他们只是好朋友。阿吉穆对小齐越来越殷勤,常拉小齐吃这吃那,小齐知道阿吉穆的国家很穷,但他是当地酋长的儿子,还是比较富裕的,否则也来不了中国留学。渐渐地,两人逐渐从朋友关系就转为恋爱关系了,阿吉穆还在学校附近租了一个两居室,两人同居了。

世上没有不透风的墙,学校很快得知此事,开始找小齐谈话,宣讲学校规定。小齐既怕学校知道又怕家里知道,因为在学校她将面临被开除的危险,在家里父母一定不会让她找个外国人。阿吉穆却不管这些,对小齐承诺,如果被开除就结婚,他有能力养小齐。小齐顶住了学校的压力,因为违反规定,她被学校开除,为了爱情,她没有后悔什么,唯一让她担忧的是她不敢和家里说,只得每天在两居室里等阿吉穆下课,她家里人还以为她住学校,直到小齐怀孕。

不久,小齐发现自己怀孕了,她打算和阿吉穆商量去做流产,阿吉穆强烈反对,一定让她生下孩子,小齐不得不向父母说出这一切。小齐的妈妈反应最大,拉着小齐就要去做流产,妈妈和她说:"就是找中国人我们都要知根知底,你找个外国人是怎么回事?你连那个国家在哪儿都不知道,你怎么查这小子的来路?"小齐讲:"阿吉穆很单纯,他的母亲生病是被中国援非的医生救治的,他家对中国充满好感,阿吉穆也答应我在中国工作,不回国了,他家有钱,我也不会过苦日子的……"无论小齐怎么说,还是被父母赶出了家门,她是独生女,父母不舍得不管她,无非是为了给她加压,但此时的小齐已经没有退路,工作没了,家也没了,只剩阿吉穆了。

小齐偷了户口本和阿吉穆登记,也不敢对阿吉穆说自己父母反对这门婚事,怕阿吉穆往种族歧视上想,她和阿吉穆解释,父母因为怕她去非洲而伤心,阿吉穆并不在意。婚后的日子不太如意,小齐妊娠反应很大,又不太会做饭,身体非常虚弱,阿吉穆整日忙毕业论文,也不能照顾小齐。小齐在没有父母关照下生下了亮亮,阿吉穆还给她起了一个很长的非洲名字,小齐就等阿吉穆毕业后一家三口过安定的生活。

阿吉穆毕业后在大使馆找到了工作,收入不错,工作也体面,小齐把这一切告诉她父母,但她妈还是不让她回家,小齐只有等待。阿吉穆的工作很忙,陪她的时间比上学时的课余时间还少,而且常常不能回家,小齐逐渐习惯一个人带孩子生活,她希望阿吉穆能在工作上有一番作为,但阿吉穆回家次数少了,对她也少了以往的热情,对孩子更是冷淡。小齐忍不住要问个究竟,阿吉穆很坦白地告诉她:"我不爱你了。"一连说了四遍,小齐以为阿吉穆在开玩笑,阿吉穆严肃地说:"在我们国家,只要对你的妻子连说四遍我不爱你,就视为离婚。"这下把小齐说懵了,以前只听说过伊斯兰国家有这样的习俗,怎么阿吉穆那里也是如此,小齐说:"你要把我和亮亮怎么安置?离婚是需要理由的,你不能就这样走!"阿吉穆说:"房子我继续给你付租金,但我真的不爱你了!爱和不爱都不需要理由。"阿吉穆收拾东西后就走了,留下小齐和一岁多的亮亮,小齐哭都找不到地方,幸亏有女儿陪伴,否则她真想一死了之。

阿吉穆不再与小齐联系,包括自己的女儿,虽然还付房租,但小齐要带女儿生活,好在房子离语言学院很近,小齐只好在家里一边带孩子一边当中文家教,有时还接一点翻译的活儿。眼看孩子一天天长大,也学会要爸爸了,小齐试着和阿吉穆联系,但手机号码已经变了。小齐找到阿吉穆好朋友,他们告诉她,阿吉穆已经准备迎娶大使的女儿,近期就要回国举行婚礼。想到阿吉穆如果真的离开中国,不支付房租是小事,不负担孩子的抚养费可怎么办?于是她咨询律师后来到法院起诉离婚。

起诉离婚没多久,同情小齐的阿吉穆朋友偷偷把阿吉穆行程告诉了小齐,小齐慌了,律师告诉她可以申请诉讼保全,她才来法院。听了她的讲述,对小齐,我说不上同情,这是她的选择,她只得承受。小齐要求法院判决阿吉穆一次性给付全部抚养费,鉴于她的特殊情况,我还是支持了小齐的请求。判决书送达双方后,他们都没有上诉,我知道诉讼程序终结之时就是阿吉穆离境之日,可抚养费如何执行真是个难题,那十箱行李能抵多少费用呢?

二、涉外离婚管辖

在我国,涉外婚姻越来越多,这就带来了涉外离婚率的上升,我国法律对涉外离婚有其特殊规定,知道这些规定可以在婚姻出问题时少些周折。

涉外离婚管辖的特殊规定

这里所说的涉外不是很准确,只是法院内部一个习惯叫法,不仅仅是涉外,其实还包括涉港澳台的,即一方或双方为涉外或涉港澳台华侨的离婚案件的管辖规定。因为身份的不同,定居地的不同,管辖的原则就不一样。具体规定是:

1. 对不在中华人民共和国领域内居住的人提起的有关身份关系的诉讼,由原告住所地人民法院管辖;原告住所地与经常居住地不一致的,由原告经常居住地人民法院管辖。

这就是说,如果原告为中国公民,其配偶非中国国籍且不在中国居住,中国人要求离婚时,可以在中国公民住所地人民法院管辖,一般为原告户籍所在地的基层人民法院,如果住所地和经常居住地不一致的,由原告经常居住地人民法院管辖。

2. 在国内结婚并定居国外的华侨,如定居国法院以离婚诉讼须由婚姻缔结地法院管辖为由不予受理,当事人向人民法院提出离婚诉讼的,由婚姻缔结地或一方在国内的最后居住地人民法院管辖。华侨一般是指在国外定居但未改变中国国籍的人,双方在国内结婚登记后到国外定居生活的华侨,他们的离婚应该在定居国法院管辖,如果定居国法律规定,离婚诉讼要由婚姻登记地法院管辖,且不予立案的,一方要求离婚,应在国内的婚姻登记地法院起诉,或者在其中一方在国内的最后居住地法院起诉。

刘某和王某在北京市海淀区民政局登记结婚,婚后居住在西城区,之后到国外定居,后刘某要求和王某离婚,在国外法院起诉时,当地法院不予立案,理由是根据该国法律,离婚诉讼必须由婚姻登记地法院管辖,即刘某的案件必须由中国法院管辖。那么刘某可在海淀区法院或西城区法院起诉离婚,海淀区为其婚姻登记地,西城区为其出国前最后居住地。

3. 在国外结婚并定居国外的华侨,如定居国法院以离婚诉讼须由国籍所属国法院管辖为由不予受理,当事人向人民法院提出离婚诉讼的,由一方原住所地或在国内的最后居住地人民法院管辖。

这和上个规定相类似。也就是说,当事人是在国外结婚并定居的华侨,如果定居国法院以双方离婚必须在国籍所属国法院管辖为由不予立案的,当事人须回国起诉离婚,有管辖权的法院是一方住所地或在国内最后居住地的法院。

4. 中国公民一方居住在国外,一方居住在国内,不论哪一方向人民法院提起离婚诉讼,国内一方住所地的人民法院都有权管辖。如国外一方在居住国法院起诉,国内一方向人民法院起诉的,受诉人民法院有权管辖。

比如,刘某和王某都是中国国籍,但刘某在国内居住,王某在国外居住,刘某可向居住地的法院起诉离婚。如果王某在国外居住地法院起诉离婚,而刘某在国内其居住地法院也起诉离婚的,刘某在国内起诉的法院仍旧有管辖权。

5. 中国公民双方在国外但未定居,一方向人民法院起诉离婚的,应由原告或者被告原住所地的人民法院管辖。这是指双方为中国国籍,在国外居住,但未取得永久居住证的,一方起诉离婚的,应当在原告或被告原在国内的居住地人民法院立案。

6. 涉港澳台的离婚案件的管辖,比照涉外案件处理。

当然,对于一方为中国人,另一方为涉外人士,在中国登记结婚且双方在中国境内居住,一方要求离婚的,还要适用原告就被告原则,即由被告住所地法院管辖,住所地与经常居住地不一致的,由经常居住地法院管辖。

其他特殊规定

根据我国法律的规定,涉外离婚案件我国和外国法院都能管辖,当事人愿意适用我国法律的,我国法院均应当受理其诉讼。但如果双方均为外国人且在国外登记结婚的,双方只是在我国长期居住的,各个地区的法院的做法不一样,有的可以就调解离婚行使管辖权,而有的法院就不受理。

我国法院审理涉外民事案件时,应当使用中华人民共和国通用的语言、文字。当事人要求提供翻译的,可以提供,费用由当事人承担。也就是说,起诉书须使用中国文字,是外文的应当提交有翻译资质的机构出具的译本。

庭审时,法官也使用中文,不懂中文的当事人可以要求提供翻译,翻译费由其自行承担。

涉外人士在诉讼中需要委托律师代理诉讼的,必须委托我国的律师,而不能是外国律师。但如果不是律师身份代理的,其他委托代理人可以是外籍人士。

涉外诉讼的答辩期为 30 天,上诉期也为 30 天,二审答辩期仍为 30 天。如果被告申请延期答辩的,可以向法院提出申请,由法院决定是否准许。涉外民事诉讼的被告对法院管辖不提出异议,并应诉答辩的,视为承认该法院为有管辖权的法院。

我国台湾地区的特殊规定

根据相关法律规定,对我国台湾地区作出的离婚判决,如果大陆一方当事人要求认可的,应当到当事人住所地、经常居住地或被执行财产所在地的中级人民法院提交申请。

当事人除提交申请书外还要递交法院判决书及生效证明。该判决应为正本,提交正本有困难的,应提供经证明无误的判决书副本或其他证明文件。生效证明是由当事人向作出判决的法院提出后,由法院开具的。我国台湾地区送达判决的时间为 2 个月左右,当事人收到判决后 20 日内不上诉的,为生效判决。当事人收到判决时签收的送达回证,须经 45 日到达我国台湾地区。因此,法院依当事人申请作出生效证明的时间距判决作出之日差不多要 4 个月。

申请人须提交大陆一方当事人受传唤和应诉情况的证明文件。因为未经合法传唤就缺席判决的,我国法院不予承认。我国台湾地区的出庭通知及判决通常是通过海峡两岸交流基金会传送。

上述生效证明及传唤证明应原则上应在当地公证机关进行公证,再交由公证员协会进行核证。如果申请人为被告,且居住在大陆,就无须进行公证及核证了。但是如果申请人为原告的,则必须提交公证、核证手续。

如果材料齐全并符合法定程序的,中级人民法院会在 7 日内作出接受或不接受申请的通知。受理申请后,会组成合议庭进行审查,具体审查项目和对外国判决的审查内容一致。

我国法院对台湾地区判决中涉及子女抚养、财产分割等问题不予认可的,当事人可向我国法院起诉离婚,且应在判决发生效力的1年内提出认可的申请。

温馨提示

关于我国港澳台地区法律文书的公证认证:

香港特区法律文书:委托中国司法部指定的香港公证律师做公证,然后到中国法律服务(香港)有限公司加盖转递章后才能寄回国内使用。

澳门特区法律文书:到中国法律服务(澳门)有限公司办理相关证明手续。

台湾地区法律文书:到台湾地区当地公证机关公证,将公证副本寄交大陆公证员协会进行核证,核证后的法律文书即可在大陆使用。

三、一方或双方在国外的离婚

人不在国内可以参加诉讼吗?可能很多人并不知道这个答案,故他们中有的放弃了工作,支付了大量的机票费,来回几趟办理离婚事宜,其实没必要。

原告不回国仍可以起诉离婚

小夏和丈夫结婚后就到美国留学多年,自己的丈夫因为不舍得公务员的工作,就一直没有到美国找小夏。结婚快十年,小夏也就回国不到五次,双方没有子女的牵挂,感情也不牢靠。双方都有了离婚的念头,就看谁先提起。

小夏想回国和丈夫调解离婚,但是自己的工作太忙。好不容易找到的工作,如果回国,不知道要请多长时间的假,也不知请假回来还有没有自己的位置。小夏和国内的同学联系,同学恰好是律师,就把怎么办手续和小夏说清了。

小夏可以按起诉书的格式写起诉书、委托代理书,该委托书应有特别授权。然后将护照、起诉书和委托代理书交到我国在美国的使领馆,并办理公证及认证,除护照、委托代理书各一份外,起诉书的公证、认证要提交两份。将该材料寄回国内后,如果是外籍护照,小夏就要委托同学到有翻译资质的机构出具的译本。这样就可以将材料提交法院立案部门立案了。

法院会按正常程序进行送达、开庭,双方能达成调解一致的,法院可以出具调解书;有争议的,出具判决书。

被告不回国也能进行答辩

对于被告不在国内的涉外离婚,原告可以在国内提起诉讼,如果双方能够调解,被告也可以和原告一样,请国内的亲朋代理或委托律师代理,在国外办理委托手续,将委托手续在所在国办理公证、认证手续后寄回国内,由国内的代理人代为出庭。一般也是要特别授权,如接受调解、签署法律文书等。

被告不出庭的,还要提交书面答辩意见,即明确表明自己对离婚、子女抚养、财产分割等意见,并将该意见进行公证、认证后寄回国内管辖法院处或委托代理人处。

只要你能找到对方联系方式,对方有固定地址,被告不回国照样也能进行答辩,由法院调解或判决离婚。

被告找不到,照样能判决

最复杂的是你想离婚,但不知道被告具体住所,或知道具体住所但对方故意不接收材料的情况。这就需要耐心了,因为有涉外因素,送达程序较为烦琐,也许等了 1 年的时间,但仍不能离婚。

经常有这样的当事人,和被告结婚后,被告就在国外长期不回来,逐渐就失去了联系,或者知道在哪里只是不再联系。一旦国内的人起诉离婚,就相当困难。最头疼的问题就是送达起诉书副本和传票,法院主要有以下几种送达途径：

1. 依照受送达人所在国与中华人民共和国缔结或者共同参加的国际条约中规定的方式送达；

2. 通过外交途径送达；

3. 对具有中华人民共和国国籍的受送达人，可以委托中华人民共和国驻受送达人所在国的使领馆代为送达；

4. 向受送达人委托的有权代其接受送达的诉讼代理人送达；

5. 向受送达人在中华人民共和国领域内设立的代表机构或者有权接受送达的分支机构、业务代办人送达；

6. 受送达人所在国的法律允许邮寄送达的，可以邮寄送达，自邮寄之日起满6个月，送达回证没有退回，但根据各种情况足以认定已经送达的，送达期间届满之日视为送达；

7. 不能用上述方式送达的，公告送达，自公告之日起满6个月，即视为送达。用尽所有方式仍然无法送达到的，就要等公告了。也就是说，这是最后一招了，公告期虽是6个月，但实际在6个月到期后仍不能开庭，因为被告还有30日的答辩期，法官要组成合议庭，还有3日的合议庭组成通知书的送达时间，所有期间计算完毕才能开庭。刊登公告一般都登载在《人民法院报》上，而公告也分普通和加急两种，普通的就要等上十天、半个月才能刊登，加急的多交费用，可在3～5天内刊登。

如果被告在公告期内答辩的，可以安排开庭，但最担心的是，被告在公告期将近时才出现，且不同意离婚，法院一旦判决不准离婚。6个月后，你再起诉时，还会重复上述漫长的过程。别以为人家都会同意离婚，有很多人基于各种想法不同意离婚呢。

温馨提示

1. 涉外离婚案件代理委托书格式：

委托代理书

委托人：李大梅，女，1968年5月4日出生，美国纽约威尔士商贸公司职员，住美国纽约弗里德大街×号。

受托人：张三丰，男，北京外交学院教师，住北京市海淀区外交学院×公寓×号。

委托事项：

我起诉被告王小毛离婚纠纷案，我因工作关系无法回国办理，特委托张三丰先生作为我代理人，代为办理离婚诉讼事宜。

委托权限：代为承认、放弃、变更诉讼请求、开庭、调解、上诉、执行、签署相关法律文书。

委托人：李大梅

×年×月×日

2. 涉外民事诉讼中，经调解双方达成协议，应当制发调解书。当事人要求发给判决书的，可以依协议的内容制作判决书送达当事人。

3. 在国外登记结婚的，在国内离婚时，应将该结婚注册证书在颁发国进行公证，到我国驻该国使领馆认证，并提交有翻译资质的机构出具的译本。

4. 法院对于缺席判决的涉外离婚案件，一般仅处理解除身份关系、子女抚养和国内财产部分的判决，不处理境外财产部分。

四、外国法院离婚判决的承认

无论是在国内，还是在国外，判决了离婚的都有一个相互承认判决的问题，一般通过法院之间的司法协助来完成的。

外国法院判了你离婚

根据我国《民事诉讼法》的规定，对外国法院的离婚判决，履行一定的审查程序后，可以在我国生效。

首先是程序审查。申请人应当提交书面申请书，并提交外国法院离婚判决书正本及中文译本，中文译本必须由有翻译资质的机构出具。该申请人递交申请人住所地的中级人民法院，住所地与经常居住地不一致的，可以向经常居住地的中级人民法院申请。

其次是实质审查。中级人民法院的法官对外国法院的判决要进行以下内容的审查，如果属于以下五种情况的是不予承认的：(1)判决尚未发生法律效力；(2)作出判决的外国法院对案件没有管辖权；(3)判决是在被告缺席且未得到合法传唤情况下作出的；(4)该当事人之间的离婚案件，我国法院正在审理或已经作出判决，或第三国法院对当事人之间作出的离婚案件判决已为我国法院承认的；(5)判决违反我国法律的基本原则或者危害我国国家主权、安全和社会公共利益。

我的一个朋友去了美国，她在美国法院起诉，要求和在国内的丈夫离婚，判决书下达后，她委托国内亲属到中级人民法院申请认证，中级人民法院查明，该判决是在没有合法传唤的情况下作出的，而且没有履行合法送达程序，故判决未发生法律效力。该判决没有得到承认，她只得在国内重新起诉离婚。

我国法律规定，判决书可以由外国法院依照该国与中华人民共和国缔结或者参加的国际条约的规定，或者按照互惠原则，请求我国人民法院承认和执行。

国内法院判了你离婚

对我国法院的离婚判决，当事人也可以向有管辖权的外国法院申请承认和执行。这也是根据我国和外国缔结的或参加的国际条约的规定，或者按照互惠原则，请求外国法院承认。需要注意以下几点：

1. 调解书、判决书的抬头应有“中华人民共和国”字样，与普通法律文书不同。

2. 法律文书中当事人的姓名要写清楚，尤其是外国人的字母拼写应核对无误，否则日后改正的手续会很麻烦。

3. 判决生效后，应到作出生效判决的法院要求开具“法律文书生效证明书”，证明该判决已经在何时具备法律效力。

4. 一般外国法院注重判决书的效力，即使双方就离婚问题达成一致意见，也最好要求法院出具判决书，法院应依法作出判决。

当事人将法院判决或调解书以及判决的生效证明书进行公证后，才能依外国法律规定到国外申请承认。有的当事人总向我要调解书的生效证明，我们法院是不对调解书开具生效证明的，因为调解书上有这样一句话："本调解书经双方当事人签字后即具有法律效力。"外国常因无法查明是否签字而不予承认，所以当事人最好要求法院出具判决，以免造成麻烦。

温馨提示

1. 申请承认外国法院的离婚判决的，如果不涉及财产内容的，申请人交纳案件受理费为50~100元。

2. 承认外国法院判决书申请书样式：

承认外国法院判决申请书

申请人：李大梅，女，1968年5月4日出生，工作单位及住址。

请求事项：

请求法院承认美国某法院×号民事判决，确认申请人与王小毛离婚。

事实及理由：

我与王小毛于1996年2月14日在北京市海淀区民政局登记结婚，2000年我赴美国留学并工作至今。2008年2月美国×法院因我提出的离婚诉讼而作出王小毛缺席的离婚判决，该判决已经发生法律效力。

现我向人民法院申请承认该判决，确认我与王小毛解除婚姻关系。

此致

北京市第一中级人民法院

申请人：李大梅

×年×月×日